독자의 1초를
아껴주는 정성을
만나보세요!

세상이 아무리 바쁘게 돌아가더라도 책까지 아무렇게나 빨리 만들 수는 없습니다.
인스턴트 식품 같은 책보다 오래 익힌 술이나 장맛이 밴 책을 만들고 싶습니다.
땀 흘리며 일하는 당신을 위해 한 권 한 권 마음을 다해 만들겠습니다.
마지막 페이지에서 만날 새로운 당신을 위해 더 나은 길을 준비하겠습니다.

클라우드 엔지니어를 위한 97가지 조언

97 Things Every Cloud Engineer Should Know

초판 발행 · 2022년 8월 10일

지은이 · 에밀리 프리먼, 네이선 하비
옮긴이 · 정기훈
발행인 · 이종원
발행처 · (주)도서출판 길벗
출판사 등록일 · 1990년 12월 24일
주소 · 서울시 마포구 월드컵로 10길 56(서교동)
대표 전화 · 02)332-0931 | **팩스** · 02)323-0586
홈페이지 · www.gilbut.co.kr | **이메일** · gilbut@gilbut.co.kr

기획 및 책임편집 · 이다빈(dabinlee@gilbut.co.kr) | **디자인** · 박상희 | **제작** · 이준호, 손일순, 이진혁
마케팅 · 전선하, 차명환, 박민영, 지운집, 박성용 | **영업관리** · 김명자 | **독자지원** · 윤정아, 최희창

교정교열 · 김윤지 | **전산편집** · 여동일 | **출력·인쇄** · 금강인쇄 | **제본** · 금강제본

▸ 잘못 만든 책은 구입한 서점에서 바꿔 드립니다.
▸ 이 책은 저작권법에 따라 보호받는 저작물이므로 무단전재와 무단복제를 금합니다.
  이 책의 전부 또는 일부를 이용하려면 반드시 사전에 저작권자와 (주)도서출판 길벗의 서면 동의를 받아야 합니다.

ISBN 979-11-407-0092-9 93000   (길벗 도서번호 080310)
정가 25,000원

독자의 1초를 아껴주는 정성 길벗출판사

길벗 | IT단행본, IT교육서, 교양&실용서, 경제경영서
길벗스쿨 | 어린이학습, 어린이어학

페이스북 · www.facebook.com/gbitbook

클라우드 엔지니어를 위한 97가지 조언

97 Things Every Cloud Engineer Should know

에밀리 프리먼, 네이선 하비 지음 | 정기훈 옮김

길벗

클라우드 컴퓨팅Cloud Computing이란 개념은 대략 1960년대부터 사용되었다. 현재 우리가 알고 있는 클라우드 컴퓨팅은 아마존이 엘라스틱 컴퓨트 클라우드Elastic Compute Cloud, EC2를 처음으로 소개한 2006년부터 시작되었다고 할 수 있다. 클라우드 기술이 부상하고 실제 산업에 적용되면서 우리 산업계와 사회의 형상을 바꾸어 놓았다. 클라우드는 서비스를 적은 비용으로 시작할 수 있게 해 주었고 글로벌 규모로 확장할 수 있게 했다. 그리고 모든 조직이 기술 조직이 될 수 있도록 도와주거나, 최소한 기술을 전략적 조력자로 삼아 가치를 제공할 수 있게 해 주었다.

클라우드 엔지니어는 넓은 의미로 클라우드에서 동작하는 시스템을 만들고 관리하여 운영하거나 구성하는 사람을 뜻한다. 클라우드 엔지니어는 베이스 이미지를 만들어 내는 시스템 관리자일 수도 있고, 애플리케이션을 작성하는 소프트웨어 개발자일 수도 있다. 또한 머신 러닝 모델을 만드는 데이터 과학자일 수도 있고, 서비스가 잘못되었을 때 조치를 취하는 사이트 신뢰성 엔지니어일 수도 있으며, 이보다 더 많은 일을 담당하는 책임자일 수도 있다. 어떤 곳에서는 이 모든 일을 한 사람이 수행하기도 하고, 때에 따라 수백 명이 나누어서 할 수도 있다.

이 책은 다양한 전문 클라우드 엔지니어들이 작성한 글들을 모아 놓은 것이다. 전 세계 다양한 국가의 저자가 참여했다. 저자 중에는 클라우드를 향한 여정에 첫발을 딛은 사람도 있고, 이미 수십 년의 경험을 가진 베테랑도 있다. 저자들은 각자의 관점과 경험을 바탕으로 글을 집필했다. 우리는 이 책을 읽는 독자가 더 깊이 파고들 수 있는 영감을 얻고, 자신의 커리어를 확장할 수 있는 한두 가지 또는 아흔일곱 가지를 발견할 수 있길 바란다. 클라우드가 다양한 면이 있는 것처럼 이 책 역시 살펴보아야 할 다양한 종류의 글이 수록되어 있다. 클라우드 기초부터 시작해서 클라우드에서의 소프트웨어 개발 방법론에 대해 읽어 보길 바란다. 혹은 여러분 조직을 개선할 수 있는 방안에 대한 글을 발췌해서 읽어 보고 원활한 운영과 안정성 향상을 위한 새로운 방안을 찾아보는 것도 좋을 수 있다. 어떻게 읽든지 여러분이 원하는 대로 하면 된다!

이 책은 전지구적 팬데믹pandemic으로 기억될 2020년에 쓰여졌다. 팬데믹으로 시스템적인 차별로 인한 부조리가 보다 폭넓게 인식·강조되고 있다. 그리고 많은 변화가 새로운 세대에 영향을 미칠 것이다. 올해의 사건은 모든 개인의 삶까지 영향을 미쳤다. 많은 기업과 조직은 여전히 팬데믹과 같은 사건에 면역이 되어 있지 않았다. 2020년에 어떤 기업은 폭발적인 성장을 한 반면, 누군가는 급격한 추락을 경험하기도 했다. 클라우드는 사회적 거리두기가 지속되는 세상에서 서로를 연결하는 새로운 방법을 제공하고, 정보와 허위 사실을 급속하게 퍼지게 했으며, 과학자들에게 이 해로운 바이러스에 대해 연구하고 실험해서 추적할 수 있는 기술을 제공하는 등 주요한 역할을 했다.

글을 써 준 모든 저자에게 감사를 전한다. 저자들은 여러분이 클라우드 엔지니어로서 여정을 계속할 수 있는 영감과 정보를 제공하기 위해 관대하게도 자신의 통찰과 지식을 공유해 주었다. 클라우드 엔지니어 간의 대화를 촉발시키고 사람 간의 관계를 맺으며 서로에게 배우기 위해 부디 이 책을 사용하길 바란다.

즐거운 시간이 되길!

네이선 하비(Nathen Harvey) 및 에밀리 프리먼(Emily Freeman)

우리 조직에 지원하는 분들에게 마지막으로 항상 던지는 질문이 있습니다. "당신이 생각하는 클라우드란 무엇인가요?" 이렇게 질문을 하면 대다수는 단순히 사용 경험 위주로 답변하거나 클라우드 서비스 자체의 특성 위주로 답변합니다. 대부분의 개발자와 엔지니어는 클라우드를 활용하여 서비스를 배포하거나 운영하는 수준에 머무르기 때문입니다. 클라우드 서비스가 대중에게 본격적으로 선보인 지 20년 가까운 시간이 흘렀지만, 여전히 많은 사람은 클라우드가 무엇인지, 어떻게 사용해야 그 특성에 맞는지 고민합니다.

이럴 때 이 책에 담긴 조언을 들여다보면 적합한 해법을 찾을 수 있습니다. 각 조직 또는 개인별로 처한 상황이 모두 다르기 때문에 모든 조언이 꼭 들어맞을 수는 없습니다. 하지만 클라우드 기초부터 조직 문화와 전문성 개발까지 클라우드를 먼저 경험한 저자들의 통찰과 지식을 참조한다면, 독자 여러분의 문제를 해결할 실마리를 찾을 수 있을 것이라고 생각합니다.

이 책을 읽을 때는 사실 목차 순서대로 읽을 필요가 없습니다. 각자 필요한 내용을 골라서 읽어 봅시다. 하지만 첫 장인 '클라우드 기초'에 대한 내용은 반드시 읽어 보길 권합니다. 이 책의 편집자가 서문에서 밝힌 것처럼 클라우드에 대한 독자와 저자들의 이해를 동일한 수준에 놓기 위해서입니다.

이 책을 읽다 보면 클라우드를 사용하기만 한다고 모든 문제가 저절로 해결된다는 것이 아님을 다시 한 번 느끼게 될 것입니다. 결국 모든 IT 기술이 그러하듯이 기반으로 하고 있는 기본 지식과 개념이 단단할수록 해당 기술의 장점을 십분 활용할 수 있다고 생각합니다. 더불어 클라우드 마이그레이션을 계획하고 있다면 옮기고자 하는 애플리케이션이나 서비스에 대한 깊이 있는 이해가 무엇보다 우선되어야 합니다. 저 역시 이 책을 번역하면서 막연하게 머리 속에서 떠돌던 개념과 방법론을 저자들의 글을 빌려 정리할 수 있게 되어 많은 도움이 되었습니다.

이 책이 나오기까지 다양한 조언과 꼼꼼한 첨삭을 해 주신 이다빈 편집자님과 길벗 출판사에 감사드립니다. 마지막으로 언제나 내 삶의 동기와 목표를 잊지 않도록 응원해 주는 사랑하는 아내 신다혜에게 감사하며, 번역하는 동안 보채지 않고 묵묵히 옆자리를 지켜 준 반려견 올랑이에게도 고마움을 전하고 싶습니다.

2022년 7월
정기훈

클라우드에 대한 관심이 높아지면서 다양한 분야에서 사용하고 있습니다. 하지만 모두 '제대로' 적용하고 있는 것은 아닙니다. 이 책은 클라우드의 전 분야에 대한 귀한 조언을 볼 수 있습니다. 고리타분하고 딱딱한 클라우드 사용법이 아니라 실제 설계, 운용을 통한 노하우와 지식을 알려 줍니다. 클라우드를 사용하면서 놓치고 있었거나 알지 못했던 부분들에 대해 고민할 수 있습니다. 알찬 내용들로 가득한 이 책으로 클라우드에 대한 폭넓은 이해와 지식을 얻어 가길 바랍니다.

김동우_프리랜서

클라우드에 대해 어느 정도 접해 보았고 운영하시는 분들에게 큰 도움이 될 만한 책이라고 생각합니다. 이 책은 1명이 아닌 여러 클라우드 전문가가 클라우드 개발자 및 조직 관리자에게 도움이 될 만한 조언을 전달하는 방식으로 구성되어 있습니다. 그렇기 때문에 다양한 측면에서 클라우드에 대해 한 번쯤 생각해 볼 수 있으며 실무에 도움이 되는 인사이트를 얻을 수 있습니다. 그리고 각 조언마다 완결성을 띠고 있어서 분량과는 상관없이 읽을 수 있습니다.

윤지태_디셈버앤컴퍼니 핀트플랫폼 개발팀

글로벌 클라우드 전문가들의 다양한 경험이 담긴 생생한 조언을 1권에 담아냈습니다. 책 속에 담긴 내용들을 통해 최근 클라우드 시장의 변화를 읽을 수 있는 통찰력을 키울 수 있었습니다. 관련 분야에 종사하는 사람이라면 누구나 한 번쯤 부담 없이 읽어 볼 만한 책입니다.

추진주_클라우드 엔지니어

목차

3장 │ 마이그레이션

4장 │ 보안과 컴플라이언스

1장

기초

01

클라우드란 무엇인가?

네이선 하비(Nathen Harvey)
구글 디벨로퍼 애드보킷(Developer Advocate)

이 책을 깊이 파고들기에 앞서 클라우드cloud에 대해 이해하고 넘어가자.

위키피디아에서는 클라우드 컴퓨팅cloud computing을 '컴퓨터 시스템 자원computer system resource, 특히 데이터 저장소와 연산 능력을 사용자가 직접 관리할 필요 없이 주문형on-demand 방식으로 사용할 수 있게 하는 것'이라고 소개하고 있다. 일반적으로 클라우드 컴퓨팅은 '인터넷을 통해 많은 사용자가 이용할 수 있는 데이터 센터'를 의미한다.

아주 기초적인 수준에서 바라본다면 클라우드란 본질적으로는 '인터넷을 통해 접근 가능한 데이터 센터'다. 하지만 클라우드를 단순히 '다른 누군가의 데이터 센터'로만 본다면 여러분이나 여러분이 속한 조직은 클라우드가 제공하는 다양한 장점을 오롯이 누릴 수 없을 것이다.

미국 국립표준기술연구소National Institute of Standards and Technology, NIST는 SP 800-145: NIST의 클라우드 컴퓨팅 정의[1]'에서 클라우드 모델을 정의

---

1 https://oreil.ly/umBJb

했다. 이 문서는 클라우드 컴퓨팅의 핵심적인 특성을 다루고 있다. 굉장히 짧은 문서이므로 한 번 읽어 보는 것도 도움이 될 것이다.

NIST는 클라우드 모델의 핵심적인 특성을 다음과 같이 다섯 가지로 정리했다.

주문형 셀프 서비스

컴퓨트, 스토리지, 데이터베이스, 컨테이너 오케스트레이터 플랫폼, 머신 러닝 등을 포함하는 모든 클라우드 자원은 버튼을 클릭하거나 API를 호출하는 것만으로도 사용할 수 있다. 클라우드 엔지니어는 다른 누군가를 호출하거나 티켓을 열거나 이메일을 전송하지 않아도 클라우드 내에 자원을 규정하고 접근하고 설정할 수 있다.

다양한 네트워크 접근

클라우드 엔지니어는 어디서든 클라우드의 셀프 서비스 기능을 활용할 수 있다. 인가된 사용자는 다양한 장치와 인터페이스로 연결된 네트워크를 통해 클라우드 자원에 접근할 수 있다. 휴대 전화로 서비스를 재시작하거나, 가상의 비서에게 새로운 테스트 환경을 구축하도록 요청하거나, 개인 노트북으로 모니터링하고 로그도 확인할 수 있다.

자원 풀링

클라우드 제공자는 다양한 고객이 사용할 수 있도록 자원을 충분히 확보하고 있다. 물론 준비된 자원들은 보안이나 다른 보호 조치가 잘되어 있다. 실제로 클라우드 엔지니어는 데이터 센터 내 CPU의 물리적인 위치를 알 필요가 없다. 풀링pooling [2]은 높은 수준의 추상화도 제공하는데, 클라우드 엔지니어는 어떤 물리 장치가 컴퓨팅 자원을 제공할 것인지 정의할 필요 없이 애플리케이션 컴퓨트와 메모리 요구량만 정의하면 된다. 마찬가지로 데이터를 어떤 영역region에 저장할 것인지만 정의하면 된다. 굳이 주 데이터베이스primary database가 데이터 센터 내 어떤 랙rack에 위치해야 하는지 같은 것은 신경 쓰지 않아도 된다.

빠른 유연성

클라우드 엔지니어는 특정 데이터 센터의 물리적 사용량을 걱정할 필요가 없다. 클라우드 내 자원들은 요청이 어느 수준에 이르면 스케일 업scale up [3]하도록 설계된다. 마찬가지로 서비스 요청량이 줄어들 경우 사용하는 클라우드 자원을 줄일 수 있다. 클라우드 유연성은 스케일 업과 스케일 다운 scale down 두 방법으로 가능한데, 보통 클라우드 엔지니어가 사용자 인터페이스user interface나 API를 호출해서 규모를 확장할 수도 있지만 많은 경우는 사람의 개입 없이 자동으로 일어나곤 한다.

측정 가능한 서비스

클라우드 자원은 사용한 만큼 측정되고, 측정된 사용량은 일반적으로 비용의 한 부분이 된다. 클라우드가 보증하는 것 중 한 가지는 자원을 사용한 만큼만 비용을 지불하는 것이다. 서비스에서 사용하는 자원별로 사용량을 볼 수 있다는 것은 비용에 대한 가시성을 높여 준다. 일반적으로 전통적인

---

2 **역주** 자원 관리 관점에서 앞으로 사용될 것으로 예상되는 자원을 미리 확보하여 사용자의 자원 요청에 즉각 대응할 수 있게 하는 방법이다.

3 **역주** 자원 사용량 또는 용량을 현재 수준보다 크게 하는 것을 의미한다.

데이터 센터에서는 할 수 없는 방법이다.

   NIST는 클라우드 컴퓨팅의 다섯 가지 특징 외에 서비스 모델도 정의하고 있다. 서비스 모델에는 서비스형 인프라Infrastructure as a Service, IaaS, 서비스형 플랫폼Platform as a Service, PaaS, 서비스형 소프트웨어Software as a Service, SaaS가 있다. NIST 문서는 프라이빗 클라우드private cloud와 퍼블릭 클라우드public cloud를 포함한 다양한 배치deployment 모델에 대해서도 설명하고 있다.

   클라우드를 알려면 이 다섯 가지 특성을 늘 염두에 두어야 한다. 지금 다섯 가지 특성으로 클라우드의 다양한 장점을 잘 활용하고 있는지, 아니면 단순히 누군가의 데이터 센터를 사용하는 수준에 머물고 있는지 판단해야 한다.

02

왜 클라우드여야 하는가?

네이선 하비
구글 디벨로퍼 애드보킷

나는 2000년대 초반 상장 소프트웨어 기업의 IT 부서에서 근무했다. 우리 팀은 기업에서 고객에게 판매하는 소프트웨어를 만드는 곳이 아니었다. 우리는 고객과 협업 기업 간의 연결 고리 역할을 하는 소프트웨어 배포 센터 software delivery center 역할을 맡았다. 여기에서는 고객들이 소프트웨어가 담긴 콤팩트 디스크Compact Disk, CD나 운영 도구 등을 기다리지 않고 내려받을 수 있게 했다. 그리고 사업을 꾸려 나가기 위해 여러 기술을 활용했었다. 우리의 모든 시스템은 직접 운영하는 데이터 센터에서 동작했는데, 시스템 용량을 확장하려면 새로운 장비를 조달하여 직접 설치하고 구성해야 했다. 이러한 작업은 길게는 18개월이나 걸리기도 했다.

2007년에 기업이 인수되었고 새로운 조직의 IT 부서는 CIO 산하에 위치하게 되었다. CIO의 가장 중요한 목표는 단 하나, 비용을 줄이는 것이었다. 우리 팀과 한 면담에서 CIO는 어떤 비용이라도 발생시키는 일을 모두 중지할 것을 요구했었다. 물론 우리는 반발했다. 우리가 하는 일은 사업을 더 효율적으로 운영할 수 있게 도와주고 고객의 만족을 이끌어 내어 더 많은 이익을 가져오는 것이라고 항변했었다. 하지만 그 어느 것도 CIO의 고려 사항이 아니었다. 목표는 뚜렷하고 명확하고 냉정했다. 절대로 비용을 줄일 것.

결국 2008년에 나는 기업을 떠나 생애 첫 스타트업에 합류했다. 우리는 '점심'이라는 단 하나의 목표에 집중하는 작고 어수선한 팀이었다. 이때가 처음으로 클라우드의 힘을 경험한 때이기도 하다. 18개월이나 걸렸던 자원 조달 및 제공procure-and-provision 절차는 이제 단 몇 분 만에 끝낼 수 있게 되었다. 그 후 클라우드는 10년이 넘는 지금까지 내 커리어에서 핵심적인 역할을 했다. 이제부터 그동안 알게 된 몇 가지 교훈을 살펴보고자 한다.

기술의 역할을 이해하기

이제 모든 기업은 기술 기업이거나 기술 기업이 되어 가고 있다. 그래서 여러분이 속한 조직의 리더가 하는 말과 행동을 주의 깊게 살펴보는 것이 매우 중요하다. 기술은 비용을 절약하는 수단으로 사용되기도 하고, 사업을 강화하고 촉진하는 중요한 열쇠가 되기도 한다. 물론 비용 절약과 사업 확장 두 가지를 목표로 할 수 있지만 대부분의 리더는 그중 한 가지에 집중한다. 이러한 리더의 목표에 주의를 기울여 여러분이 하는 일 또는 일하는 곳이 그 목표를 달성하는 데 도움이 되도록 하라. 목표에서 벗어난 노력은 갈등과 번아웃, 고객 불만족으로 돌아온다.

클라우드 자동화

이전 글 '클라우드란 무엇인가?'에서는 NIST에서 정의한 클라우드의 다섯 가지 특성을 살펴보았다. 이러한 특성이 있음에도, 클라우드는 제대로 활용하지 못하는 함정에 빠지기 쉽다. 버튼을 클릭하거나 API를 이용하여 자원을 생성하는 것은 클라우드를 제대로 활용하기 위한 시작에 불과하다. 프로비저닝된 자원이 사용 가능한 상태가 되기까지 얼마나 많은 시간이 걸릴까? 이러한 주기를 줄이고 자동화하는 방법을 배우는 것에 시간을 투자하라. 자동화를 통해 인프라infrastructure와 애플리케이션을 관리하는 여러 가지 새로운 방법이 펼쳐진다.

진행 상황 측정

클라우드가 올바르게 동작하고 있다는 것을 어떻게 알 수 있을까? 전통적인 데이터 센터 환경에서 클라우드로 이전하는 경우라면 다양한 부분에서 즉각적인 향상을 보고 느낄 수 있을 것이다. 하지만 여러분이 만드는 소프트웨어가 이미 클라우드 환경에서 시작했다면 이러한 것을 느낄 수 있을까? 한 가지 확실한 것이 있다. 언제나 개선의 여지가 있다는 점이다. 먼저 각 팀이나 애플리케이션에 대해 높은 수준의 측정을 시작할 것을 추천한다. 그리고 측정된 값을 바탕으로 얻어진 개선 사항에 따라 팀에서 무엇을 개선하는 데 투자할 것인지 결정할 수 있다. 니콜 포스그린Nicole Forsgren 박사가 이끄는 DORA[1]의 연구[2]에서 확립한 다음 네 가지 핵심부터 시작하면 아주 좋다.

---

[1] 역주 데브옵스 연구 및 평가 팀(DevOps Research and Assessment), 구글에서 데브옵스와 관련된 여러 방법론을 연구하고 적용하는 팀이다.

[2] https://github.com/GoogleCloudPlatform/fourkeys

- 소요 시간

- 배포 주기

- 정상화 시간

- 변경 대비 실패율

시작하기 〉 완료하기

팀 내 동기를 일치시키고 자동화 관련 능력을 갖추고 진척도를 측정하려면 시간과 노력이 많이 든다. 업계에서 성공적인 사례로 평가받는 곳을 비교해 본다면 굉장히 어려운 일로 받아들여지거나 아예 불가능한 일처럼 보인다. 하지만 변하지 않는 사실은 바로 반복적으로 접근해야 한다는 것이다. 개선을 끝내기보다는 시작하는 편이 훨씬 중요하다는 것을 반드시 기억하자.

03

멀티 클라우드 결정을 위한 중요한 세 가지

브랜든 올리어리(Brendan O'Leary)

깃랩(GitLab) 수석 개발자 에반젤리스트(Senior Developer Evangelist)

최근 들어 멀티 클라우드multicloud와 하이브리드 클라우드hybrid-cloud의 가능성에 대한 논의가 많다. 많은 사업 및 기술 리더가 제조사 **락인**vendor lock-in[1]이나 다양한 대규모 클라우드의 훌륭한 기능들을 제대로 활용하지 못하는 것을 우려하고 있다. 규제가 필요한 산업군에서는 '모든 것'을 클라우드로 마이그레이션하는 것을 망설이고 있으며, 많은 사람이 일부 워크로드workload를 자신들의 물리 데이터 센터에서 수행하는 것을 고수하고 있다.

기업 현실은 멀티 클라우드와 하이브리드 클라우드를 적용하는 상황이 이미 도래했다는 것이다. 2019년에 발간된 클라우드 현황 보고서[2]에 따르면 이미 84%의 조직이 다양한 클라우드를 사용하는데, 평균적으로 네 개

---

1 [역주] 특정 서비스가 다른 서비스의 선택을 제한하여 기존에 이용하던 것을 계속 선택할 수밖에 없게 되는 현상을 말한다.

2 https://resources.flexera.com/web/media/documents/rightscale-2019-state-of-the-cloud-report-from-flexera.pdf

이상의 클라우드 서비스를 사용하고 있다. 이것으로 우리는 소프트웨어 탁월성software excellence이 새로운 운영 탁월성operational excellence이라는 것을 알게 되었다. '소프트웨어가 세상을 먹어 치운다', 그리고 우리 경쟁력은 더 좋은 제품을 얼마나 빠르게 제공하느냐에 달려 있다.

이러한 현실을 바탕으로 여러분이 할 질문은 '멀티 클라우드나 하이브리드 클라우드 기업이 되어야 하는가'가 아니라 '경쟁자보다 뛰어날 준비가 되어 있는가'다. 만약 멀티 클라우드 전략에 대한 요구를 수용한다면 우리 생각을 체계화할 필요가 있다. 즉, 워크로드 이식성portability, 공급자와 협상 능력, 주어진 작업에 딱 맞는 도구를 선택하는 능력 등 이 세 가지 핵심 조장 요인key enabler을 고려해야 한다. 클라우드는 팀에서 차별화되지 않은 일을 제거할 것을 보장한다. 이러한 잠재력을 구체화하려면 반드시 정확한 접근법을 사용해야 한다.

가장 중요한 조장 요인은 워크로드 이식성이다. 우리는 배포하는 환경에 상관없이 모두 동일한 수준의 컴플라이언스compliance, 테스트 방법과 사용의 용의성을 요구해야 한다. 클라우드 불가지론cloud-agnostic[3]인 완전한 데브옵스DevOps 플랫폼을 만드는 것은 개발자들이 코드 배포에 대해 지나치게 걱정하지 않고 개발에만 집중할 수 있게 해 준다.

개발자가 사용할 플랫폼과 멀티 클라우드를 올바르게 결정하는 방법으로 다음 세 가지 핵심 요소를 고려해야 한다. 바로 가시성, 효율성, 거버넌스governance다.

가시성은 가장 중요한 위치인 신뢰할 수 있는 단일 진실 공급원single source of truth에 정보를 보유하고 이를 측정하고 개선할 수 있는 능력이다. 내부 사

---

3 역주 클라우드 도구, 플랫폼, 애플리케이션 등이 어떤 클라우드 인프라든지 완벽하게 호환되어 별다른 운영 비용 없이 서로 다른 클라우드 환경에서 동작할 수 있다는 의미다.

용을 위한 플랫폼이든 외부 애플리케이션 배포를 위한 플랫폼이든 다중 도구 접근법을 고려할 때는 가시성이 핵심이다. 데브옵스 플랫폼인 경우 데브옵스 생명 주기 전체에 걸쳐 실시간 가시성을 원할 것이다. 고객용 제품인 경우에는 시스템을 이해하기 위해서 관측성observability과 여러 제공자에 걸친 연결된 제품군에 대한 이벤트를 인지하는 것이 중요하다.

효율성은 언뜻 보기에는 직관적일 수 있지만, 자세히 들여다보면 다양한 면을 고려해야 한다. 우리는 항상 정확한 대상에게 효율성을 보장해야 한다. 툴 팀tools team⁴이 도구를 선택한 결과로 나타난 편향은 팀의 효율성을 위해서 최적화되어야 한다. 하지만 그 선택이 10명으로 구성된 툴 팀의 업무를 주당 1시간씩 줄여 주더라도 1,000명의 개발자가 한 달에 단 몇 분만 줄여 준다고 느낀다면 효율성 측면에서는 부정적인 영향을 미치게 된다. 선택한 플랫폼은 개발, QA, 보안, 운영 팀이 모두 업무 수명 주기 전반에서 단일화된 흐름의 일부가 되도록 해야 한다.

마지막으로 절차의 **거버넌스**는 산업군을 불문하고 필수적인 부분이다. 하지만 팀이 사용하는 일상적인 절차에서 거버넌스를 적용한다면 기존 일련의 주기가 완료되고 거버넌스를 적용하는end of cycle 절차에 비해서 빠른 속도로 움직일 수 있는 것으로 알려졌다. 자동화된 보안과 코드 품질 및 취약성 관리 내장과 권한 시행 사례policy enforcement practices는 팀이 자신감을 가지고 코드를 배포할 수 있게 한다. 그로 인해 배포 대상이 어디든 상관없이 코드 배포 방식을 철저하게 제어할 수 있고 어림짐작으로 하는 일을 제거할 수 있다. 변경 사항을 점진적으로 배포하면 변경으로 인한 충격을 완화할 수 있고 사용자 인증authentication 및 인가authorization를 일관성을 가지고 시

---

4 **역주** 사내 또는 조직 내에서 사용하는 도구를 선정하는 팀을 의미한다.

행할 수 있게 된다.

이 같은 능력은 멀티 클라우드와 하이브리드 클라우드 환경 전반에서 자신감을 갖고 운영할 수 있게 도와줄 것이다.

04

관리형 서비스를 사용하자, 제발

댄 무어(Dan Moore)
무어 컨설팅(Moore Consulting) 수석

관리형 서비스managed service**를 사용하자.** 산 정상에 서서 모든 클라우드 엔지니어에게 외칠 단 한 줄의 조언이 있다면 바로 이 말이다.

운영은 어려운 문제다. 특히 큰 규모에서는 더 그렇다. 예외 사례edge case가 평범한 일이 되고 장애는 맹렬히 일어나며 자동화 및 표준화는 어려운 일이 된다. 큰 규모에서 소프트웨어와 하드웨어를 운영했던 경험이 있는 사람을 구하기도 힘들고 인건비도 비싸다. 그들이 실수를 하고 다양한 상황을 통해 얻은 지식은 굉장히 힘들게 얻은 것이다.

하지만 여러분이 주요 클라우드 업체 중 하나에서 제공하는 관리형 서비스를 사용한다면 그 서비스를 만든 팀의 모든 지혜와 자동화 및 시스템의 힘을 사용할 수 있다. 굉장히 저렴한 소프트웨어 가격으로 말이다.

아마존의 관계형 데이터베이스 서비스, 구글 클라우드 SQL, 마이크로소프트 애저 데이터베이스와 같은 것이 관리형 서비스다. 세 가지 서비스 모두 관계형 데이터베이스 시스템으로 동급 최강best-of-breed의 설정과 관리를 제공한다. 여러분이 직접 해야 했던 어렵고 까다롭던 복제본replication 설정이나 백업backup과 같은 (수년 동안 MySQL 복제본 시스템을 다루어 본 누군가가 만든) 설정을 빠르고 간편하게 할 수 있다. 여러분이 선택한 클라우드 업체와 요구 사항에 따라 다음과 같은 모던 소프트웨어 시스템modern software system의 주요 요소를 위한 관리형 서비스를 사용할 수 있다.

- 파일 저장소
- 오브젝트 캐시(object cache)
- 메시지 큐(message queue)
- 스트림 처리(stream processing) 소프트웨어
- 추출, 변환, 적재(Extract/Transform/Load, ETL) 도구

(여러분 애플리케이션에 이 구성 요소가 모두 있다고 해도 개발자들이 이 요소들을 하나로 엮을 시간이 필요하다는 것을 명심하자.)

관리형 서비스를 사용해야 하는 중요한 세 가지 이유는 다음과 같다.

- 관리형 서비스는 잘 운영된다. 클라우드 업체가 제공하는 전문성과 그들이 구현하는 자동화 능력은 특히 여러 서비스를 다룰 때 여러분 능력보다 나을 것이다.
- 관리형 서비스는 저렴하다. 여러분이 인력 비용을 고민한다면 특히 저렴하다. 가장 비싼 아마존 RDS 인스턴스는 연 10만 달러(정가)다. 물론 정확한 비교는 안 되겠지만, 많은 국가에서 그 정도 연봉으로 데이터베이스 아키텍트(architect)를 구할 수는 없을 것이다.
- 관리형 서비스는 개발을 빠르게 할 수 있다. 개발자는 인프라 요소들을 어떻게 구성하고 운영하는지 공부하기보다는 어떻게 연결할 것인지만 집중하면 된다.

그렇지만 관리형 서비스가 모두에게 적합한 것은 아니다. 만약 모든 설정을 손댈 수 있어야 한다면 관리형 서비스를 사용할 수 없다. 관리형 서비스가 엄격한 성능 또는 보안 요구 사항을 충족하지 못할 수도 있기 때문이다.

그럼에도 관리형 서비스로 시작하여 확장할 수는 있다(축하한다).

또 다른 중요한 고려 사항은 바로 락인이다. 일부 관리형 서비스는 다른 대체제가 있을 수 있다(쿠버네티스 서비스가 좋은 예다). 그런 경우라면 다른 클라우드로 옮길 수도 있다. 그렇지 않는 경우는 사유 소프트웨어이거나 클라우드 이관을 위해서 애플리케이션 상당 부분을 재작업해야 할 수도 있다.

이미 클라우드를 사용하고 있거나 애플리케이션을 위한 관계형 데이터베이스나 메시지 큐와 같은 빌딩 블록building block이 필요한 경우에는 관리형 서비스로 시작하라(셀프 호스팅이 요구 사항을 충족하지 못할 때도 마찬가지다). 클라우드 업체의 운영 탁월성을 적극 활용한다면 더 많은 것을 더욱 빠르게 구축할 수 있다.

05

선을 위한 클라우드가 당신의 다음 프로젝트여야 한다

델라리 지라사(Delali Dzirasa)
피어리스(Fearless) 창업자 및 CEO

여러분은 어떤지 모르겠지만, 자동 응답 전화에 무한히 갇히는 것은 나를 미치게 한다. 일반적으로 간단한 문제를 해결하거나 서비스를 받기 위해서는 자동 응답 전화를 이용한다. 하지만 자동 응답 전화를 사용하면 간단한 문제의 답을 스스로 찾는 것이 아니라 **답을 얻기 위해서** 끊임없이 1이나 2를 눌러야 하는 무한 반복에 빠진 것처럼 느끼게 된다.

핸드폰에서 몇 개의 버튼을 눌러 몇 분 내로 차량이나 음식을 받을 수 있으면서도 왜 온라인으로 수도 요금을 쉽게 내는 방법은 찾을 수 없을까?

오늘날 클라우드 덕분에 모든 것이 가능해졌다. 적어도 여러분이 일반적으로 즐겨 사용하는 모든 것을 작동시킬 수 있다. 여러분이 즐겨 사용하는 것들은 대체로 기술이 일상을 어떤 방식으로든 더 쉽게 영위하도록 도와주고 있기 때문이다. 하지만 이상하게도 대부분의 사람들이 신경 쓰는 교육, 보건 의료, 식량 안보 같은 현실 문제들은 충분히 주목받지 못한다.

의미 있는 사회 문제를 다루는 곳에서 기술은 아마 그들이 고려할 가장 마지막 문제일 수 있다. 그곳에서는 종종 의미 있는 기술적 진보를 이루기 위한 노력과 자원, 당위성이 부족하다고 생각하곤 한다.

거시적인 수준에서 이는 시장에서의 실제 격차를 나타낸다. 단순하게 시민 기술[1]을 지원하거나 **선을 위한 클라우드**cloud for good에 집중하는 디지털 서비스 기업들이 부족하다. 내가 2009년에 창업한 피어리스Fearless는 영혼이 있는 소프트웨어를 만드는 것이 미션mission이었다. 그래서 우리는 사용자 권한을 강화하고 삶을 변화시킬 수 있는 프로젝트만 수행한다.

이처럼 우리가 영혼이 있는 소프트웨어를 만드는 곳 중 하나가 바로 메디케어 및 메디케이드 서비스 센터Center for Medicare & Medicaid Services, CMS다. 우리는 CMS의 기술 현대화를 돕고 있다. 프로그램이 비효율적이면 수혜자는 최상의 치료를 받지 못하는데도 높은 비용을 내야 하며, 결국 그 대가는 미국의 납세자들이 치루어야 한다. 이러한 기술을 개선해서 모든 사람에게 보다 나은 보건 의료 시스템을 제공할 수 있다.

선을 위한 클라우드를 기반으로 한 아이디어들은 **시민 기술** 또는 **선을 위한 클라우드**라는 용어 그 자체보다 훨씬 오래 전부터 존재했다. 나에게는 HealthCare.gov[2] 장애가 발생했을 때 선을 위한 클라우드가 내 마음속에 실제로 와닿기 시작했다. 많은 사람을 돕고 싶었고 수많은 디지털 서비스 기업 역시도 도움을 주기 위해서 나섰다.

많은 사람이 '기술 역량을 어떻게 선을 위해 사용하죠? 실질적인 문제를 해결하는 프로젝트에서 일하고 싶습니다'고 말하는 것을 듣는다. 이러한 목소리가 모여 사람들이 자신이 하는 일에서 의미를 찾고 인류애를 추구하고

1 　역주 소통, 의사 결정, 서비스 전달, 정치 프로세스를 위해서 소프트웨어로 사람과 정부 간 관계를 강화하는 것을 의미한다(출처: 위키피디아).

2 　https://www.healthcare.gov/

우리 세상을 보다 나은 곳으로 만들어 나가는 거대한 움직임이 될 수 있다고 믿는다.

여러분 지역 사회에서 특별히 선을 위한 클라우드를 활용하여 문제를 해결하고자 하는 지역 모임에 참여하라. 함께 일할 곳을 찾고 있다면 코드 포 아메리카Code For America[3]가 시작하기 좋을 것이다.

만약 돕고 싶은 비영리 단체가 주변에 있다면 시간을 들여 소프트웨어를 만드는 일에 도움을 주어라. 코드를 작성할 때마다 시민 기술의 필요성에 대해 생각하라. 오픈 소스 소프트웨어는 많은 사람이 소프트웨어 솔루션의 혜택을 받고 사용할 수 있게 한다. 오픈 소스를 만들면 다른 사람들이 여러분 기술을 활용하여 더 많은 프로젝트를 시작할 수 있다.

내가 사는 도시에는 핵 볼티모어Hack Baltimore[4]라는 단체가 있다. 지역 사회 종사자, 비영리 단체인, 기술자, 시민들로 구성된 이 기술 활성화 단체는 볼티모어를 변화시킬 수 있는 지속 가능한 솔루션을 고안한다. 여러분도 지역 사회에서 핵 볼티모어와 같은 단체를 찾아보거나 여러분이 새롭게 시작하길 바란다.

클라우드 그 자체로는 선이나 악이 아니다. 오직 사용자와 '기술력'을 사용하여 전 세계에 있는 애플리케이션을 만드는 우리 의도에 좌우될 뿐이다. 우리가 원한다면 너무 자주 등한시되는 사회적 미션을 수행하도록 도울 수도 있다. 따라서 여러분이 클라우드를 다루는 일을 하지 않는 퇴근 후 삶에서 선을 위한 클라우드를 만드는 일에 조금이나 힘을 보태는 것이 어떨까?

---

3 https://www.codeforamerica.org/
4 역주 https://hackbaltimore.io/

06

클라우드 용어집

조나단 벅(Jonathan Buck)
AWS 시니어 소프트웨어 엔지니어

어떤 직업을 갖든지 통용되는 용어를 잘 이해하고 사용한다면, 자신의 역할을 안정적으로 다할 수 있고 동료와 효율적으로 협업할 수 있다. 만약 여러분이 클라우드 엔지니어로서 첫발을 내딛는다면 일을 하면서 다음 용어들을 종종 듣게 될 것이다.

가용성

서비스가 '살아 있고' 정상 동작하는 시간을 의미한다. 대체로 백분율로 표현한다. 예를 들어 어떤 사람이 서비스가 99.99%의 연간 가용성을 보장한다고 할 때는 이 서비스가 1년 동안 서비스 불가능 시간이 52.56분밖에 되지 않는다는 의미다.

내구성

아무리 안정적인 장치를 사용해도 컴퓨터에 저장되는 모든 데이터는 충분한 시간이 흐르면 일시적인 것이 된다. **내구성**은 일정 시간 동안 데이터가 사고로 유실되거나 망가지는 확률을 의미한다. 일반적으로 가용성과 마찬가지 백분율로 표현한다.

일관성

데이터 저장소에 데이터를 쓸 때(또는 최신 버전) 그 즉시 사용할 수 없다는 개념을 의미한다. 클라우드 기반 데이터 저장소는 분산 시스템에 구축되므로 분산 시스템은 CAP 정리[1,2]를 따른다. 서로 다른 클라우드 환경과 서비스는 이러한 속성을 다르게 처리할 수 있지만, 클라우드 기반 소프트웨어 애플리케이션을 설계할 때 중요한 점은 이러한 개념을 염두에 두어야 한다는 것이다.

탄력성

클라우드의 주요 이점 중 하나가 바로 **탄력성**이다. 언제든지 요청에 따라 애플리케이션이 배치될 하드웨어나 인프라를 동적으로 선택할 수 있는 능력이다. 탄력성은 두 가지 방향에서 이점이 있다. 많은 트래픽traffic이 발생하는 기간일 때는 더 많은 자원이 필요하고 그렇지 않은 경우에는 적게 필요할 것이다. 자원 사용으로 부과되는 비용은 프로비저닝된 자원에 비례하기 때문에 유연성이 실제 애플리케이션이 사용하는 부하만큼 비용이 부과되도록 하는 더 나은 수단이 된다.

---

1 https://howtodoinjava.com/hadoop/brewers-cap-theorem-in-simple-words/
2 역주 브루어의 정리로 알려져 있다. 분산 데이터 저장소는 일관성, 가용성, 분할 내성 세 가지를 보장할 수 있지만, 이 세 가지를 동시에 만족하는 시스템은 존재하지 않는다는 정리다.

확장성

확장성은 탄력성과 유사하다. **탄력성**은 동적으로 자원을 증가시키거나 감소시키는 개념인 반면, **확장성**은 자원이 실제로 어떻게 증강되는지 의미한다. 일반적으로 확장성은 수평 확장horizontal scaling과 수직 확장vertical scaling 두 가지 개념으로 나뉜다. **수평 확장**은 애플리케이션 수요를 만족하기 위해서 호스트 머신host machine을 병렬로 추가하는 것이다. **수직 확장**은 주어진 장치에 자원을 추가하는(RAM을 더 추가하는 등) 것이다. 각각의 확장 기법은 장단점이 있으며 서로 다른 상황에 적합하다. 두 방법 중 어느 것이 더 적합한지는 시스템 아키텍처가 결정한다.

서버리스

서버나 하드웨어, 인프라를 관리할 필요 없이 애플리케이션 코드를 동작시키는 최신 기술이다. 때로는 서비스형 함수Function as a Service, FaaS라고도 한다. 많은 클라우드 사업자가 자사만의 형태로 서비스하고 있다. 서버리스는 앞서 설명한 고가용성과 탄력성의 이점도 함께 제공한다. 서버리스가 등장하기 전에는 소프트웨어를 배포할 때 서버를 관리하고 유지하는 일뿐 아니라 서버가 트래픽 수요에 따라 동작하고 확장할 수 있도록 신경 써야 했다. 서버리스 컴퓨트 환경이 과거처럼 서버를 관리하고 유지하는 부담을 줄여 주어서 여러분의 시간과 에너지를 애플리케이션 코드를 짜는 것에 집중할 수 있게 한다. 하지만 다양한 트레이드 오프trade-off도 함께 존재한다.

완전 관리형

클라우드 컴퓨팅 초창기에는 일반적으로 클라우드에서 제공하는 기본 컴퓨팅 자원인 서버, 데이터 저장소, 데이터베이스를 다루었다. 클라우드 컴퓨팅이 상당한 장점을 제공했지만 소프트웨어 엔지니어의 책임인 온프레미스on-premises 데이터 센터에서 하던 저수준 하드웨어 자원을 관리하고 유지하는 일은 여전히 동일하게 많았다. **완전 관리형 자원**은 고수준의 추상화를 제공하는 클라우드 자원이다. 소프트웨어 엔지니어가 아닌 클라우드 제공자가 이러한 자원의 일부 측면을 책임진다. 완전 관리형 서비스 사용의 트레이드 오프는 결과적으로 대체로 비싸며, 기본 자원을 운영할 때와 비교해서 종종 다양한 제약이나 제한 사항이 있다.

07

모든 엔지니어가 클라우드 엔지니어가 되어야 하는 이유

미셸 브리너(Michelle Brenner)
시니어 소프트웨어 엔지니어

나는 게으른 엔지니어다. 일을 빨리 끝낼 수 있도록 복사하거나 참조하거나 도구를 설치할 수 있는 선택지가 있다면 감사한 마음으로 갈아탈 것이다. 나는 엔터테인먼트 업계에서 일을 시작했다. 엔터테인먼트 업계에서는 스프린트[1]나 분기별 계획 없이 도구를 만들어야 한다. 스튜디오에서는 출시일 이전에 최상의 예술 작품을 만들어 내야 하므로 모든 작업이 일찍 완료되어야 한다. 이 과정에서 엔지니어로서 어떤 문제든 풀 수 있다고 생각하지만, 적합한 도구를 사용할 때 더 큰 영향을 줄 수 있다는 것을 깨달았다.

대부분은 획기적인 기술을 개발하지 않고 고객의 문제를 해결하는 일을 한다. 나는 고객이 당면한 문제를 해결하여 고객을 기쁘게 하는 것에 집중하고 싶다. 수많은 엔지니어가 이미 해결한 문제를 굳이 찾고 싶지는 않다. 클라우드 컴퓨팅은 다른 사람의 창고에 있는 서버일 뿐이라는 오해가 있지

---

1 **[역주]** 애자일(agile) 개발론 중 하나인 스크럼에서 사용되는 개발 단위로, 일반적으로 2~3주 기간으로 기능 개발 및 목표 달성을 한다.

만, 실제로 클라우드 컴퓨팅에서는 물리 장치를 위한 설정도 할 수 있고 거기에 더해 한 사람이 다 알기에는 벅찬 많은 기능이 있다. **소셜 계정의 로 그, 정보를 안전하게 저장하기, 수요에 맞게 서비스 확장하기** 등 문제를 일반적인 방법으로 정의할 수 있다면 이러한 일을 할 수 있는 클라우드 도구를 찾을 수 있다.

　백엔드 엔지니어로 일하면서 API를 구축하고 데이터베이스를 설계했었 다. 클라우드 기술을 배운다는 것은 내가 작성한 코드를 보다 빠르고 쉽고 안정적으로 서비스할 수 있다는 의미다. 함께 일하는 동료들이 배포 파이프 라인을 개선하거나 프로덕션 문제를 디버깅하는 데 항상 도움을 줄 수는 없 다. 스스로 이러한 변화를 이끌어 내는 방법을 배운다면 전체 팀이 효율적 이고 효과적으로 움직일 수 있을 것이다. 자신의 기술 역량을 높이면 새로 운 이직 기회가 생기기도 하고 개인 프로젝트를 더 쉽게 완수할 수 있다.

　클라우드 컴퓨팅을 알기 전에는 개인 프로젝트를 배포하는 일이 난관에 부딪혀 종종 중도 포기하기 마련이었다. 하지만 관련 시스템에 대한 깊이 있는 이해가 생기고 나서는 개인 프로젝트를 완수할 수 있었을 뿐만 아니 라, 전혀 상관없어 보이는 팟캐스트를 호스팅하는 것과 같은 일에도 사용할 수 있게 되었다. 대부분의 팟캐스트가 돈이 되지 않는다는 것을 알았고 비 용이 부과되는 시점에는 그만둘 생각이었다. 몇 가지를 조사해 보면서 팟 캐스트를 호스팅할 때 발생하는 비용은 다음 세 가지 주요 기능 때문이라는 것을 알게 되었다.

- 공개 파일(오디오와 이미지) 호스팅
- 팟캐스트 애그리게이터(podcast aggregator)를 위한 XML 파일 포매팅(formatting)
- 에피소드 재생(playback) 추적

아마존 심플 스토리지 서비스Simple Storage Service, S3[2]에서는 파일을 호스팅하는 데 아주 적은 비용만 내면 되는데, 왜 $10에서 $15를 지불해야 할까? 직접 호스팅한다는 의미는 서드 파티third party가 내 콘텐츠나 데이터를 다루는 것을 신경 쓰지 않아도 된다는 의미다. 오디오와 이미지 파일을 담을 퍼블릭 버킷public bucket[3]을 설정했다. 그리고 애그리게이터를 위한 XML 파일을 작성했고 동일한 버킷에 저장했다. 재생 목록을 추적하기 위해서 파일에 대한 로깅을 남겼고 아마존 아테나Athena[4]를 사용해서 이를 분석했다. 내 팟캐스트의 청취자가 그리 많지 않다는 사실을 알았지만, AWS 청구 비용이 월 $1가 되지 않아서 괜찮았다.

이제 여러분이 클라우드 엔지니어가 되어야 하는 것을 충분히 설득했다. 다음은 시작하기 전에 알았더라면 좋았을 것 같은 조언을 속사포로 남겨 놓고자 한다.

- 무엇을 시작하든지 청구 알림(billing alert)을 켜 두자. 어떤 일을 실제로 하고 있는지도 모르고 단순히 튜토리얼(tutorial)을 따라 하다 보면 생각하지도 못한 엄청난 청구서가 날아오곤 한다. 이론적으로는 말이다.
- 무료 크레딧을 가능한 한 많이 확보하자. 여러분이 사용하는 클라우드 업체는 다른 클라우드 업체와 여러분을 놓고 경쟁하기 때문이다. 경쟁 이점을 챙기자.
- 문서들은 사용자 스토리보다는 기능에 집중하곤 한다. 개인 콘텐츠 제작자들이 이러한 간극을 메워 주는 훌륭한 존재들이다. Dev.to가 당신의 친구가 되어 줄 것이다!
- 한 번에 하나의 설정만 변경하자.
- 신원 및 접근 관리(Identity and Access Management, IAM)는 제대로 이해하는 사람이 없다.

---

2 역주 참고: https://docs.aws.amazon.com/AmazonS3/latest/userguide/Welcome.html
3 역주 S3에서 계정별로 설정할 수 있는 객체를 담고 있는 공간이다.
4 역주 https://docs.aws.amazon.com/athena/latest/ug/what-is.html

마지막으로 여러분이 새로운 것을 배우고 뭔가를 만드는 것에 내가 영감을 주었다면 나에게도 알려 주었으면 좋겠다. 새로운 도구를 배우면 영향력이 커진다. 하지만 다른 사람에게 새로운 도구 사용법을 가르친다면 그 영향력은 엄청나게 확장될 것이다.

08

상향 관리: 클라우드에서 경영진과 협력하기

레자 살라리(Reza Salari)
기업 정보 보안 책임자

클라우드 엔지니어의 직무 기술서에서 많은 기술 스택과 프로그래밍/스크립팅 언어, 그리고 때로는 해당 기술이 존재했던 시간보다 더 오래된 경력을 버젓이 요구 사항으로 쓰는 것을 볼 수도 있다. 하지만 틀림없이 가장 중요한 직무 요구 사항 중 하나가 목록에 거의 들어 있지 않을 것이다. 이 누락된 직무 요구 사항은 때때로 새로운 기능을 구현하는 능력을 만들기도 하고 망가뜨리기도 한다. 그리고 이 능력은 현실을 절대로 반영하지 않는 기대를 어쨌든 회피할 수 있게 도와주기도 한다. 이 능력을 정복하라. 그러면 여러분과 여러분 팀의 자원, 지원, 기회가 활짝 열릴 것이다. 반대로 실패한다면 여러분 아이디어가 넝쿨에 묶여 죽어 가는 것처럼 보이거나 자기 자신이 결코 달성할 수 없는 목표에 묶여 좌절하는 것을 보게 될 것이다.

우리는 대체로 하향 관리managing down에 집중한다. 하지만 **상향 관리** managing up 및 경영진과 의사소통하는 방법을 배운다면 당신의 (알려지지 않은) 비밀 무기가 될 것이고, 또 그래야 한다. 이러한 역량이 완숙해지려면 많은 시간이 걸리겠지만, 지금 당장 여러분이 경영진 레벨과 대화할 수 있다는 것을 보여 줄 수 있는 실용적인 다섯 가지 팁을 소개한다.

경영진이 사업을 위해서 정말로 필요한 것이 무엇인지 이해하자

새로운 기술이 시장에서 히트할 때는 당연히 신날 것이다. 기술자인 우리는 새로운 기술을 어서 적용해 보고 싶을 것이다. 하지만 우리는 사업의 미충족 요구 사항을 해결할 수 있는 올바른 역량을 가진 기술을 선택하는 것에 집중해야만 한다.

경영진 언어로 여러분이 제시하는 안이 왜 그들의 요구 사항을 충족하는지 설명하라

사업의 현실적인 문제를 해결할 수 있는 완벽한 새로운 역량을 찾았다고 하자. 만약 여러분이 기능에만 집중해 이야기한다면 경영진은 절대 이해할 수 없다. 특수 용어를 버려라. 결과를 이야기하고 그들의 경험이 어떤 식으로 개선될지 말하라.

마케팅 유행어와 말도 안 되는 높은 기대치의 세계에서 신뢰할 수 있는 목소리를 내자

클라우드는 사업과 기술을 이끌어 가는 굉장한 혁신 중 하나다. 살펴볼 수많은 실제 승리와 성공 사례가 있다. 경영진은 거대 기업이 더 좋고 빠르고 저렴한 기술을 어떻게 만들었는지에 대한 일화와 영업 전화와 마케팅 이메일의 홍수 속에 있다. 그리고 경영진은 자신의 기업도 동일하게 해야 한다고 여긴다. 클라우드 엔지니어인 여러분은 불필요한 정보를 걷어 내고 현실적인 기대와 각 선택의 트레이드 오프에 대해 경영진에게 안내할 기회가 있다. 실용주의가 더 멀리 간다.

숫자를 이해하라

클라우드는 사용량 기반의 비용 모델을 채용한 반면, 레거시legacy 온프레미스 데이터 센터는 보다 고정 운영 비용에 기반을 둔다. 예를 들어 그리드 컴퓨팅grid-computing[1] 워크로드가 매주 3회씩 2시간 동안 모델을 실행한다면, 이를 클라우드로 이동하는 것은 완벽히 이치에 맞다. 신규 생성greenfield 환경에서도 클라우드 사용은 확신할 수 있다. 하지만 데이터 센터에 있는 하드웨어를 이미 구매한 상태고, 감가상각이 아직 3년이나 남았다는 사실을 안 상태라면 여러분이 설득해야 할 솔루션은 바뀔 수 있을 것이다. 여러분 추천에 재정적인 고려를 추가한다면 사업적 통찰력을 보여 줄 수 있고, 경영진이 하는 질문의 근원에 대부분 다가갈 수 있을 것이다.

경영진 성과가 어떻게 측정되는지 알자

우리 모두는 성공이 동기 부여가 된다. 그리고 스스로 성공을 평가하는 것처럼 다른 사람들이 우리 성공을 평가하는 것이 우리를 이끈다. 여러분 경영진이 무엇에 동기 부여를 하는지, 어떤 목표를 향해 가는지 알자. 그리고 여러분이 그들과 사업 성공에 훌륭한 동반자가 될 수 있음을 보여라.

여러분은 경영진이 갈망하는 통찰력과 지식을 보유하고 있다. 지금 가서 그들의 언어로 알고 있는 모든 것을 말하라!

---

1 역주 이기종 컴퓨터를 네트워크로 병렬 연결하여 가상의 대용량 고성능 컴퓨팅을 하는 분산 병렬 컴퓨팅 모델을 의미한다(출처: 위키피디아).

2장

아키텍처

09

컨테이너의 미래;
그다음은 무엇인가?

크리스 힉맨(Chris Hickman)
켈수스(Kelsus) 기술 이사

클라우드 네이티브 애플리케이션을 구동할 기술을 선택하는 것은 트레이드 오프[1] 문제다. 가상 머신Virtual Machine, VM은 훌륭한 보안 수준과 워크로드 격리를 제공하는 반면, 상당한 컴퓨팅 자원이 필요하다. 컨테이너containers는 가상 머신에 비해 보다 나은 성능과 자원 효율성을 제공하지만, 단일 운영체제Operating System, OS 커널kernel을 공유하기 때문에 보안성이 떨어질 수 있다.

만약 이러한 트레이드 오프가 없다면 어떨까? 가상 머신과 컨테이너의 장점을 합친 가장 유망한 기술인 마이크로VMmicroVM과 유니커널unikernel에 대해 알아보자.

---

1 이 글은 업스타트(Upstart, https://upstart.chrishic.com/the-future-of-containers-whats-next/)에 먼저 게시되었다.

마이크로VM

마이크로VM은 가상 머신에 대한 새로운 접근법이다. 일반적으로 사용되고 운영 체제가 **사용할 법한** 모든 기능을 제공하기보다는 특정한 사용 사례에 특화되어 있다.

예를 들어 클라우드 네이티브 애플리케이션은 네트워킹이나 스토리지와 같은 소수의 하드웨어 장치만 필요하다. 키보드, 마우스, 비디오 디스플레이와 같은 장치는 필요 없다.

최소한의 기능과 에뮬레이션된 장치를 구현하므로 마이크로VM 하이퍼바이저hypervisors는 적은 오버헤드로 굉장히 빠르게 동작할 수 있다. 부팅 시간은 밀리초 수준(전통적인 가상 머신이 수분이 걸리는 것에 비해)이 된다. 메모리 오버헤드는 5MB의 RAM 정도만 최소한으로 사용해서 단일 서버에 수천 개의 마이크로VM을 구동할 수 있다.

컨테이너의 가장 큰 장점은 가상 머신을 사용한 서버 수준 가상화가 아닌 애플리케이션 수준의 가상화다. 이러한 점이 결국 빌드하고 배포하고 서버가 아닌 애플리케이션을 운영하는 우리의 개발 생명 주기와 잘 들어맞는다.

만약 서버를 배포하는 것으로 되돌아가고 우리의 풍부한 컨테이너 생태계를 포기해야 한다고 해도 보다 나은 가상 머신이라는 그 자체는 별로 큰 도움이 되지 않는다. 우리 목표는 컨테이너를 계속 사용하되, 각 가상 머신에서 컨테이너를 구동하여 보안성과 격리성을 높이는 것이다.

대부분의 마이크로VM 구현체implementation들은 기존의 컨테이너 런타임container runtime과 통합된다. 마이크로VM 기반 런타임은 컨테이너를 직접 실행하는 것이 아니라 마이크로VM을 먼저 실행시키고 마이크로VM 내부에 컨테이너를 생성한다. 컨테이너는 가상 머신으로 둘러싸여 캡슐화encapsulation되지만 성능이나 오버헤드의 영향이 없다.

이것은 마치 한 어깨에 두 지게를 질 수 있는 것과 같다.[2] 마이크로VM은 가상 머신 수준의 향상된 보안과 워크로드 격리를 제공하면서 컨테이너 속도와 자원 효율성과 풍부한 생태계의 장점을 그대로 누리게 한다.

유니커널

유니커널은 마이크로VM과 동일한 문제를 해결하지만 완전히 다른 방법을 사용한다.

유니커널은 경량의 단일 애플리케이션을 구동하기 위해서 컴파일compile된 불변immutable OS다. 컴파일할 때 애플리케이션 소스 코드는 최소한의 장치 드라이버와 애플리케이션을 구동하는 데 필요한 OS 라이브러리library와 합쳐진다. 그 결과 호스트 OS 없이 애플리케이션 구동이 가능한 머신 이미지를 얻는다.

유니커널은 실행할 때 제약을 엄격하게 두기 때문에 성능과 보안에 이점을 얻을 수 있다. 유니커널은 단일 프로세스만 존재한다. 다른 프로세스가 동작하지 않으므로 보안 취약점이 노출될 공간이 적다.

또한 단일 주소 공간single address space 모델을 사용해서 애플리케이션과 OS 메모리 공간이 구분되지 않는다. 사용자와 커널 주소 공간 간의 문맥 전환context switch이 불필요하므로 성능이 향상된다.

하지만 유니커널의 가장 큰 단점은 컨테이너와 완전히 다른 방식으로 구현된다는 것이다. 풍부한 컨테이너 생태계는 유니커널과 호환되지 않는다.

---

2 **역주** 원래는 동시에 두 가지 상충되는 것을 가질 수 없다는 "Can't have your cake and eat it too."라는 영어 속담을 바꾸어서 상충되는 두 가지를 가질 수 있다고 썼다. 여기에서는 동시에 두 가지 일을 할 수 없다는 한국 속담인 "한 어깨에 두 지게 지랴."로 바꾸어서 번역했다.

유니커널을 사용하려면 유니커널 구현체를 선택하는 것부터 완전히 새로운 기술 스택을 도입해야 한다. 여러 유니커널 플랫폼이 있지만, 각각은 제한 사항이 있다. 예를 들어 미라지OS_Mirage0S[3]로 유니커널을 빌드한다면 애플리케이션을 OCaml[4] 프로그래밍 언어로 개발해야만 한다.

그래서 그다음은 무엇인가?

컨테이너를 이미 사용 중이라면 마이크로VM이 로드맵_road map에 있어야 한다. 마이크로VM은 기존 컨테이너 도구들과 통합되어 있어 무리 없이 적용할 수 있다. 마이크로VM이 성숙해진다면 런타임 환경의 기본 확장이 되어 컨테이너를 보다 더 안전하게 만들어 줄 것이다.

반대로 유니커널은 애플리케이션을 패키징하는 완전히 새로운 방식을 사용해야 한다. 업무 흐름을 완전히 바꾸어서 유니커널을 사용할 만한 사례가 있다면 투자할 만한 가치가 있다. 하지만 대부분의 애플리케이션에서는 마이크로VM으로 구동하는 컨테이너가 보다 나은 선택이다.

---

3 역주 https://mirage.io/
4 역주 OCaml(오카멜)은 Objective Categorical abstract machine language의 약어로, 기존 카멜 언어에 객체지향 구조를 추가한 언어다. 정적 타입 시스템을 가진 함수형 언어다(출처: 위키피디아). 참고: https://ocaml.org/

10

확장성
이해하기

던컨 맥켄지(Duncan Mackenzie)
마이크로소프트 개발 리더

확장 가능한 시스템은 원하는 성능을 유지하면서 다양한 수준의 부하(트래픽)를 다룰 수 있다. 속도가 느린 확장 가능한 시스템이나 (속도가) 빠르지만 확장할 수 없는 시스템이 있을 수 있다. 만약 시스템이 100RPS(초당 요청 수Request Per Second, RPS)를 처리할 수 있다면 1,000RPS로 트래픽이 증가하면 무엇을 해야 할까? 클라우드는 안정적이고 확장 가능한 시스템을 제공하는 것에 적합하다. 단 여러분이 그렇게 만들었을 때 말이다.

확장 옵션

보통 두 가지 방법으로 시스템 용량을 높일 수 있다. 개별 서버의 성능을 높이거나 크기를 늘릴(스케일 업scale up) 수도 있고 시스템에 더 많은 서버를 투입할 수(스케일 아웃scale out)도 있다. 두 경우 모두 여러분 시스템이 이러한 변화의 장점을 수용할 준비가 되어 있어야 한다.

스케일 업

어떤 데이터 저장소에 의존성이 있는 웹 사이트처럼 아주 간단한 시스템을 생각해 보자. 부하 테스트를 통해 100RPS가 넘어가면 웹 사이트가 느려진다는 것을 알게 되었다. 지금은 이대로 괜찮지만 트래픽이 늘거나 줄어들 경우 어떤 옵션이 있는지 알고 싶어졌다. 클라우드에서 가장 간단한 방법은 일반적으로 서버나 동작 중인 데이터베이스를 스케일 업하는 것이다. 예를 들어 애저에는 CPU와 메모리 구성과 네트워크 구성이 다른 수백 가지의 머신 크기를 선택할 수 있다. 따라서 스펙specification이 다른 새로운 머신을 실행하는 것은 비교적 쉬운 일이다.

서버 크기를 늘리면 서비스가 처리할 수 있는 요청량도 늘어날 수 있다. 하지만 너무 많은 RAM이나 CPU 코어를 활용하면 여러분이 작성한 소스 코드 수준에 따라서 서비스 처리량이 제한된다. 크기를 변경하는 것은 종종 시스템의 (데이터베이스와 같은) 제한 요소를 밝혀 낸다. 데이터베이스가 성능 제한 원인이라면 데이터베이스 서버를 확장하는 것으로 동일한 아키텍처로 더 많은 용량을 처리할 수 있다.

규모 **축소** 테스트도 주목해야 한다. 예를 들어 트래픽이 10RPS밖에 되지 않는다면 더 작은 머신이나 데이터베이스를 실행하여 비용을 줄일 수 있다.

스케일 업은 단일 머신 처리 용량에 제한된다. 그 제한으로도 미래 수요를 충족할 수 있겠지만 여전히 확장성이 떨어지는 시스템 예다. **모든** 수준의 트래픽을 처리할 수 있는 시스템을 구성해야 한다.

무한히 확장 가능한 시스템을 만드는 것은 어렵고 많은 벽에 부딪힐 것이다. 합리적으로 접근하려면 바로 현재 트래픽의 10배를 처리하도록 계획하고, 더 확장하려면 추가적인 작업이 필요하다는 것을 받아들여야 한다.

스케일 아웃

스케일 아웃은 확장성을 높이는 길이며, 클라우드에서 시스템을 구축할 때 얻을 수 있는 주요 이점 중 하나다. 필요에 따라 풀에 존재하는 머신 수를 늘리고 트래픽이 적을 때 머신 수를 줄이는 것은 온프레미스 환경에서는 하기 힘들다. 클라우드에서 대부분 자동으로 서버를 추가하고 삭제하므로 트래픽이 치솟을 때 어떤 개입 없이 처리된다. 스케일 아웃은 여러 머신으로 구성된 시스템 덕분에 더 나은 장애 허용$_{\text{fault tolerance}}$[1]이 가능해서 안정성도 향상된다.

불행히도 모든 시스템이 여러 머신에서 실행되도록 설계된 것은 아니다. 예를 들어 상태가 서버에 저장된다면 사용자가 여러 요청을 보낼 때 동일한 머신에서 처리되도록 해야 한다. 데이터베이스의 경우 데이터를 어떻게 분할 및 동기화할지 계획해야 한다.

확장성을 염두에 두되 과도하게 하지 마라

시스템을 가능한 한 빨리 스케일 업 또는 스케일 다운**할 수 있는** 방법을 고려하라. 이러한 결정이 시스템 아키텍처에 도움이 될 수 있기 때문이다. 상한$_{\text{upper bound}}$을 알 필요가 있나? 모든 것이 자동으로 확장되어야 하나? 아니다! 가파른 성장을 대비한 이른 최적화는 불필요하다. 그 대신에 사용 데이터를 수집하면서 테스트와 계획을 지속하라.

---

1 역주 시스템 내 중복된 요소들 때문에 어느 정도 장애가 발생해도 정상적인 서비스가 가능함을 나타내는 특성이다.

11

서비스를 생각하지 말고 기능을 생각하라

헤이시 베이(Haishi Bai)

마이크로소프트 수석 소프트웨어 아키텍트

지속적인 전원 공급은 모바일 장치의 기본적인 능력이다. 우리 대부분이 공항에서(팬데믹 이전에는 말이다) 충전기 주변으로 몰려 있는 사람들을 보는데 익숙할 것이다. 사실 이러한 능력은 아주 중요하기 때문에 소중한 전화기에 지속적으로 전원을 공급하기 위해서 다양한 방법을 조합한다. 통합 배터리(소프트웨어 관점에서는 프로세스 내장in-process 라이브러리), 외장 배터리(로컬 도커 컨테이너 또는 서비스), 전원 플러그(서비스 지향 아키텍처 Service-Oriented Architecture, SOA) 같은 방법이 있다.

전화기를 동작시킬 때 플러그로 전원을 공급하든지 외장 배터리power bank로 공급하든지 딱히 신경 쓰지 않는다. 전원을 공급할 능력만 있으면 된다. 기능 중심 아키텍처Capability-Oriented Architecture, COA는 개발자와 아키텍트가 **기능**에 기반을 두고 애플리케이션을 설계할 수 있도록 일련의 언어와 도구를 제공하는 것을 목표로 한다. 이러한 기능이 어떻게, 어디에서 제공되는지 상관없다. 이러한 것은 운영상 고려 사항일 뿐이다.

COA는 특히 에지 컴퓨팅edge-computing 시나리오와 관련이 있다. 에지 솔루션이 지속적으로 동작하기 위해서는 네트워크 상황에 변동이 있을 때마다 서비스 제공자를 변경할 필요가 종종 있다. 예를 들어 스마트 신호등 시스템이 고해상도 사진을 클라우드 기반 AI 모델에 전송해서 횡단보도를 건너는 휠체어를 감지하고 녹색 신호 시간을 연장하는 경우다. 네트워크 연결 품질이 떨어지면 저해상도 사진으로 변경해서 전송한다. 그리고 네트워크가 완전히 단절되면 굉장히 낮은 탐지율을 보이는 로컬 모델로 사진을 보내지만 여전히 서비스가 기능한다. 이러한 시스템은 다양한 통합 지점과 의사 결정 로직이 있어서 아주 복잡하다. COA를 사용하면 이 모든 복잡성을 추상화해서 개발자로부터 숨길 수 있다. 따라서 개발자는 오직 휠체어 감지 기능을 제공하는 한 가지 또는 여러 가지 방법에만 집중하면 된다.

COA는 두 가지 이유로 클라우드 개발자와도 관련이 있다. 첫 번째 이유는 클라우드와 에지가 통합되어 있고 컴퓨트는 유비쿼터스ubiquitous화되고 있기 때문이다. 클라우드 개발자나 아키텍트로서 여러분은 컴퓨트를 에지에서 수행하는 상황을 보다 많이 직면하게 된다. COA는 필요한 추상화를 갖추고 있어 아키텍처를 그대로 유지하면서 구성 요소의 이동성을 극대화할 수 있다. 여러분 솔루션이 수은 웅덩이처럼 이종heterogeneous 컴퓨팅 평면과 클라우드와 에지 모두에 퍼져 흐르는 상상을 해 볼 수 있다. 두 번째 이유는 COA는 SOA 위에 추가적인 추상화를 제공하기 때문이다. 이러한 추상화로 애플리케이션이 특정한 서비스 공급자나 엔드포인트와 분리될 수 있다. COA에는 **시멘틱 디스커버리**semantic discovery라는 개념이 있다. 시멘틱 디스커버리를 통해 서비스 수준 규약Service-Level Aggrement, SLA과 비용, 성능적 이점을 포함하는 기능적 및 비기능적 요구 사항에 기반을 둔 기능을 발견할 수 있다. 이 개념으로 서비스 세계가 소비 시장으로 변모한다. 그로 인해 고객은 서비스 전환 유연성을 더욱 보장받으면서, 심지어 동적으로 서비스를 전환할 수 있게 해서 투자에 대해 가능한 한 최고의 수익을 얻을 수 있다. 또 COA는 기존 클라우드 기반 서비스를 통신사 인프라나 심지어 가정용 장치(가정용 초고속 인터넷용 라우터)와 같은 에지에서 동작할 수 있게 한다. 이는 멈추지 않는 중앙 코어(영화 〈터미네이터〉의 스카이넷을 떠올려 보자)가 없는 새로운 분산 클라우드 종breed의 기반이 될 수도 있다.

자연어 처리natural language processing의 발전으로 COA 능력 탐색이 자연어로 처리되는 것을 상상해 볼 수 있다. 사용자는 그들의 **의도**intention를 자연어로 묘사하고, COA는 잠재적인 **제안**offer을 모아 경매를 진행해서 가장 좋은 것을 고른다. 사용자가 어디에 있고 어떤 애플리케이션을 사용하든지 간에 특정한 애플리케이션의 제약 없이 생태계 안에 있는 모든 기능과 상호작용할 수 있다. 그리고 문맥 전환 없이 생태계 안에 존재하는 모든 기능을 소비할 수 있게 된다. 모든 일이 모든 문맥 내에서 일어날 수 있다면 멀티태스킹은 과거가 될 것이다. 작업 간이나 문맥 간 전환 대신에 사용자는 끊김 없는 연속된 흐름 속에 존재하게 된다.

시스템을 설계할 때 서비스보다는 능력을 염두에 두자. 굉장히 미묘한 변화일지 몰라도 나중에 변화를 이끌어 냈을 때 이러한 생각을 한 스스로에게 감사할 것이다.

12

여러분의 모놀리식도 클라우드화할 수 있다

제이크 이차노베(Jake Echanove)
레몬그라스 컨설팅(Lemongrass Consulting)
솔루션 아키텍처 수석 부사장(Senior VP)

애플리케이션 합리화 운동에서는 종종 모놀리식 워크로드를 온프레미스에 그대로 두는 것이 더 낫다고 판단하여 클라우드 이점이 실현되지 않도록 한다. 하지만 모놀리식이 꼭 클라우드 네이티브나 마이크로서비스 아키텍처로 이관되어야만 클라우드 기능의 혜택을 누릴 수 있는 것은 아니다. SAP나 오라클 앱app[1]과 같은 레거시 애플리케이션에 적용할 수 있는 많은 방법이 있다. 이를 통해 민첩성과 확장성이 있고 사용량 기반의 비용 청구가 가능한 클라우드 장점을 누릴 수 있다.

첫째, 애플리케이션 아키텍처를 깊이 있게 이해하는 것이 중요하다. 애플리케이션이 미래에도 충분히 확장 가능할 정도로 유연하다는 것을 확신해야 한다. 예를 들어 많은 애플리케이션이 웹 서버, 애플리케이션 서버, 데이터베이스로 구성된 아키텍처를 사용한다. 이러한 티어tier들이 단일 인스턴스 배치로 묶여 있는 경우도 있는데, 이러한 구성은 클라우드에서 단점이

1 　역주　애플리케이션의 준말이다.

된다. 만약 티어가 x86이 아닌 플랫폼과 함께 구성되어 있는 경우에는 x86 기반 클라우드 플랫폼으로 이관될 때 구분되어야 한다. 이로써 웹, 애플리케이션, 데이터베이스 티어가 각각 느슨하게 결합되고, 다른 티어에 영향을 주지 않은 채 규모가 확장되거나 축소된다.

둘째, 워크로드 경향성을 식별하고 이해하는 것이 중요하다. 전사적 자원관리Enterprise Resource Planning, ERP 재무 시스템을 예로 들어 살펴보자. 월말 결산이 시스템이 가장 바쁜 때다. 많은 사용자가 보고서를 만들거나 결산 시나리오를 실행하거나 월말에만 수행하는 업무를 하기도 한다. 월 중 다른 날은 덜 바쁘므로 자원 요구가 덜하다. 클라우드에서는 관리자가 월말에는 추가로 애플리케이션 서버를 구동해서 서비스 용량을 늘리고 나머지 기간에는 서버를 종료해서 비용을 아끼거나 다른 목적으로 자원을 사용할 수 있게 한다.

셋째, 자동화는 클라우드 네이티브 애플리케이션에만 적용하는 것이 아니라는 점을 알아야 한다. 클라우드 관리자가 애플리케이션 내부 동작을 이해하고 있다면 사용자 개입 없이 모놀리식 애플리케이션을 확장할 수 있다. 오토스케일링autoscaling이 클라우드 네이티브 기술로 자주 사용된다는 것은 잘 알려진 사실이다. 예를 들어 클라우드 네이티브 앱이 높은 CPU 사용량 utilization과 같은 수치를 모니터링하고 있다면 이 값은 워크로드를 분산하기 위해서 새로운 컨테이너를 배치하는 이벤트를 일으킬 수 있다. 레거시 애플리케이션에서는 컨테이너를 사용하거나 마이크로서비스를 적용하고 있지 않으므로 다른 방법이 필요할 때가 있다. 애플리케이션 내 작업 프로세서를 반드시 모니터링해야 한다. 단지 OS 프로세스를 모니터링하는 것이 아니라 애플리케이션 계층에서 상호 작용하여 현재 애플리케이션이 부하 상태인지 여부를 결정해야 한다. 만약 부하 상태라면 그다음은 추가적인 애플리케이션 서버를 만들기 위한 이벤트를 발생시켜야 한다. 또한 부하가 감소하는 것을 인식하고 트랜잭션transaction 손실 없이 안전하게 애플리케이션을 종료할 수 있다.

마지막으로 보다 진보된 방법을 이용해서 데브옵스와 같은 모델을 만들 수 있다. 그 방법이란 AI옵스AIOps 방법론을 운영 지원 단계day-2 support에 적용하고 레거시 핵심 기능을 마이크로서비스 아키텍처로 확장하는 것이다. 많은 고객이 레거시 앱들을 더욱 클라우드 네이티브한 앱으로 전환하기 위해서 프로덕션 환경에 앞서 말한 방법들을 적용하고 있다. 하지만 이러한 운영 모델을 적용하려면 사고방식의 전환과 클라우드로 이관되는 애플리케이션에 대해 깊이 있게 이해해야 한다. 레거시 워크로드를 구동하는 애플리케이션에 대한 전문 지식을 보유하거나 애플리케이션 소유자와 긴밀하게 작업하는 클라우드 관리자에게는 클라우드 전환 가능성이 아주 크다.

13

마이크로서비스와 클라우드 네이티브 아키텍처의 통합

카순 인드라시리(Kasun Indrasiri)
WSO2 프로덕트 매니저 및 수석 이사

클라우드 기반 애플리케이션을 만들 때 민첩성, 확장성, 회복 탄력성과 같은 요구 사항을 충족하기 위해서 클라우드 네이티브 아키텍처를 적용한다. 클라우드 네이티브 애플리케이션은 비즈니스 기능을 중심으로 구축된 마이크로서비스 집합으로 설계된다.

이러한 마이크로서비스들은 서로 또는 프로세스 간 통신 기법을 이용하여 외부 애플리케이션과 상호 작용한다. 다른 마이크로서비스와의 상호 작용은 다양한 방법으로 일어난다. 예를 들어 여러 마이크로서비스와 다른 시스템을 조합하여 복합 마이크로서비스를 만들거나, 이벤트/메시지 브로커broker를 활용하는 소비자consumer나 생산자producer 서비스를 구축하거나, 모놀리식 애플리케이션을 위한 마이크로서비스 퍼사드facade[1] 등의 방법이 있다. 이렇게 마이크로서비스 간 상호 작용을 구축하는 프로세스를 **마이크**

---

1 [역주] 소프트웨어 디자인 패턴 중 퍼사드 패턴을 의미한다. 퍼사드 패턴은 서브 시스템 또는 클래스 라이브러리의 복잡한 인터페이스를 감싸는 간략한 인터페이스를 의미한다.

로서비스 통합microservice integration이라고 한다.

　기업 소프트웨어 애플리케이션 개발 관점에서 서비스, 데이터 및 시스템의 통합은 오랫동안 어렵지만 필수적인 요구 사항이었다. 과거에는 이러한 모든 다른 애플리케이션을 점대점point-to-point 방식을 써서 통합했다. 통합된 애플리케이션은 이후 SOA와 함께 엔터프라이즈 서비스 버스Enterprise Service Bus, ESB로 알려진 중앙화된 통합 미들웨어 계층으로 대체된다. 여기에서 ESB는 미들웨어 계층 역할로, 다른 시스템과 서비스를 통합하기 위해서 필요한 추상화와 유틸리티를 제공한다. 하지만 클라우드 네이티브 시대에는 더 이상 통합 로직을 모두 포함하는 중앙화되고 모놀리식인 공유 계층을 사용하지 않는다. 그 대신 마이크로서비스 통합을 마이크로서비스의 비즈니스 로직 그 자체의 일부로 구축한다.

　예를 들어 온라인 쇼핑 애플리케이션을 마이크로서비스 아키텍처를 사용하여 설계한다고 가정하자. 그리고 결제 서비스를 개발하는 데 재고, 배송과 같은 다른 서비스와 모놀리식 ERP와 통합해야 한다고 하자. ESB 시대에는 필요한 모든 서비스와 시스템에 연결되어 있는 ESB의 일부로 결제 서비스를 개발해야만 했다. 하지만 마이크로서비스 시대에는 ESB가 없기 때문에 결제 서비스의 비즈니스 로직 일부로 모든 비즈니스 및 통합 로직을 개발하면 된다.

　마이크로서비스 통합 로직을 자세히 살펴보면 한 부분은 서비스의 비즈니스 로직과 직접적인 연관이 있는 반면, 다른 부분은 대체로 프로세스 간 통신을 위한 부분이다. 우리 예제로 살펴보면 모든 하위 서비스와 시스템의 응답을 조합하고 실행하고 통합하는 조합 로직은 결제 서비스의 비즈니스 로직 한 부분이다. 또한 서비스와 (서킷 브레이커circuit breaker, 재시도, 유선 수준wire-level 보안, 관측성 도구에 데이터 발행하기 같은 기술을 사용하는) 시스템 사이의 네트워크 통신도 서비스 비즈니스 로직의 한 부분이라고 부정할 수 없다. 이처럼 많은 복잡성을 마이크로서비스 개발의 한 부분으로 다루려면 네트워크 통신의 일부인 공통 기능commodity feature 개발은 서비스 비즈니스 로직에서 분리해야 한다.

여기에서 바로 서비스 메시service mesh가 등장한다. **서비스 메시**[2]는 개발하고자 하는 마이크로서비스의 모든 네트워크 통신 로직을 오프로딩offload할 수 있는 서비스 간 통신interservice communication 계층이다. 서비스 메시 패러다임에서는 서비스와 함께 **사이드카**sidecar로 알려진 런타임이 배치된다. 서킷 브레이커나 보안 통신과 같은 모든 네트워크 통신 관련 기능은 서비스 메시의 사이드카 구성 요소에서 수행되고 서비스 메시 제어 평면을 통해 중앙에서 제어될 수 있다.

쿠버네티스 도입이 확대되면서 서비스 메시 구현체(이스티오와 링커디)가 클라우드 네이티브 애플리케이션의 핵심 구성 요소로 부상하고 있다. 하지만 서비스 메시가 마이크로서비스 세상에서 ESB의 대안이라는 생각은 일반적인 오해다. 앞서 언급했듯이 서비스 메시는 마이크로서비스 통합의 특정한 부분인 네트워크 통신을 담당한다. 여러 서비스를 호출하고 서비스 조합을 구축하는 것과 연관된 비즈니스 로직은 여전히 서비스 비즈니스 로직의 일부로 필요하다. 또한 현존하는 서비스 메시 구현체 대부분은 동기화된 요청/응답 통신을 위해 설계되었다는 사실을 염두에 두어야 한다. 서비스 메시와 사이드카 아키텍처에서 사용된 개념은 보다 발전되어 메시징, 상태 관리, 탄력적인 통신 등을 할 수 있는 사이드카를 사용할 수 있는 다프르Dapr와 같은 솔루션을 만들었다.

---

2 https://medium.com/microservices-in-practice/service-mesh-for-microservices-2953109a3c9a

마이크로서비스 통합의 요구 사항을 제공하고 이러한 모든 복잡한 통합을 처음부터 구현하지 않도록 아파치 캐멀 K_{Apache Camel K}, 마이크로넛 _{Micronaut}, WSO2 마이크로 인터그레이터_{Micro Integrator}와 같은 클라우드 네이티브 통합 프레임워크를 사용할 수 있다. 클라우드 네이티브 애플리케이션을 개발할 때 구현 중인 마이크로서비스 특성에 따라 이러한 통합 프레임워크를 사용한다면, 서비스 메시의 모든 네트워크 통신 관련 요구 사항을 충족하면서 마이크로서비스를 만들 수 있다.

14

컨테이너는
마법이 아니다

케이티 맥로플린(Katie MacLaughlin)
구글 클라우드 개발자 애드보킷

컨테이너와 오픈 컨테이너 이니셔티브Open Container Initiative, OCI 이미지 형식 스펙은 만병통치약이 아니다. 2010년 중반 도커가 널리 쓰이면서 알려진 소프트웨어가 동작하는 공간을 격리하는 개념은 독창적인 것도 만병통치약도 아니다.

격리 표준화는 수년 전부터 존재했다. 가상 머신VM이 바로 격리 메커니즘이다. 사용 중인 VM에서 이웃 VM[1]으로 접근을 의도적으로 허용(일반적으로 네트워크 방화벽을 통해)하지 않는 한 불가능하다. 하지만 시스템 보안에 취약한 소프트웨어나 악의적인 프로그램이 절대 존재하지 않는다는 의미는 아니다.

컨테이너는 단순히 VM과 같은 부류이지만, 더 작은 폼 팩터form factor로 볼 수 있다. VM은 베어 메탈 서버에서 더 많은 격리된 환경을 제공한다. 컨

---

1 **역주** 동일 서버를 공유하기 때문에 사용자의 VM은 다른 사용자의 VM과 동일한 하드웨어를 가질 수도 있다. 이때 일반적으로 같은 하드웨어에서 동작하는 다른 VM을 이웃이라고 한다.

테이너는 VM과 동일한 목적으로 사용되며 마찬가지로 동일한 취약점이 있다. 사실 도커 그 자체 기능은 단지 100줄의 배시Bash 스크립트로도 재현할 수 있다. 도커를 통해 확보하는 격리 수준이 독창적이거나 새롭지 않고, 격리가 제공하는 이점이 우리가 염두에 두어야 할 것을 뛰어넘지 않는다.

만약 사용자가 무엇을 실행하는지도 어떻게 구현되었는지도 잘 모르는 실행 파일을 인터넷에서 무작위로 내려받아 실행한다면 모든 프로그래머의 간담이 서늘해질 수 있다. 그렇다면 왜 (개발자인 당신은) 알지도 못하는 FROM[2]을 Dockerfile에 포함할까? 도커 허브Docker Hub[3]에서 내려받는 이미지 소스를 볼 수 없다면, 그 이미지에 무엇이든지(악의적인 코드 등) 존재할 수 있다.

컨테이너가 어떤 것이든 담을 수 있는 만큼, 컨테이너에 포함되는 패키지들이 항상 선한 목적만 갖는 것은 아니다. 귀여운 로고와 우스꽝스러운 이름을 쓰는 어떤 패키지가 알 수 없는 마케팅 전략의 일환으로 불과 수개월 내에 만들어져 취약성이 있는 채로 외부에 공개될 수 있다. 이러한 문제들은 문제를 찾으려는(그리고 해결할) 연구자들의 관심만 끄는 것은 아니다. 이 문제에 영향을 받는 시스템을 운영하고 있어 수정 사항을 적용하기 위해서 시스템을 조정하는 사람 모두에게 영향을 끼친다.

하지만 공급 업체들은 컨테이너 플랫폼을 호스팅하는 장비의 운영 체제를 업데이트할 수 있지만, 컨테이너가 갖고 있는 내용은 여전히 문제가 있을 수 있다. 단지 '보안을 위해서' 레거시 코드 묶음을 컨테이너화한다고 해도 코드 자체가 컨테이너 격리 환경으로도 막을 수 없는 문제를 포함하고 있다면 도움되지 않는다.

---

2 역주 도커 컨테이너를 정의하는 Dockerfile의 문법에서 공개된 이미지를 추가하는 키워드다.

3 역주 https://hub.docker.com/

주기적으로 컨테이너 스캐닝 서비스를 실행해서 컨테이너 이미지에 최근까지 알려진 문제를 포함하는지 여부를 확인하는 것이 문제점을 최대한 빨리 확인할 수 있는 한 가지 방법이다. 하지만 이미지를 생성할 때 적용할 수 있는 보안 표준을 만드는 것이 더 나은 방어책이다.

복잡한 시스템 호출system call이 필요 없는 컨테이너라면 위험한 명령어를 실행할 수 없도록 제약된 컨테이너 샌드박스sandbox에서 실행하는 것이 가장 좋다. 이를 사용하면 악마[4]가 구속을 풀고 탈출하더라도 그 피해를 최소화할 수 있다. 존재하지 않는 시스템 명령어는 호출할 수 없다.

절대 부술 수 없는 견고한 컨테이너를 만들 수 있지만, 상당한 노력이 들고 보안에 대한 인지와 끊임없는 감시가 필요하다.

---

4 **역주** 시스템을 제어할 수 있는 시스템 명령어를 의미한다.

15

여러분의 CIO는 단 한 번의 플랫폼 재구축을 원한다

켄달 밀러(Kendall Miller)
페어윈즈(Fairwinds) 사장

기업 인프라를 현대화하는 것을 도와주는 작은 컨설팅 회사에서 일한다면, 아마도 다양한 종류의 인프라를 경험할 수 있는 희귀한 기회를 얻을 것이다. 고객사에 도착해서 여러분 소매를 접어 올리고 무릎을 굽혀 믿기 힘들 정도로 엉망으로 짜여진 스파게티[1] 인프라 코드를 살펴보고는 모범 사례라고 여겼던 경험을 여기에 적용하려고 하지만 절대 이전과 같이 할 수 없다. 그 후 특이하게 다음 시도에서는 뭔가 새로운 시도를 할 수 있는데, 이때 여러분이 들어 보았던 반짝이는 새로운 방법을 인프라에 적용하고 그 방법을 깊이 연구하고 싶을 것이다. 배움은 매혹적이고, 다양한 문제를 해결하는 방법은 계속 발전한다.

만약 여러분이 어떤 제품을 만드는 회사에 다니고 있는데 회사 인프라가 지난 5년 동안 계속 재구축되어 왔다고 하자. CIO(또는 CTO 또는 엔지니어링 담당 부사장 또는 음, 마케팅 이사…… 솔직해지자, 실제로 일어나는

---

1   역주 스파게티가 접시에 마구 엉켜 있는 모습처럼 복잡하게 구성된 코드를 의미한다.

일이다)는 새로운 플랫폼을 위한 새로운 플랫폼에 인내심이 바닥났을 것이다. 그래서 이러한 일에 너무 싫증이 나거나 아니면 아주 확실한 연유로 매일 밤마다 호출기[2]를 꺼 버릴 수 있다. 하지만 이렇게 한다고 경영진이 도구의 변화를 수용할 여유가 있거나 '엄청난 물량의 쿠버네티스를 쏟아부어' 여러분의 모든 문제를 해결할 수 있다고 믿는 것은 아니다.

여러분이 오래된 인프라에 고통받는 엔지니어라면 플랫폼 재구축replatform을 시도하기 전에 전략을 잘 짜야 한다.

담당 임원에게 플랫폼 재구축을 제안할 때는 다음과 같은 이유에 대해 설명해야 한다. 이 변화가 업무 속도 향상을 위해서 왜 필요한지, 제품 출시를 앞당기기 위해서 왜 필요한지, 다음 5년에서 10년 동안 유지될 수 있는 마지막 플랫폼 재구축일 수밖에 없는 이유를 설명해야 한다. 제안은 다방면으로 검증된 사실에 기반하고 쉽고 유연한 골디락스Goldilocks 조합[3]을 내놓아야 한다. 이 변화가 어떻게 신규 인력 투입을 줄이고 확장성, 보안성, 효율성, 미래 보장을 하는지 설명하기 위해서 몸부림쳐야 할 수도 있다.

그리고 거대한 커뮤니티의 지원을 선택하자. 지금 시점에서는 바로 쿠버네티스다. 아마 수년 후에는 완전히 다른 것이거나 쿠버네티스를 기반으로 만들어진 새로운 것일 수도 있다. 구글의 수석 엔지니어인 켈시 하이타워 Kelsey Hightower는 이렇게 말했다. "단지 PaaS를 원하는 인프라를 관리하는 대다수 사람을 설득했을 뿐이다. 그들이 만든 것이어야 한다는 단 한 가지 요구 사항을 가지고 말이다." 오늘날 쿠버네티스는 궁극의 PaaS 빌더builder다. 그와 동시에 클라우드 불가지론을 오늘날 가장 가깝게 구현할 수 있는 것이다. CIO는 **클라우드 불가지론**이라는 단어를 무척이나 사랑할 것이다.

---

2   역주 서비스 모니터링을 위한 당직을 서는 경우 급한 연락을 받기 위해서 호출기를 사용하기도 한다.

3   역주 뜨겁지도 차갑지도 않은 적당한 무언가를 일컫는 용어다(출처: 위키피디아).

제품 기업의 시스템 엔지니어라면 안정성을 원하는 CIO 희망을 대척하는 어떤 것을 배워 보고 싶은 욕구가 때때로 있을 것이다. 기업은 플랫폼 재구축과 이것으로 직접적으로 영향받을 모든 변화가 단 한 번만 일어나길 원한다는 것을 이해하자. 이것이 바로 여러분의 정년 동안 플랫폼 재구축을 성공적으로 제안할 수 있는 단 하나의 희망이다.

　인프라 코드를 작성하는 엔지니어든 모든 것이 동작하는 플랫폼을 만드는 사람이든 간에 모두 스파게티 인프라 코드(코드형 인프라Infrastructure as a Code, IaC를 사용할 수 있다는 것만으로 행운이다)를 다룬다. CIO를 설득해서 모든 것을 바꾸어 보자. 지금이 평생 한번뿐인 플랫폼 재구축을 위한 때이며, 당신이 바로 적임자다.

16

분산 시스템 시각화를 연습하라

킴 슐레진저(Kim Schlesinger)
페어윈즈 사이트 신뢰성 엔지니어

클라우드 컴퓨팅 이전, 운영 엔지니어들은 서버를 직접 보고 보유하고 물리적으로 관리했었다. 산업계 전반에서 온프레미스 데이터 센터에서 클라우드 서비스 제공자로 이전하는 주된 이유는 클라우드 서비스 제공자가 사용자가 대여하는 물리 서버와 하드웨어 장비를 유지하는 부담을 대신 짊어 주기 때문이다. 그 대신에 클라우드 엔지니어는 클라우드 인프라와 지속적 통합/지속적 배포Continuous Integration and Continuous Delivery, CI/CD 파이프라인과 애플리케이션의 설계에 보다 집중할 수 있다. 또한 서버는 이제 관심에서 멀어지고 보이지 않는다는 의미이기도 하다.

고도로 숙련된 클라우드 엔지니어는 자신이 구축하고 유지하는 시스템의 부분들을 상상할 수 있으며, 하나의 구성 요소에서 다른 쪽으로 전달되는 요청 흐름을 시각화할 수 있다. 이러한 역량은 대부분 타고나는 것은 아니지만, 집중과 연습을 통해 보이지 않는 시스템을 상상하고 이해할 수는 있을 것이다. 이것은 여러분이 더 나은 엔지니어가 될 수 있도록 도움을 줄 것이다.

클라우드 인프라를 시각화하는 여러 가지 방법이 있다. 하지만 어떤 방법을 선택하든지 남들이 만들어 낸 도형과 그래프를 단순히 보는 것이 아니라 스스로 시각화해 보는 것이 굉장히 중요하다. 시스템 구성을 도형이나 모델로 표현하기 위해서 씨름하는 것이 그 시스템을 이해하는 가장 빠른 길이다. 설사 여러분 모델이 완벽하지 않더라도 말이다.

분산 시스템의 구성 요소 중에서 두 개 또는 세 개의 구성 요소를 가지고 시각화하라. 예를 들어 몽고DB_{MongoDB} 데이터베이스에서 데이터를 저장하거나 가져오는 노드_{Node.js} 애플리케이션이 있다고 하자. 그리고 두 구성 요소는 AWS와 같은 퍼블릭 클라우드에서 서로 다른 두 인스턴스에 컨테이너로 배치되어 있다고 하자. 시각화를 시작하는 가장 빠른 방법은 각 부분을 블록 다이어그램_{block diagram}[1]으로 표현하고 HTTP 요청을 화살표로 표시하는 것이다.

▼ 블록 다이어그램으로 시각화하기

앞의 그림처럼 도형을 그리고 나면 여러분 스스로 이렇게 질문할 수 있다. "가상 사설 클라우드_{Virtual Private Cloud, VPC}에 존재하는 내 애플리케이션에 인터넷을 타고 오는 사용자의 최초 요청이 어떻게 전달될까?" 그리고 가상 사설 클라우드와 인그레스_{ingress}를 추가로 그리게 된다.

---

1 역주 수치 혹은 물리적인 자료와 그 흐름을 보다 명료하게 이해하기 위해서 매 과정을 체계적으로 구역으로 나눈 후 그림(블록, 선, 화살표)으로 표현하는 것이다(출처: 위키피디아).

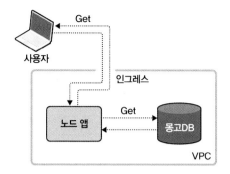

▼ 가상 사설 클라우드와 인그레스 추가하기

리전과 가용 영역availability zone, 보안 소켓 계층Secure Socket Layer, SSL 종료, 인증 및 인가 흐름, 레플리카replica, 로드밸런서load balancer 등을 작은 도시 규모가 될 때까지 추가할 수 있다. 하지만 이렇게까지 상세하게 그려 보는 것은 우리 목적이 아니므로 어느 순간에는 멈추어야 한다. 이 훈련의 목표 는 시스템의 한 부분을 명확하게 파악하는 것이며, 이를 통해 그 부분을 개 선하거나 또 다른 부분을 이해할 수 있는 인지 능력을 향상시킬 수 있다.

블록 다이어그램은 가장 쉬운 시발점이다. 하지만 2차원이라는 한계가 있다. D3.js[2] 라이브러리에 포함된 다른 데이터 시각화 도구 중에서 시간 에 따라 요청이 어떻게 진행되는지 나타내는 웹 시퀀스 다이어그램sequence diagram도 있다. 여러분이 초등학생 때 만들어 보았던 태양계 모형처럼 물리 적 3차원 모델도 있다. 3차원 모델을 만드는 데 시간과 노력이 많이 필요하 지만, 재미도 있고 이를 통해 구성 요소의 크기도 가늠해 볼 수 있다. 그리 고 구성 요소 간 얼마나 '멀리 떨어져' 있는지 알게 되고 메모리나 네트워크 처럼 공유하고 있는(또는 하지 않는) 자원도 알게 된다.

분산 시스템의 요소를 시각화할 수 있다면 디버깅을 더 빠르고 정확하게

---

2   역주 https://d3js.org/

할 수 있게 되어(사고 대응도 마찬가지다) 인과 관계를 규명하는 데 도움이 될 것이다. 시각화 훈련을 두세 번 더 하고 나면 클라우드 인프라 패턴을 구별할 수 있고, 나아가 클라우드 아키텍트와 같은 고위직에 지원할 수 있다. 팀끼리 함께 훈련하면 시스템을 모델링하는 최고의 방법에 대해 토론할 수 있고, 그로 인해 팀의 집단적인 이해도 역시 상승한다. 마지막으로 분산 시스템을 시각화하는 훈련을 지속적으로 하면, 모니터링 그래프와 관측성 도구들은 클라우드 인프라와 애플리케이션을 견고하게 이해할 수 있게 돕는 풍부한 데이터 계층이 될 것이다.

클라우드 엔지니어는 강력한 힘을 가지고 있다. 설정 코드 한 줄을 바꿈으로써 다른 대륙에 있는 컴퓨터를 끌 수도 있고, 명령어 하나 실행해서 노드 수를 4배로 만들어 전 세계 사용자가 애플리케이션에 접속할 수 없는 제한을 해제하기도 한다. 보이지 않는 머신을 조작할 수 있는 것은 마술사의 속임수라고 생각될 수 있다. 하지만 보이지 않게 머신을 다룬다는 것은 시스템이 불투명하고 이해하기 어렵다는 말이다. 분산 시스템을 시각화하는 방법을 연습해서 클라우드 인프라에 대한 이해를 높이는 것에 시간을 투자하는 일은 가치가 있다.

17

확장할 요소를 알아야 한다

리사 후인(Lisa Huynh)

스토리블록스(Storyblocks) 리드 소프트웨어 엔지니어

대부분의 경우 모든 것이 순조롭다면 애플리케이션은 성장이 필요한 어느 시점을 맞이한다. 하지만 '애플리케이션이 응답하지 않습니다' 외에 성능의 수용 수준을 결정하는 것은 주관적일 수 있다. 캐나다에 사는 고객들은 아무도 일본의 응답 시간을 신경 쓰지 않는다.

어떤 지표든 확장이 필요한 시점이 되었다고 하자. 일반적으로 스케일 업 또는 스케일 아웃, 수직 확장 및 수평 확장이라고 하는 방법으로 시스템을 업그레이드한다. **수평 확장**에서는 사용 중인 인프라의 자원들을 업그레이드한다. **수직 확장**에서는 인스턴스 수를 더 추가한다. 하지만 어떤 방법을 사용해야 할까?

수직 확장

CPU 한계에 도달하면 여덟 개의 CPU 인스턴스를 16개의 CPU 인스턴스로 업그레이드한다. 혹은 저장 공간이 가득 차면 100GiB에서 500GiB로

업그레이드한다. 이렇게 시스템을 확장하는 가장 쉽고 간단한 방법으로 동일한 애플리케이션을 더 강력한 자원에서 실행할 수 있다.

대부분의 관계형 데이터베이스는 수직 확장을 사용해서 데이터 유효성(원자성$_{atomicity}$, 일관성$_{consistency}$, 고립성$_{isolation}$, 지속성$_{durability}$, ACID 특성) 및 트랜잭션$_{transaction}$을 지원한다. 따라서 은행처럼 애플리케이션에서 데이터 일관성이 필요한 경우에는 일반적으로 수직 확장을 사용한다.

그러나 안타깝게도 이러한 유형의 확장법은 다운타임$_{downtime}$[1]이 수반되는 경우가 많다. 만약 트래픽을 우회할 방법이 없다면 고객은 인스턴스가 업그레이드를 완료할 때까지 기다려야 한다. 하드웨어 역시 비싸고 한계가 있다.

수평 확장

한편 애플리케이션이 무상태$_{stateless}$이거나 최종 일관성$_{eventual\ consistency}$[2] 상태라면 수평 확장을 사용할 수 있다. 단순히 애플리케이션을 구동하는 머신 수를 늘리고 작업을 분배하면 된다. 이 방법은 매일 일상적인 수준의 변동처럼 동적 부하를 다루기에 적합하고, 과도한 트래픽으로 발생하는 '죽음의 포옹$_{hug\ of\ death}$[3]'을 피할 수 있다. 만약 애플리케이션에 상태가 있다면 수평 확장을 사용하기 위해서 애플리케이션을 변경해야만 한다. NoSQL 데이터베이스가 수평 확장이 가능한 이유는 느슨한 일관성이라는 트레이드

---

1   역주 시스템 또는 서비스가 장애나 유지 보수 작업을 위해서 일시적으로 동작을 멈추는 시간을 의미한다.

2   역주 분산 컴퓨팅에서 사용하는 일관성 모델의 하나로, 데이터 항목에 새로운 업데이트가 없으면 결과적으로 해당 항목의 접근은 모두 마지막으로 업데이트된 값을 반환하여 고가용성과 동시성을 달성하는 방식이다(출처: 위키피디아).

3   역주 슬래시닷 효과(slashdot effect)라고도 한다. 인터넷에서 평소 트래픽이 적은 웹 사이트의 게시물이 유명한 웹 사이트(주로 레딧처럼 대형 커뮤니티)에 게시되어 급작스럽게 해당 웹 사이트로 막대한 트래픽이 흐르는 것을 의미한다.

오프가 있기 때문이다. 따라서 업데이트 중에는 잘못된 데이터가 반환될 수 있다. 마찬가지로 트래픽을 여러 인스턴스로 분산할 방법이 필요하다. 애플리케이션에서 직접 트래픽 분산을 할 수도 있고 별도의 로드 밸런서 자원이 트래픽을 인스턴스들로 분산할 수도 있다.

스마트 라우팅smart routing도 마찬가지로 '불량' 또는 비활성화 인스턴스를 회피할 수 있어서 신뢰성을 높이고 다운타임 없이 변경할 수 있다. 다양한 정책을 적용하여 트래픽을 더 스마트하게 다룰 수 있다. 예를 들어 글로벌 사용자에게 서비스하고자 할 때, 사용자 요청이 서버로 도달하기까지 걸리는 시간 자체가 서비스 품질의 제한이 되어 버릴 수 있다. 이 경우에는 여러 리전에 인스턴스를 추가하는 것을 고려하고, 사용자 요청을 가장 가까운 가용 서버로 라우팅해 주는 분산 장치가 필요하다.

정적 자원static asset의 응답 시간을 개선하고 싶다면 **콘텐츠 전송 네트워크** Content Delivery Network, CDN라고 하는 특수한 서비스를 고려해 보자. CDN은 정적 자원을 자신의 글로벌 네트워크 서버에 분산하고, 접근하는 사용자마다 가장 최적화된 서버로 라우팅한다. 이렇게 하면 직접 네트워크를 구축하는 것보다 훨씬 일이 간단해진다.

결론

결국 확장에 사용하는 전략은 시스템의 요구 사항과 병목 지점에 따라 달라진다. 경험에 비추어 볼 때 수직 확장은 관리하기 더 편하고 원자성과 일관성을 요구하는 애플리케이션에 유용하지만, 업그레이드에 들어가는 비용이 많이 들고 서비스의 다운타임이 수반된다. 수평 확장은 유연하고 신뢰성을 높여 주지만 관리하기가 복잡하다.

18

서버리스의
나쁜 사례

마나세 제주스 갈린도 벨로(Manases Jesus Galindo Bello)

소프트웨어 주식회사(Software AG) 큐뮬로시티 IoT 소프트웨어 아키텍터

아마존은 AWS 람다Lambda를 출시하여 추상화된 서버리스 컴퓨팅을 제공하는 최초의 클라우드 서비스 제공자가 되었다. 서버리스는 클라우드 컴퓨팅에 대한 새로운 접근 방법으로, 개발자가 클라우드에서 서비스 아래의 인프라를 관리하거나 런타임 환경을 설정하지 않아도 이벤트 기반event-driven 함수들을 실행할 수 있도록 지원한다. 클라우드 제공자는 배치된 함수의 배포, 확장, 비용 청구를 모두 관리한다.

서버리스는 개발자와 클라우드 엔지니어를 끌어들이는 유행어가 되었다. 서버리스 컴퓨팅의 가장 가까운 구현체는 바로 서비스형 함수FaaS다. FaaS를 사용하면 개발자는 단지 함수를 작성한 코드를 배포하고 어떤 이벤트가 해당 함수를 호출할 것인지 결정하기만 하면 된다. 굉장히 직관적인 프로세스처럼 보이지만 프로덕션 수준의 애플리케이션을 개발하기 위해서는 특정 측면들을 고려해야만 한다. 그래야만 복잡한 시스템을 구현하게 되는 것을 피할 수 있다.

많은 함수를 배포하기

FaaS는 쓴 만큼 비용을 지불한다. 즉, 배포된 함수는 동작하는 시간만큼 요금이 부과된다. 비활성화된 서버리스 함수에는 비용을 부과하지 않으므로 가능한 많은 함수를 배포하고자 하는 유혹에 빠질 수 있다. 비용이 부과되지 않음에도 이러한 방법은 시스템의 규모와 복잡도를 증가시키므로 모범 사례일 수 없다. 또한 관리 측면에서도 어려움이 배가되는 것은 말할 것도 없다. 그 대신에 새로운 함수가 꼭 있어야 하는지를 먼저 분석하자. 기존 함수를 새로운 요구 사항에 맞추어 수정할 수 있지만, 현재의 기능성을 보장해야 한다.

함수를 동기적으로 호출하기

함수를 동시에 호출하면 디버깅이 더욱 복잡해지고, 구현한 기능의 격리성이 유실된다. 두 함수가 동시에 실행되는 경우에도 역시 부과되는 비용이 증가한다. 만약 두 번째 함수가 더 이상 어느 곳에서도 사용되지 않는다면 두 함수를 하나로 합쳐야 한다.

함수를 비동기적으로 호출하기

비동기 호출asynchronous call이 시스템 복잡도를 높인다는 것은 잘 알려진 사실이다. 비동기 호출을 시스템에 사용하면 이를 위한 비용이 증가한다. 호출자caller에 작업 수행이 완료되었음을 통지하기 위한 서버리스 메시지 큐와 응답 채널이 필요하기 때문이다. 그럼에도 비동기 함수 호출이 적합할 때는 해당 작업이 일회성인 경우다. 예를 들어 백그라운드에서 백업을 수행하는 것처럼 긴 프로세스를 구동할 때 알맞다.

다양한 라이브러리를 사용하기

이미지 크기에 제한이 있기 때문에 라이브러리를 많이 사용하면 애플리케이션 크기가 커진다. 웜업warm-up 시간[1]은 이미지 크기 제한에 도달하면 늘어난다. 이러한 현상을 회피하기 위해서는 반드시 필요한 라이브러리만 탑재해야 한다. 라이브러리 X가 A라는 기능을 제공하고 라이브러리 Y가 B라는 기능을 제공하는 경우, A와 B를 동시에 제공하는 라이브러리 Z가 존재하는지 찾아보도록 시간을 투자하자.

많은 기술을 사용하기

프레임워크, 라이브러리, 프로그래밍 언어를 너무 많이 사용하면 이러한 기술을 모두 다룰 수 있는 사람이 필요하므로 장기적인 관점에서 비용이 많이 든다. 마찬가지로 시스템 복잡도, 유지 보수, 문서화 측면에서도 어려움이 많아진다. 그러니 서로 다른 기술을 사용하는 것을 제한하자. 특별히 광범위한 개발자 커뮤니티와 잘 문서화된 API가 없는 기술이라면 더더욱 제한하자.

---

[1] **역주** 서버리스 서비스에서 이벤트로 호출되는 함수 코드의 이미지를 특정 인스턴스나 컨테이너 오케스트레이터에 배포하고 해당 함수를 실행하기까지 걸리는 시간이다.

함수에 대한 문서화하지 않기

문서화를 하지 않는 것은 언제나 나쁜 관행이다. 일부 사람은 훌륭한 코드
는 훌륭한 농담과 같아서 따로 설명이 필요 없다고 말한다. 하지만 항상 이
말이 옳은 것은 아니다. 함수는 일정 수준의 복잡도를 가지며, 이를 유지
보수하는 사람이 항상 동일하지는 않다. 따라서 항상 함수를 문서화하는 것
이 좋다. 시스템에서 작업하고 함수를 유지 보수하는 개발자는 여러분이 작
성해 둔 문서 때문에 행복해질 것이다.

19

AWS 람다 시작하기

마르코 슬루가(Marko Sluga)
클라우드 컨설턴트 및 강사

AWS 람다는 AWS의 서버리스 서비스다. 람다를 사용하여 프로그래밍할 때 문자 그대로 애플리케이션의 논리적인 흐름만 있으면 된다. 간단하게 정확히 하나의 일만 수행하는 함수를 논리 흐름에 존재하는 구성 요소에 각각 독립적으로 연결하면 된다. 논리 흐름의 구성 요소들은 코드로 개발되고 별도로 구분된 람다 함수에 배치된다.

AWS 람다는 기본적으로 자바, 고Go, 파워셸PowerShell, 노드, C#, 파이썬Python, 루비Ruby와 같은 코드 패키지와 해당 패키지에 포함된 모든 종류의 확장, 의존성, 라이브러리(사용자 라이브러리도)가 동작하도록 지원한다. 또한 람다는 레이어를 사용해서 사용자 인터프리터custom interpreter도 람다 확장 환경에서 동작할 수 있게 지원한다.

코드는 표준 ZIP이나 WAR 형식으로 패키징되어 AWS가 관리하는 S3 버킷에 저장되는 람다 함수 정의에 추가된다. S3 키를 람다에 직접 제공하거나 AWS 관리 콘솔Management Console의 람다 항목에 있는 브라우저에서도 직접 함수를 작성할 수 있다. 람다 함수는 메모리 용량도 함께 설정된다. 메모리 용량의 확장은 64MB 단위로 128MB부터 3,008MB까지 가능하다.

AWS 관리 콘솔의 람다 항목에서 간단하고 효율적인 에디터를 제공하는 편리한 인터페이스가 있어 쉽게 코드를 작성하거나 붙여 넣어서 함수를 관리할 수 있다. 다음 예제는 간단한 Node.js 람다 함수를 작성하는 방법을 보여 준다. 예제 함수는 사용자가 키-값 쌍으로 이름을 입력한 후 JSON 형식의 응답을 출력한다.

이벤트 핸들러 구축 및 람다 함수 테스트

AWS 관리 콘솔을 열어 AWS 람다 항목으로 가자. 그리고 [Function] 항목을 선택하고 [Create Function]을 클릭한다.

다음 화면의 디폴트 코드를 다음 코드로 바꾼다. 이 코드는 테스트 과정에서 입력하는 키-값 쌍을 변수로 정의하고 입력된 값을 JSON 형식 값으로 반환한다.

```
exports.handler = async (event) => {
var myname1 = event.name1;
var myname2 = event.name2;
var myname3 = event.name3;
var item = {};
item [myname1] = event.name1;
item [myname2] = event.name2;
item [myname3] = event.name3;
const response = {
body: [ JSON.stringify('Names:'), JSON.stringify(myname1), JSON.
stringify(myname2), JSON.stringify(myname3)],
};
return response;
};
```

코드 작성을 마쳤다면 오른쪽 위에 있는 [Save] 버튼을 누르자.

다음으로 테스트 이벤트를 위해 키–값 쌍을 만들어야 한다. 다음 코드를 가지고 테스트 데이터를 만들 수 있다.

```
{
"name1": "jenny",
"name2": "simon",
"name3": "lee"
}
```

모두 입력했으면 화면 아래로 가서 'Configure Test Event' 대화 상자 밑에 있는 [Save] 버튼을 누르자. 입력된 테스트 데이터로 작성한 예제 함수를 호출하도록 테스트를 시작하자. 응답은 JSON 형식으로 Names 열이 있고 테스트 데이터로 입력한 이름들이 목록으로 출력되어야 한다.

실행 결과에서 해당 함수가 실행되면서 소모한 자원 수, 요청 ID, 요금 부과 시간에 대한 정보를 얻을 수 있다. 아래쪽의 [Click here] 링크를 클릭하면 람다가 아마존 클라우드와치_{CloudWatch}에 전송한 로그를 볼 수 있다.

클라우드와치에서 로그 스트림과 이벤트들을 볼 수 있다. 각 이벤트를 열어 보면 요청의 상세 내용과 람다 함수가 실행된 시간을 볼 수 있다. 람다의 실행 환경은 기본적으로 무상태이므로 사용자 코드가 로그 스트림 내에 생성하는 모든 로그 역시 출력한다.

이 예제를 통해 AWS 람다 함수를 얼마나 쉽게 만들고 배치하고 모니터링할 수 있는지 살펴보았고, 서버리스야말로 클라우드 컴퓨팅의 진정한 미래라는 것도 알았다. 즐거운 코딩되길!

20

쿠버네티스를 사용하지 않아도 괜찮다

마티아스 제니아(Mattias Geniar)
오 디어(Oh Dear) 공동 창업자

나는 기술을 사랑한다![1] 우리는 아주 빠르게 변화하고 발전하는 산업계에 종사하고 있고 최첨단과 대담함을 사랑한다. HTTP/3, 쿠버네티스, 고랭 golang 및 여타 흥미로운 신기술은 항상 우리를 신나게 한다.

하지만 안정성, 예측 가능성, 신뢰성도 마찬가지로 사랑한다. 그렇기 때문에 여기에서는 새롭고 흥미로운 최신 프로젝트를 사용하지 않아도 괜찮다고 말할 수 있다.

미디어는 진실의 딱 절반만 말한다

미디어의 헤드라인만 읽거나 듣는다면, 모두가 오토스케일링 및 로드밸런싱되고 지역적으로 분산된 쿠버네티스 클러스터에서 애플리케이션을 실행

---

1 본 내용은 SYSADVENT(https://sysadvent.blogspot.com/2019/12/day-10-it-ok-if-you-not-running.html)에서 먼저 공개되었다.

하고 있다고 믿을지도 모른다. 그리고 그 클러스터는 소수의 개발자가 하룻밤 사이에 만들어 냈다고 믿을 수도 있다. 순식간에 성공했다!

글쎄……. 하지만 그렇지 않다. 이 모든 것은 앞서 말한 것처럼 동작하지 않는다. 현실은 대부분의 리눅스 또는 오픈 소스 애플리케이션은 여전히 전통적인 데비안debian, 우분투ubuntu, 센트OSCentOS에서 구동되며 해당 OS 역시 VM 또는 물리 서버에서 돌아간다.

나는 평생 동안 수천 대의 서버를 관리해 왔고, 기술이 생겨나고 사라지는 것을 목격해 왔다. 현재는 쿠버네티스가 많이 주목받고 있다. 불과 몇 년 전에는 오픈스택Openstack[2]이 그러했다. 그보다 전에는 KVM이나 젠Xen과 같은 것도 있었고 반가상화paravirtualization도 있었다. 이외에도 많은 것이 있었다.

나는 이러한 기술이 모두 사라진다고 말하는 것은 아니다. 각 프로젝트나 도구는 각자 특정한 문제를 해결하는 것에 장점이 있다. 여러분 조직이 이러한 기술 덕분에 얻는 이점이 있다면 아주 좋다!

오래되고 지루한 측면이 있는 기술도 여전히 개선된다

내 이력은 대부분 PHP다. 공통 게이트웨이 인터페이스Common Gateway Interface, CGI[3]와 FastCGI[4]를 사용해서 PHP 애플리케이션을 구동했다. 즉,

---

2 역주 https://www.openstack.org/

3 역주 웹 서버상에서 사용자 프로그램을 동작시키기 위한 조합이다. 서버 프로그램에서 외부 프로그램을 불러들여 실행하고 그 결과를 클라이언트에 송신하는 방식을 정한 것이다(출처: 위키피디아).

4 역주 웹 서버와 CGI 프로그램 간에 통신할 때 발생되는 부하를 줄여 서버가 한 번에 더 많은 웹 페이지 요청을 관리할 수 있게 한다(출처: 위키피디아).

mod_php[5]에서 php-fpm[6]으로 이동했다. 많은 시스템 관리자에게는 그것으로 끝이었다.

하지만 보다 개선할 수 있는 것이 많았다. 파이썬, 노드, 루비에서도 동일하게 적용된다. 낡고 지루한 설정(잘 알겠지만 90%의 웹이 사용 중인 것[7])을 더욱 최적화하고 보안성을 강화하며 성능과 안정성도 향상시킬 수 있다.

모든 설정과 매개변수를 확인해 보았는가? 모호한 설정 값이 정확히 무엇을 하는지 아는가? 서버에 악의적인 트래픽을 보내기 시작하면 어떤 일이 일어나는지 아는가? OS 스케줄러 성능을 개선할 수 있는가? 볼 수 있는 모든 것을 모니터링하고 있는가? 애플리케이션을 구동하는 리눅스 서버를 관리하는 것은 끝이 없다. 리눅스 서버는 유지 보수, 모니터링, 업그레이드, 패치, 운영 개입, 백업, 보안 패치, 문제 해결 등이 필요하다.

쿠버네티스를 사용해야 한다고 말하는 미디어의 선동에 단지 유명하다는 이유로 넘어가지 마라. 여러분이 운영하고 있는 서버는 여전히 개선할 수 있는 여지가 남아 있다. 더욱 빨라지고 안전해질 수 있다.

서버를 최대 성능으로 실행하고 있으니 비즈니스 담당자와 개발자를 위한 변화를 만들고 있다는 사실에 만족하자. 이것이 바로 여러분이 신경 써야 할 것이다. 비록 산업계 전체가 그다음 새로운 것으로 옮겨 가고 있는

---

5 역주 아파치 웹 서버의 PHP를 로드할 수 있는 모듈이다. CGI 기반으로 동작하며, 여러 단점이 있어 현재는 더 이상 사용하지 않는다.

6 역주 FastCGI 프로세스 매니저다. PHP FastCGI를 위한 구현체이며, 기존 mod_php의 단점을 개선한 바이너리로 현재는 아파치 웹 서버에 기본으로 탑재(https://cwiki.apache.org/confluence/display/HTTPD/PHP-FPM)되었다.

7 역주 저자가 의미하는 것은 아마도 LAMP일 것이다. 리눅스, 아파치, MySQL, PHP의 줄임말로 웹 서비스를 만드는 주요 스택으로 여전히 많이 사용된다. W3tech에 따르면 2022년 현재도 78% 가량의 웹 사이트가 PHP로 작성되어 있다. 참고: https://w3techs.com/technologies/details/pl-php

것처럼 보여도 말이다.

하지만 안주하지 말자

그렇다고 새로운 프로젝트나 도구를 탐색하는 것을 멈추라는 의미로 받아들이지 마라. 쿠버네티스에 대해 시간을 들여 알아본 적이 있는가? 여러분 생각에 비즈니스가 그런 시스템으로 이점을 얻을 수 있는가? 모두가 새로운 시스템이 어떻게 동작하는지 이해하고 있는가? 그리고 그 단점까지도?

스스로에게 어려운 질문을 먼저 던져 보자. 조직이 새로운 기술을 받아들이려는 이유가 있다. 그것은 바로 어떤 문제를 해결하고 싶어서다. 여러분도 마찬가지 문제를 겪고 있다!

매일 새로운 프로젝트와 도구가 세상에 나온다. 나 역시도 주간 뉴스 레터를 발간하고 있어서 잘 안다. 항상 최신 정보에 귀를 기울이고 흐름을 따라가자. 흥미로운 것을 발견했다면 한번 시도해 보자! 하지만 여러분 비즈니스에 필요한 것이 있다면, 낡고 지루한 서버 설정을 다루어야 하는 것을 두려워하지 말자!

21

토폴로지
이해하기

니힐 나니바데카르(Nikhil Nanivadekar)
BNY 멜론(BNY Mellon) 이사

클라우드 컴퓨팅 시대인 오늘날에는 시스템 구조를 반드시 이해할 필요가 있다. 시스템 토폴로지topology의 전체 그림으로 시스템 동작 방식을 이해하고 여러 구동부moving components를 파악하는 것은 중요하다. 시스템 구조를 이해할 때 고려할 몇 가지 주요 측면은 모듈성modularity, 배포 전략deployment strategy, 데이터 센터 편향affinity이다.

모듈성

모듈러 시스템을 만들 때 따라야 할 가장 간단한 법칙은 기능별로 문제를 분리하는 것이다. 특정 마이크로서비스는 단일 기능에 대한 책임을 지고 관련된 처리만 해야 한다. 이 때문에 마이크로서비스 크기를 작게 유지할 수 있다. 마이크로서비스 인스턴스는 반드시 무상태여야 하며, 교체 가능하고 확장 가능해야 한다. 마이크로서비스 인스턴스가 같은 마이크로서비스의 다른 인스턴스로 대체되더라도 결과는 동일해야 한다. 인스턴스를 추가하여 마이크로서비스 인스턴스를 확장해도 시스템은 여전히 올바르게 동작해야 한다.

배포 전략

배포는 애플리케이션의 새로운 버전을 프로덕션에 릴리스하는 것을 의미한다. 배포 전략은 애플리케이션의 하위 호환성과 직접 연관이 있으므로 애플리케이션이 업그레이드되는 동안 고려되어야 한다. 오늘날 사용하는 다양한 배포 전략은 다음과 같다.

재생성

이전 버전은 종료하고 바로 새로운 버전을 배포한다.

롤링 업데이트(rolling update: 증분)

새로운 버전이 점진적으로 배포되어 이전 버전을 교체한다.

블루/그린(blue/green)

이전 버전이 여전히 동작하는 와중에 새로운 버전을 완전히 릴리스한다. 그리고 트래픽을 이전 버전에서 새로운 버전으로 전환한다.

카나리(canary)

새로운 버전을 모두 배포하기 전에 일부 사용자 그룹에만 릴리스한다.

A/B 테스팅

카나리 배포의 확장으로 새로운 버전이 소수 사용자 그룹에 릴리스되고 새로운 기능의 적용 여부에 따라 전체에 배포된다.

섀도[프로드 병렬(prod-parallel)]

새로운 버전을 릴리스하고 이전 버전과 동시에 동일한 요청을 처리한다.

전략 선택에서 고려해야 할 주요 사항은 동시에 동작해야 하는 애플리케이션의 버전 수다. 같은 애플리케이션의 여러 버전이 동시에 동작해야 하는 경우 하위 호환성은 꼭 보장되어야 한다.

데이터 센터 편향

다중 데이터 센터 아키텍처에서 서비스는 여러 데이터 센터에서 구동된다. 다중 데이터 센터 방식은 중복성redundancy, 재해 복구, 확장성을 제공한다.

필요에 따라 모든 서비스를 각 데이터 센터에 배포하거나 서비스 일부만 배포할 수 있다. **전활성**all-active 모델에서는 모든 데이터 센터에 배포된 서비스가 요청을 처리한다. **활성-대기**active-passive 모델[1]에서 데이터 센터 중 일부는 **활성**이고 나머지는 **대기**로 간주한다. 모든 트래픽은 활성 데이터 센터로 흘러 처리된다. 만약 재해 복구 작업을 수행할 때 데이터 센터 전환이 필요하다면 활성-대기 시나리오에 따라 활성 데이터 센터에서 처리하고 있던 요청 모두를 대기 데이터 센터로 돌려준다.

다중 데이터 센터 아키텍처가 탄력성 측면에서 많은 이점을 주는 반면, 지연 문제를 일으킬 수 있다. 서비스에서 서비스로 호출이 발생할 때마다

---

1 **역주** 또는 active-standby로 쓰기도 한다.

데이터는 한곳에서 다른 곳으로 전송되어야 한다. 서비스가 동일한 장소에 배치되어 있다면 데이터 전송 시간은 미미할 것이다. 그렇지 않은 경우에는 지연 시간이 상당하다. 두 데이터 센터에 네 개의 서비스가 배치되는데, 데이터 센터 1에는 서비스 A와 서비스 C가 있고 데이터 센터 2에는 서비스 B와 서비스 D가 있다고 하자. 데이터 센터 간에는 데이터 전송에 5밀리초가 소요된다. A, B, C, D 순으로 서비스를 호출한다면 지연 시간은 15밀리초다. 동일 프로세스가 연속적으로 1,000개의 호출을 한다면 지연은 15초까지 늘어나서 응답 시간이 느려진다.

분산된 세상에서는 여러 개의 구동부가 존재한다. 시스템 토폴로지는 이것을 다스릴 수 있는 퍼즐의 중요한 조각이 되었다. 토폴로지에 대한 튼튼한 이해가 있는 한 이러한 다중 구동부는 소프트웨어 솔루션을 제공할 때 든든한 지원자가 될 수 있다는 것을 증명할 수 있다.

22

시스템 기초가 여전히 당신을 괴롭힌다

노아 아브라함(Noah Abrahams)
인에블먼트(Enablement) 이사

새로운 기업에 막 합류해서 클라우드 엔지니어로서 첫날을 불태울 준비
가 되어 있다고 상상해 보자. 여지껏 거의 모든 데브옵스 이론을 읽어 왔고
API와 깃옵스$_{GitOps}$[1]와 API가 지배하는 세상에 뛰어드는 것에 잔뜩 들떴을
것이다. 이러한 기술 수준은 자신의 역할과 직접적으로 관련 있는 것에만
집중할 수 있게 해 준다. 반면 나머지 것들은 그저 알아서 '잘 챙겨' 준다.
하지만 첫 번째 배포 코드를 푸시했는데 그 작업이 실패했다면? 혹은 업스
트림 저장소에 반영된 코드로 문제가 생겼다면? 잘 챙겨 준다는 것이 정말
사실일까? 모든 것이 '그냥 동작'하는 것일까?

클라우드 컴퓨팅을 도입하면서 보아 왔던 가장 공통적인 실수는 상업적
으로 사용되고 있는 솔루션이 숨겨져 있는 문제들을 어떻게든 알아서 마법
처럼 해결해 준다고 믿는 것이다. 사용 목적에 맞는 방법이 있다고 해서 이

---

1 **역주** 형상 관리 시스템인 깃(Git)을 중심으로 하는 운영을 의미한다. 깃 저장소에 새로운 코드가 푸시되거나 머지되
었을 때에 맞추어 미리 정의된 절차를 자동으로 호출해서 새로운 코드를 프로덕션에 배포하거나 적용하기도 한다.

방법이 시스템의 모든 버그와 특이점에서 자유롭게 해 주는 것은 절대 **아니**
다. 나는 지난 몇 년 동안 여러 단계로 추상화된 컨테이너 오케스트레이터
계층의 일을 해 왔다. 이러한 일을 하면 아마도 전통적인 '시스템 관리'와 거
리가 멀어 완전히 다른 세상에서 일을 하고 있다고 느껴질 수 있다. 따라서
사용 중인 스택이 어떻게 구성되었는지를 잊지 않는 것이 굉장히 중요하다.

쿠버네티스 파드pod가 정상적으로 종료되지 않았는가? API나 etcd^2 문
제는 아닐 수 있지만, 그 대신 시스템디systemd가 컨테이너디containerd의
shim^{3}을 올바르게 처리하지 못해서 생긴 문제에 예상치 못하게 걸려들었
을 수 있다. 애매한 버그를 찾은 것을 축하한다. 컨테이너가 부팅될 때 충
돌이 났는데, 개발 시스템에서는 문제없었다고? 오, AMI^4 커널 설정의 파
일 디스크립터file descriptor 제한에 딱 걸렸다. 이제 부팅 과정의 일부를 변경
해야 한다. IP 주소가 부족한 것 같은데, 그 이유와 방법을 찾을 수 없다면?
아마도 선택한 인스턴스 유형을 구동하는 하이퍼바이저와 해당 장비가 기
본적으로 다룰 수 있는 장치 수가 원인일 수 있다. 노드를 거쳐서 발생하는
전체 플랫폼에서 연속적으로 장애가 일어나는가? 그렇다면 아마도 인증서
만료 일자를 확인해야 할 것이다. 네트워크 연결이 기대한 대로 동작하지
않는가? 그렇다면 85%의 확률로 DNS 문제가 확실하다.

상위 계층에도 문제가 아예 없다고 말하는 것은 아니다. 하지만 운영 엔
지니어라면 다음과 같이 생각해 보자. 배포 팀이 여러분의 반짝이는 새로운
플랫폼을 단지 데이터베이스 연결 문자열이 정상적으로 동작하지 않는다는
이유로 비난한다면 얼마나 많이 짜증이 나겠는가? 그럼에도 새로운 시스

---

2 역주 쿠버네티스에서 클러스터 운영을 위해서 사용하는 키-값 분산 저장소다. 참고: https://etcd.io/
3 역주 containerd-shim. 도커 등이 OS에 컨테이너를 생성할 때는 해당 프로세스를 거쳐서 컨테이너를 생성한다.
4 역주 아마존 머신 이미지(Amazon Machine Image)의 약어다. AWS에서 사용하는 가상 머신 이미지를 의미한다.

템이므로 모든 문제는 '반드시 여러분의 몫'이어야 한다. 배포 팀의 SQL 연결이 문제라는 것을 알고 있지만, 여러분은 해당 팀에 이를 설득해야 한다. 그러려면 기초fundamental 계층에서 문제를 분석해야 한다. 여러분의 시스템을 왜 다르게 취급하려고 하는가?

핵심은 애플리케이션이나 플랫폼을 클라우드 제공자의 추상화 계층 위에서 구축하고 그 아래는 전혀 존재하지 않는 것처럼 생각하는 것이다. 하지만 대부분은 이 하위 계층이 훨씬 중요하다. 예를 들어 OS 이미지에서 문제가 생긴다면, 전 계층에 영향을 미칠 수 있어 모든 분산 시스템에서 문제가 나타날 수 있다. 대부분 이러한 장애 현상은 익숙했던 것에 비해 불명확할 수 있다. 따라서 시스템에 대한 좋은 가시성을 확보하는 것(예를 들어 적절한 지표를 사용하여 최소한의 소음으로 로깅해서 모든 영역에 대한 관측성을 확보하는 것)이 집중하고자 하는 계층에서 발생하는 문제와 여전히 괴롭히는 근본적인 시스템 문제에서 우리를 분리할 수 있다.

긴 내용을 짧게 줄이자면, 애플리케이션 아래가 어떻게 구동되는지 절대 잊지 마라. 추상화되어 고려할 필요가 없다고 생각하는 문제를 여전히 다루어야 할 수도 있다. 그리고 무언가 문제가 있다고 의심된다면, 아마도 DNS가 문제일 것이다.

23

클라우드 프로세싱은
속도가 전부가 아니다

루스템 페이즈하노프(Rustem Feyzkahanov)
기업 정보 보안 책임자

데이터 처리와 머신 러닝machine learning 처리 파이프라인은 속도가 중요했다. 퍼블릭 클라우드 기술의 시대에 살고 있는 요즘, 어떤 기업이든 추가적인 자원을 확보하는 것은 시간 문제일 뿐이다. 이러한 사실이 우리가 구성해야 할 처리 파이프라인에 대한 시각을 바꾸었다.

실제로 1분 동안 열 개의 서버를 사용하나 한 개의 서버를 10분 동안 사용하나 동일한 비용을 내고 있다. 그래서 최적화를 집중해야 할 영역이 실행 시간에서 확장성 및 병렬성으로 옮겨 가고 있다.

완벽한 데이터 처리 파이프라인을 상상해 보자. 이 파이프라인은 작업 1,000개를 1,000개의 노드에서 병렬로 수행하고 그 결과를 취합해서 알려 준다. 이러한 파이프라인은 어떤 규모에서든 처리 속도는 작업 수에 따라 달라지지 않으며, 항상 단일 작업의 수행 속도와 동일하다.

이것이 완전히 불가능한 상상처럼 보이지는 않는다. 보다 유명해지고 있는 서버리스 인프라에서는 수천 개의 처리 노드를 병렬로 실행할 수 있도록 한다. 이에 더해 많은 업체가 순수한 서비스형 컨테이너container-as-a-service 를 제공하고 있다. 예를 들어 도커 이미지를 한번 정의하면 도커 이미지가 병렬로 실행되고, 실행된 시간만큼 비용만 지불하면 된다. 그뿐 아니라 서 버리스 인프라와 서비스형 컨테이너를 기본적으로 메시지 버스message bus 나 오케스트레이터와 결합하면 대량의 수신 메시지를 확장 가능한 컴퓨터 서비스에 서비스별로 독립적으로 매핑하여 처리할 수 있다. 이러한 서비스 를 통해 더 많은 기회를 얻을 수 있으며, 십분 활용하여 대기 시간을 최소 화하고 작업 부하를 완벽하게 처리할 수 있는 확장성 있는 인프라를 만들 수 있다.

그렇다면 완벽한 수평 확장성을 얻게 되면, 그다음은 실행 시간에 집중해 야 할까? 그렇다. 하지만 좀 다른 이유가 있다. 완벽한 수평 확장성의 세계 에서는 실행 시간이 배치 처리 속도에 큰 영향을 미치지 않는 대신 비용에 상당한 영향을 미친다. 속도를 2배로 최적화한다는 것은 비용을 2배로 최 적화한다는 의미다. 이러한 부분이 최적화 개발의 새로운 동기가 된다.

게다가 비용 최적화 알고리즘을 전혀 적용하지 않은 채 완벽하게 확장 가 능한 데이터 파이프라인을 설계하면, 파이프라인 비용이 매우 높아질 수 있 다. 이러한 점이 규모 경제를 신경 쓰지 않은 시스템의 단점 중 하나다.

하나 더 추가적인 가능성은 앱을 요소별로 모듈화하고 분리된 부분을 별 도의 확장 가능한 서비스로 실행하는 것이다. 이 방법을 사용하면 애플리 케이션에 최적인 자원 규모를 찾고 CPU(또는 GPU)와 RAM의 대기 시간 을 최소화할 수 있다. 적합한 자원 규모를 찾는다면 단순히 처리 비용을 최 소화하는 것이 아니라 개별 구성 요소가 가장 빠르게 수행되는 것을 보장할 수 있다(예를 들어 GPU VM에서 데이터 전처리를 수행하는 것이 아니라 여러 CPU VM에서 병렬로 수행할 수 있다[1]). 그리고 마지막으로 CPU VM, GPU VM, 서버리스 컴퓨팅 리소스 모두 서로 다른 업체의 것을 사용하면 속도, 비용, 확장성 간의 완벽한 조화를 찾을 수 있다.

데이터 엔지니어와 프로젝트 매니저, 데이터 과학자와 같은 다른 이해 관계자 간의 투명한 의사소통을 위해서 초기 단계부터 단위 비용 최적화된 확장 가능한 데이터 파이프라인을 설계할 수 있는 새로운 기회가 생긴다.

---

1 역주 일반적으로 GPU를 지원하는 VM이 훨씬 비싸다.

24

서버리스가 개발자 경험을 단순하게 하는 방법

비체 베네마(Wietse Venema)

빈스닷아이오(Binx.io) 수석 구글 클라우드 엔지니어

여러분이 애플리케이션을 구축하기 위해서 서버리스를 사용하고 있다면 그 애플리케이션은 **서버리스**라고 할 수 있다. 하지만 서버리스란 도대체 무슨 의미일까?[1] 서로 다른 사람들이 각자 다른 의미를 말하는 추상적이고 과장 된 단어다.

서버리스를 이해하고자 할 때 절대 '서버 없음'에 지나치게 집중하지 않았 으면 한다. 서버리스는 이를 넘어서는 의미다. 일반적으로 나는 사람들이 어떨 때 **서버리스**라고 하고, 왜 서버리스에 열광하는지에 대해 다음과 같이 생각한다.

- 인프라 관리 필요성을 배제함으로써 개발자 경험을 단순화한다.
- 별다른 설정 없이 바로 확장 가능하다.
- 미리 예약한 용량이 아니라 사용한 만큼 비용을 지불하는 비용 모델이므로 지출되는 비용을 상당히 절약할 수 있다.

---

[1] 비체 베네마의 〈Building Serverless Applications with Google Cloud Run〉(O'Reilly, 2020)에서 발췌했다.

이제 첫 번째 특성을 살펴보고자 한다. 단순한 개발자 경험이 의미하는 바는 무엇인가?

인프라 관리 배제는 개발자가 코드 작성에만 집중할 수 있으며, 애플리케이션의 배포, 실행, 확장은 모두 다른 누군가가 챙겨 준다는 의미다. 플랫폼이 겉으로 보기에는 단순하지만 실상은 굉장히 올바르게 다루기 어려운 것과 중요한 모든 것을 챙겨 준다는 것이다. 오토스케일링, 장애 허용fault tolerance 로깅, 모니터링, 배포, 장애 복구failover가 플랫폼이 챙겨 주는 예다.

서버리스를 사용할 때 특별히 **수행하지 않는 일**이 바로 서버 관리다. 서버는 서버리스 플랫폼 내에 여전히 존재한다. 하지만 더 이상 직접 신경 쓸 필요가 없다. 플랫폼이 추상화 계층을 제공하기 때문이다. 이것이 **서버리스**[2]라고 부르는 주된 이유다.

작은 규모의 시스템을 실행하는 경우에는 서버 관리가 큰 일이 아닐 수도 있다. 하지만 열 개 이상의 서버를 관리해 본 독자라면 이 정도 수준만 되어도 올바른 동작을 위해서는 챙겨야 할 부분이 굉장히 증가한다는 것을 잘 알 것이다. 애플리케이션 로직을 서버리스 플랫폼에서 구동할 때 더 이상 신경 쓰지 않아도 되는 작업들의 목록 일부를 다음과 같이 적어 보았다.

- 서버 프로비저닝(provisioning) 및 설정(또는 자동화 구성)
- 보안 패치 적용
- 보안 소켓 계층(Secure Socket Layer, SSL)/전송 계층 보안(Transport Layer Security, TLS) 인증서 구성 및 연간 갱신, 웹 서버 내 인증서 설정
- 서버 클러스터에 애플리케이션 배포 자동화
- 시스템 성능에 대한 통찰력 확보를 위한 로깅 및 지표 모니터링 구성

---

2 역주 서버(server)가 없다(less)는 의미다.

이 내용은 서버만을 위한 작업이다. 대부분의 비즈니스에는 시스템 가용성에 대한 기대가 아주아주 높다. 일반적으로는 월 30분 이상의 다운타임을 수용할 수 없다. 이 수준의 가용성을 달성하기 위해서는 모든 장애 상황에 대한 대처를 자동화할 필요가 있다. 수동으로 장애 처리를 할 충분한 시간이 없다. 이렇게 한다면 상상하는 대로 많은 노력이 필요하고 인프라가 더 복잡해진다. 가용성 확보를 위한 노력은 기업 환경에서 소프트웨어를 구축하는 경우라면 보안 및 운영 조직의 승인을 쉽게 받을 수 있다. 해당 조직의 책임 상당수가 공급 업체로 넘어가기 때문이다.

가용성은 소프트웨어 개발과도 연관이 있다. 오늘날 새로운 소프트웨어 버전 배포를 월 단위가 아닌 매일 수행하는 것이 일반적이다. 애플리케이션을 배포할 때 실패하더라도 다운타임이 발생하는 것은 허용할 수 없다.

서버리스 기술은 애플리케이션을 구동하는 것과 관련된 기초적인 부분을 다른 누군가가 챙기게 해서 여러분이 비즈니스 문제 해결에 집중하고 훌륭한 제품을 만들 수 있게 도와준다. 아주 편리하다고 느끼겠지만 서버리스를 사용한다고 해서 **모든 책임이 사라진다**고 생각하지 마라. 여전히 코드를 작성하고 패치하는 것이 가장 중요하며, 코드가 안전하고 정확하다고 보장해야 한다. 또한 자원 요구량, 확장 경계 추가, 접근 정책과 같은 일부 설정은 여전히 관리가 필요하다.

단순하고 빠른 개발자 경험에 가치를 두는 경우에 서버리스는 아주 훌륭한 선택이다. 또한 더 이상 전통적인 서버 인프라를 구축하고 운영하길 원하지 않는 경우도 마찬가지다. 하지만 서버는 여전히 어딘가에 존재하며, 단지 여러분이 더 이상 직접 관리하지 않을 뿐이다.

2장

마이그레이션

25

사람들이 클라우드에 올바른 기대를 갖도록 돕자

데이브 스턴케(Dave Stanke)
구글 디벨로퍼 애드보킷

뉴스는 아주 빠르게 퍼진다. 비기술 직군 동료, 고객, 모든 사람 사이에 있는 이해 관계자인 여러분이 클라우드로 마이그레이션 중이라면, 클라우드 마이그레이션에 대한 각양각색의 반응을 만나게 될 것이다.

"아마 후회할 걸? 클라우드로 옮겨 간 친구가 있는데, 이젠 비용을 감당할 수 없다고 해."

"굉장해! 모든 테크 백만장자는 클라우드를 이용하고 있어. 우린 부자가 될 거야!"

"좋아. 하지만 망치면, **당신은 해고야.**"

그리고 대부분의 반응도 다음과 같다.

"음, 클라우드가 어디 있어?"

아마도 이 모든 대화를 피하고 싶은 유혹이 찾아올 것이다. 클라우드 마이그레이션을 알아야 할 사람과 마이그레이션에 직접적으로 참여하지 않아서 알 필요가 없는 사람으로 나뉠 수도 있을 것이다. 하지만 그것은 잘못된 생각이다. 모든 이해 관계자가 영향을 받기 때문이다. 데이터 센터를 자체적으로 운영하는 것과 클라우드 제공자를 이용하는 것은 차이가 무수히 많다. 이러한 모든 차이점은 사용자 경험에 영향을 미치기 때문에 다음과 같은 대화를 나눌 수 있다.

"왜 예전처럼 동작하지 않는 거지?"

"클라우드 때문이지."

"그러니까, **어디** 때문이냐고?"

가장 중요한 점은 클라우드로 마이그레이션하는 데는 이유가 있다는 것이다. 여러분은 성공적으로 클라우드 마이그레이션하기 위해서 엄청나게 많은 노력을 들일 것이다(반드시 **성공하리라** 믿는다). 따라서 이해 관계자들은 여러분이 차라리 다른 곳에 그 노력을 쏟았으면 하고 생각하기보다는 클라우드 마이그레이션이 가치 있는 일이라는 것을 느낄 필요가 있다. 그러니……

비기술 직군 이해 관계자를 클라우드 마이그레이션에 **참여시켜라**. 그들에게 클라우드의 이점을 보여 주고 그들이 이 변혁적인 잠재력을 이해할 수 있게 도와라.

하지만 **과장하지 마라**. 아마 여러분은 빠른 오토스케일링에 환호하고 있을 수 있다. 클라우드가 지원하기 때문에! 하지만 그것은 **마법**이 아니다. 모든 병목 지점에서 유연성을 획득하기 위해서 애플리케이션의 구성 요소가 즉각적으로 분리되지는 않는다. 또는 서비스형 데이터베이스Database as a Service를 사용해서 운영 분담을 줄이려고 할 수도 있다. 훌륭하다. 하지만 그 서비스를 사용한다고 해서 엉망인 스키마schema를 고쳐 주는 DBA[1]까지 무료로 사용할 수 있는 것은 아니다. 또한 기능을 빠르게 릴리스하기 위해서 자동 프로비저닝 기능을 제공한다고 해도 누군가는 이러한 파이프라인을 구축하는 일을 해야만 한다(그리고 여러분은 파이프라인을 위한 테스트를 해야 할 수도 있다).

반면 **과소평가하지 마라.** 클라우드 마이그레이션을 단순히 소박한 기술적인 리팩터링으로 취급한다면 사람들은 클라우드 마이그레이션에 적은 노력이 들어갈 것이라고 예상할 것이다. 그리고 업무에 방해가 되는 일에 엄청 분개할 수도 있다(사람들이 기대하지 않는 그 어떤 좋은 소식도 나쁜 소식으로 변하기 마련이다). 사람들에게 이 일이 **얼마나 큰 일인지** 이해시킬 필요가 있다. 클라우드는 진정으로 혁신적인 기술이며 소프트웨어를 개발하고 제공하는 완전히 새로운 방법을 지원한다. 이를 완벽하게 익히려면 새롭게 배워야 하는 반면, 오래된 많은 것을 **그만두어야 한다.** 이해 관계자들에게 클라우드 마이그레이션의 가능성과 나아가야 할 길을 가르쳐라. 그리고 함께 큰 꿈을 꾸어라.

클라우드 마이그레이션을 진행하는 동안 진행 사항을 **공유하고** 이해 관계자들을 진행 사항에 **연관시켜라.** 클라우드 마이그레이션은 하루아침에 이루어지지 않는다. 수년이 걸릴 수도 있다. 마이그레이션으로 이해 관계자들이 얻을 수 있는 이점을 빠르게 자주 선보일 수 있도록 마이그레이션 절차를 설계하라. 그리고 새롭게 생긴 이점들이 구체화되는 즉시 이해 관계자들에게 알려라. 여러분의 동료들은 "우린 오늘 서버 랙 두 개의 전원을 내렸습니다. 그래서 대략 월 $3,900를 절약할 수 있게 되었습니다." 또는 "블

---

[1] **역주** 데이터베이스 관리자(DataBase Administrator)를 의미한다.

루/그린 배포를 지난달에 구현했는데, 그 덕분에 아주 중대한 버그 두 개를 고객에게 영향을 주기 전에 잡을 수 있었습니다."와 같은 소식을 듣고 행복해 할 것이다.

마지막으로 이해 관계자들에게 **피드백 요청과 질문을 하라.** 클라우드는 신비로운 곳(그렇다, 말 그대로 '장소'다)이다. 그리고 여러분이 묻지 않는다면 이해 관계자들이 가질 수 있는 가정이나 오해를 전혀 알 길이 없다.

이해 관계자들이 기대하는 바를 알고 올바른 기대를 할 수 있도록 돕자.

26

클라우드 마이그레이션의 실패

리 애치슨(Lee Atchison)
클라우드 컨설턴트,
〈Architecting for Scale〉(O'Reilly Media, 2020)의 저자

클라우드로 마이그레이션하는 것이 사뭇 쉽게 보일 수 있다. 하지만 클라우드 마이그레이션의 방향성이 흔들리고 갈팡질팡하거나 완전히 실패하는 실수를 할 수 있다. 클라우드에서 성공하기 위한 능력을 해치는 흔한 실수가 두 개 있다. 바로 클라우드에 최적화하지 않은 것과 아키텍처 전략의 부재다.

실수 1: 클라우드에 최적화하지 않음

들어서 옮기기 마이그레이션lift-and-shift migration이라고 들어 본 적이 있는가? 애플리케이션을 아무 수정 없이 그대로 클라우드로 옮기기는 일반적으로 초보적 마이그레이션 전략이다. 클라우드로 이동하는 가장 쉬운 전략이지만 대부분의 경우, 단순한 들어서 옮기기 마이그레이션으로는 클라우드를 사용했을 때 기대되는 이점을 실현할 수 없다.

예를 들어 많은 사람이 클라우드로 옮기면 인프라 비용을 절약할 수 있다고 믿는다. 대부분의 조직에서는 비용이 절약되기도 하지만, 단순한 들어서 옮기기로 클라우드에 이동하면 오히려 이전보다 인프라 비용이 증가하는 경우도 있다.

그렇다면 왜 이러한 일이 일어날까? 대부분 클라우드 마이그레이션 전과 도중의 계획이 부적합하고 불완전하기 때문이다. 클라우드가 가져다주는 비용 절감의 효과는 필요에 따라 동적으로 자원을 할당하고 소비하며, 더 이상 필요가 없을 때는 할당된 자원을 해제할 수 있는 능력으로 얻을 수 있다. 이 강력한 능력으로 클라우드는 최대 부하를 처리하는 데 상당한 양의 예비 자원을 확보하지 않아도 애플리케이션의 스케일링 요구를 처리할 수 있다.

하지만 동적 자원 할당을 활용하려면 일반적으로 애플리케이션 아키텍처를 변경해야 한다. 때로는 간단한 변경만으로 되는 경우도 있지만, 복잡한 경우도 있다. 어떤 경우든 기초 수준의 들어서 옮기기 마이그레이션을 하고 필수적인 아키텍처 변경을 구현하지 않는다면 종국에는 온프레미스에서 했던 것과 동일하게 클라우드에서도 정적 프로세서로 애플리케이션을 구동할 수밖에 없다. 클라우드를 사용해서 얻는 확실한 비용 이점이 없어질 뿐 아니라 오히려 전체 비용이 증가한다. 이러한 클라우드는 정적 인프라 대체에 최적화되지 않아서 온프레미스에서 사용하는 것보다 상상할 수 없을 만큼 비싼 비용을 지불해야 할 수 있다.

클라우드로 적절히 최적화할 수 없다면 클라우드 마이그레이션 목표를 달성하지 못할 위험이 있다.

실수 2: 아키텍처 전략 부재

클라우드 마이그레이션을 위해서 애플리케이션이 준비되었다고 해도 상당한 기술적인 계획이 필요하다. 데이터 이전, 다운타임 관리, 마이그레이션 중 서비스 간 지연 시간 등은 여전히 다루어야 한다. 이러한 이슈들은 계획과 관리가 필요하다.

그래서 클라우드 마이그레이션을 수행하는 조직에는 계획과 관리를 위해서 **마이그레이션 아키텍트**라는 직책을 만들도록 추천한다. 이 역할을 수행하는 사람은 마이그레이션의 모든 기술적인 측면에 대한 의사 결정을 하는 단일 지점이 되어야 하고, 마이그레이션이 성공하는 데 필요한 계획과 재설계를 맡아야 한다. 대규모 마이그레이션에서 이 역할은 풀 타임으로 수행할 수 있고, 작은 규모의 마이그레이션에서는 전체 아키텍처 역할의 일부일 수 있다. 어쨌든 모든 기술적인 의사 결정 책임이 명확하게 정의된 단일 창구에서 수행되는 것이 굉장히 중요하다.

클라우드로 마이그레이션하는 것이 항상 쉬울 수는 없다. 하지만 그렇다고 꼭 고통스러워야 하는 것도 아니다. 이 두 가지 실수를 하지 않는 것이 클라우드 마이그레이션을 무사히 진행하고 모두의 기대를 충족할 수 있는 핵심이다.

27

클라우드 최적화 프로세스: 패턴과 안티 패턴

마이크 케비스(Mike Kavis)

딜로이트 컨설팅(Deloitte Consulting) 기술 및 클라우드 적용 부문 이사

나는 2013년부터 클라우드 도입 컨설팅을 해 왔다.[1] 당시에는 CEO와 이사진에 클라우드 컴퓨팅이 IT 리더의 성공으로 가는 길이 된다는 점을 내세워 설득해야 했다. 그나마 퍼블릭 클라우드 도입이 늘어나면서 기업들은 기존 소프트웨어를 배포하는 것보다 훨씬 빠르게 클라우드로 이동하거나 클라우드에서 새로운 워크로드를 만들고 있다. 여기에서 두 가지 공통적인 안티 패턴anti pattern이 생겨났다.

안티 패턴 1: 서부 개척 시대

오늘날 개발자, 비즈니스 조직, 제품 팀 모두 주문형 인프라에 접근할 수 있게 되었고, 이를 활용하여 제품을 더 빠르게 출시할 수 있게 되었다. 가

---

1 〈Accelerating Cloud Adoption: Optimizing the Enterprise for Speed and Agility〉(O'Reilly, 2021)에서 발췌했다.

이드라인이나 모범 사례가 없었기 때문에 개발 팀은 이전에 해 보지도 못한 것에 대한 책임을 떠맡아야 했다. 그러나 많은 기업이 체계적인 방법이나 여러 조직 간 협업을 통해 개발하기보다는 단순히 조직 일부에 클라우드와 관련한 의사 결정을 모두 맡겨 놓는다. 이것이 바로 무법 상태인 서부 개척 시대 접근법이다.

이러한 문제점 일부가 바로 비즈니스 조직 또는 제품 팀이 '바퀴를 재발명'[2]하게 한다는 것이다. 즉, 각 조직별로 입맛에 맞는 로깅, 모니터링, 보안 서드 파티 도구를 연구하고 구매하고 구현한다는 것이다. 각자 다른 방식으로 환경을 설계하고 보안을 강화한다. 이에 더해 몇몇은 아예 서로 완전히 다른 독자적인 프로세스의 CI/CD 툴 체인toolchain을 구현하게 된다. 이 때문에 도구, 공급 업체, 작업 흐름이 동일 조직 내에서 누더기처럼 되어 버린다.

기업은 그 어느 때보다 고객에게 가치를 제공할 수 있게 되었지만, 회복 탄력성이 떨어지는 제품을 제공하여 이전보다 더 자주 보안 및 거버넌스 위험에 노출되었다. 엄격함과 거버넌스의 부족으로 프로덕션 환경은 예측 불가능해지고 관리가 어려워졌다.

안티패턴 2: 지휘 통제

자유 분방한 서부 개척 시대 안티 패턴의 반대가 바로 군대 같은 하향식top-down 지휘 통제다. 이러한 기업에서는 관리자, 인프라, 보안과 거버넌스, 리스크, 컴플라이언스GRC 팀과 같은 조직들이 퍼블릭 클라우드 접근을 가로

---

2 [역주] 이전에 다른 사람들에 의해 만들어졌거나 최적화된 기초적인 방식을 단순 복제하는 것이다(출처: 위키피디아).

막는 것을 최우선으로 하는 것에 강력하게 동기 부여된다. 이러한 조직들은 굉장히 폐쇄적인 클라우드 서비스와 프로세스를 만들어 클라우드에서 소프트웨어를 개발하는 일을 매우 성가시게 한다. 이러한 프로세스는 종종 1년에 두세 번 정도만 소프트웨어를 배포하지 않는 서로 다른 팀에서 인프라 구성 물리 장비들을 관리하던 시대에 만들어진 수십 년은 더 된 낡은 것이다.

지휘 통제 방식은 클라우드의 가장 핵심 특성 중 하나인 민첩성agility을 망친다. 나는 가상 머신을 클라우드에 프로비저닝하는 데 6개월이나 걸리는 기업을 본 적도 있다. 단 5분이면 되는 일을 말이다. 그 원인은 바로 지휘 통제 조직이 클라우드 개발자가 데이터 센터 내에서 사용하던 것과 동일한 요청 및 승인 프로세스를 따르도록 강제했기 때문이다.

또한 기업이 전략과 정책 작업에 막대한 금액을 지출하고도 개발자 요구를 충족하지 못하는 사내 플랫폼을 구축하여 가치를 거의 창출하지 못한다. 더 심각한 것은 이 방식은 반군 조직인 '그림자 IT'를 양성하게 한다. 공식적인 채널로는 그들의 요구를 만족시키지 못하므로 일을 끝내기 위해서 독자적인 작은 IT 조직을 운영하기 시작한다.

안티 패턴 피하기

앞서 살펴본 안티 패턴을 통해 클라우드 운영에 집중하고 새로운 클라우드 운영 모델을 설계해야 한다는 인식이 높아졌다.

클라우드로 처음 마이그레이션할 때는 새로 생성된 가상 데이터 센터에 들어간 것이나 다름없다. 거기에는 그 어떤 프로세스도 정해지지 않았다. 바로 이때가 모든 프로세스를 처음부터 만들 수 있고 클라우드를 최적화할 유일한 기회이자 새로운 사고방식을 할 때다. 이를 올바르게 진행하는 데이보다 더 좋은 기회는 없을 것이다. 단지 기존 방식과 상식을 적용하려고 하지 마라. 기업이 원하는 보안 정책, 컴플라이언스 제어, 운영 요구 사항들은 여전히 유효하다. 여러분이 이러한 필요성을 충족하기 위해서 어떻게 변화해야 할지가 중요하다.

　오래 전에 만들어진 기존 프로세스가 클라우드에서 소프트웨어를 제공하는 최선의 방법이 아니라는 점을 인지하지 못한다면, 결국 제공하는 소프트웨어 성능이 저하될 가능성이 크다. 이러한 판단 오류는 클라우드로 마이그레이션하는 워크로드가 증가할수록 더욱 심화되어 위험성 노출, SLA 위반, 비용 과다 지출 등 치명적인 결과를 초래하게 된다. 따라서 데브옵스 중심으로 문화를 변화시켜 나가는 것이 좋은 프로세스를 만드는 시발점이 될 수 있다. 프로세스의 애로 사항 하나를 선택해서 클라우드로 최적화하라. 이 세상에 존재하는 그 어떤 기술도 나쁜 프로세스는 고칠 수 없다.

28

들어서 옮기기 모델이 대체로 실패하는 이유

마이크 실버맨(Mike Silverman)

FS-ISAC 전략 책임자

누군가가 온프레미스에 있는 워크로드를 클라우드 서비스 제공자CSP로 옮기자고 한다. "그건 굉장히 쉽습니다. 단지 들어서 옮기기만 하면 됩니다." 간단하지 않은가?

하지만 짧게 대답하면 아니다. CSP와 온프레미스 환경은 완전히 다르다. 이제 생각해 보자. 음, 당연히, CSP로 이동하고자 하는 이유가 온프레미스에서 제공할 수 없는 유연성, 회복 탄력성, 글로벌 수준 서비스, 경제 등 능력이나 기능을 원하기 때문이 아닌가? 이러한 것들이 CSP로 이동을 고려하기에 충분히 좋은 이유다(각각은 이 책 어딘가에서 다루겠다)! 하지만 CSP에서 워크로드를 운영하는 것과 온프레미스에서 하는 것을 비교하자면 서로 관리하는 방법이 사뭇 다르다.

로깅을 예로 들어서 생각해 보자. CSP에서 제공하는 출력이 온프레미스 하이퍼바이저(또는 관련 시스템)에서 얻는 것과 다를 수 있다. 로그를 섞을 수 있을까? 그럴 수 없을 것이다. 아마도 CSP의 이벤트를 기존 로그 형식에 매핑하고 동일한 로깅 인프라를 유지할 수도 있다. 가능하다면, CSP와 온프레미스에서 서로 다른 규칙과 자동화 또는 호출 라우팅을 (아마도) 사용할 수 있을까? 애플리케이션이 CSP와 온프레미스에서 다른 형식으로 이벤트를 출력할 필요가 있을까? 이 모든 것을 고려하고 개발하고 테스트하고 다듬어야 한다.

하지만 이 예제에서는 대체로 CSP가 내부의 로깅 시스템에 접근할 수 있다는 사실이 아닌 가정을 하고 있다. 로그들은 일반적으로 방화벽 뒤(대체로 바람직한 이유로)에 존재한다. 방화벽 뒤의 인프라와 CSP 간에 연결성이 있는가? 그렇다면 구축과 설정에 시간이 필요하다.

애플리케이션 자체만 놓고 보면 애플리케이션이 CSP에서만 동작할 것인지, 때로는 온프레미스와 함께 하이브리드 형식으로 동작할 필요가 있는지 확인해야 한다. 하이브리드 경우에는 어떤 주요 데이터베이스를 CSP와 온프레미스 사이에 반드시 공유해야 할지, CSP와 온프레미스 간에 어떤 연결성이 필요할지, 수용할 수 있는 지연 시간은 어느 정도일지 확인해야 한다. 또한 새로운 아키텍처의 테스트 방법이나 더 고려해야 할 시나리오가 있는지 생각해야 한다.

한편 온프레미스에서 CSP로 어떻게 애플리케이션을 이동할 것인지, 소스 코드나 패키지, 산출물을 어디에 저장할지를 생각해야 한다. 온프레미스의 경우에는 개발 환경을 CSP로 옮길 수 있을지 생각해 보아야 한다. 항상 쉽지는 않다. CSP에서 개발하거나 빌드하기 위해서 때로는 다른 설정이 필요할 수도 있다.

애플리케이션, 인프라, 데브옵스 팀 외에도 보안과 같은 고려 사항이 많이 남아 있다. 많은 데이터 센터에서는 침입 방지 시스템Intrusion Prevention System, IPS을 사용한다. 보안 팀에서 온프레미스와 동일한 규칙을 적용하고자 한다면 해당 조직이 제어 가능한 IPS를 CSP에서 운영해야 한다. 하지만 문제는 이러한 IPS는 OSI 모델의 2계층에 접근해야 하는데, 대부분의 CSP에서는 할 수 없다. 보안 (그리고 다른) 팀들은 특정한 도구에 의존하는 것을 줄일 필요가 있다. 원래 IPS가 막고자 하는 위험이 무엇인지 더 상위 수준에서 생각해 보고, CSP가 이러한 문제를 어떻게 해결하는지 살펴볼 필요가 있다.

궁극적으로 여러분 조직이 100% 통제할 수 없는 환경에서의 새로운 역할과 책임에 익숙해져야 한다. 사람들에게 CSP 통제를 포기하도록 요구하는 어려움을 과소평가하지 마라. CSP의 워크로드를 익숙한 수준으로 만들기 위해서는 신중한 계획, 연구, 테스트, 시간이 필요하다.

또한 통제권 또는 소유권의 부재가 주는 문제는 보안 팀에만 해당하지 않고 훨씬 더 광범위하다. 이전에는 규제 산업에 있는 심사관examiner이나 때로는 고객에게 서비스 환경을 감사audit할 권한이 있었다. 이러한 감사는 번거롭지만 서비스 환경을 완전히 통제할 수 있었기에 준수할 수 있었다. 하지만 CSP의 경우 일반적으로 감사 권한이 없다. 심사할 권한을 얻을 수 있지만, 이것은 근본적으로 감사와는 다르다. 고객과의 계약 변동을 의미하고, 클라우드 마이그레이션을 규제 기관에 승인받아야 한다(현재는 많은 경우 CSP 사용을 승인하고 있다).

온프레미스에서 CSP로 이전하려면 충분히 많이 생각하고 고려하고 조율해야 한다. CSP를 사용하려면 학습 곡선과 성숙도가 필요하다. 시간을 들여서 올바르게 시작하자.

나장

보안과
컴플라이언스

29

클라우드 네이티브 속도의 보안

크리스 쇼트(Chris Short)
레드햇(Red Hat) 수석 기술 마케팅 매니저

조직은 경쟁 우위를 확보하기 위해서 쿠버네티스와 같은 클라우드 네이티브 기술을 선택한다. 컨테이너, 서비스 메시, 서버리스 컴퓨팅은 개발자 생산성을 비약적으로 향상시키는 것을 목표로 한다. 하지만 이러한 기술을 사용하면 애플리케이션과 인프라의 공격 가능성이 높아진다. 우리는 반드시 클라우드 제공자 API, 개발자 도구, 애플리케이션을 보호해야 한다. 그나마 좋은 소식은 쿠버네티스 도구 및 데브옵스와 같은 개발 문화 변화를 이용할 수 있다는 것이다. 이를 통해 보안 기능을 향상하고 폭발 반경blast radius[1]을 줄이면서 개발자 생산성을 향상할 수 있다.

투쟁

오늘날에는 클라우드 인프라로 이동해서 적게 일하고 더 많은 일을 해내는

---

1 **역주** 폭탄이 터지는 반경처럼 장애가 영향을 미치는 범위를 의미한다.

것이 대다수 조직의 운영 방식이다. 보다 빠른 개선이 필요하기 때문에 그렇다. 에어비앤비Airbnb는 하루아침에 메리어트Marriott의 경쟁자가 되어 버렸다. 스퀘어Square[2]와 스트라이프Stripe[3]는 온라인 상거래 방식을 바꾸어 놓았다. 이제 시장 점유율을 걱정하지 않는 기존 업체가 있다는 것은 상상하기 어려워졌다.

사람들은 속도를 향상하기 위해서 클라우드 네이티브 도구를 찾아본다. 하지만 클라우드 네이티브 도구 생태계에는 기업들이 만들어 낸 다양한 도구가 있다. 클라우드 네이티브 컴퓨팅 재단Cloud Native Computing Foundation의 지형도[4]가 바로 이러한 사실을 말해 준다. 해당 지형도를 살펴보면 서비스 탐색, CI/CD, 스토리지 등 분류된 엄청나게 많은 도구가 있다.

┊ 속도 ┊

최근 산업 보고서[5]에 따르면 2018년과 2019년 사이에 '10초 이하로 동작하는 컨테이너 수가 22%로 2배 증가'했다고 한다. 이 사실이 와닿지 않는다면 해당 보고서의 23쪽부터 읽어 보자. 컨테이너의 73%는 30분 이하로 동작한다고 한다. 더 많은 기능을 제공받기 원하는 고객이 증가하면서 시장이 반응하고 있다. 고객은 이전보다 더 빨리 결과를 보고 싶어 한다. 우리도 더욱 많은 피드백을 원하고 있다. 빠른 프로토타이핑, 데브옵스, 사이트 신뢰성 엔지니어링SRE과 함께 다른 사례들이 우리를 여기까지 이끌었다.

2　역주 https://squareup.com/

3　역주 https://stripe.com/

4　역주 https://landscape.cncf.io/

5　https://sysdig.com/blog/sysdig-2019-container-usage-report/

지속적인 보안

지속적인 보안은 여러분의 파이프라인 일부가 되어야 한다. 소프트웨어 보안을 빠르게 강화하려면 자동화된 프로세스가 필요하다. 모두가 마지막 수단으로 생각하는 것이 제품 출시를 미루는 일이다. 보안 점검은 제한된 범위 내에서 반드시 반복되어야 한다. 마지막 순간에 보안 팀이 나타나서 제품 출시를 가로막는 일은 이제 없어야 한다. 지속적인 보안의 의미는 보안이 게이트가 되는 것이 아니라 프로세스 IDPID가 되어야 한다는 것이다. 많은 PID가 파이프라인과 생명 주기 내에 있는 것이 좋다.

플랫폼 보안

폭발 반경을 줄이는 플랫폼 보안은 클라우드 네이티브 보안 핵심 중 하나다. 쿠버네티스가 이 중심에 있지만, 그렇다고 쿠버네티스 보안을 위한 은제 탄환silver bullet은 존재하지 않는다. 쿠버네티스의 보안 도구는 파드 수준까지 계층화된 접근 방식을 취한다. 쿠버네티스 배포판은 역할 기반 접근 제어Role-Based Access Control, RBAC, 식별 및 접근 관리IAM, 로깅, 감사 외 많은 도구를 탑재하고 있다. 훌륭한 플랫폼 보안은 쿠버네티스와 리눅스의 다음 기능들을 사용하기도 한다.

보안 강화 리눅스

미국 국가안전보장국National, Security Agency, NSA이 정부 시스템에서 사용할 리눅스의 보안을 위해서 2000년대 초반에 개발했다. SELinux는 쿠버네티스의 업스트림 취약점을 방어하는 데 필수적인 도구가 되었다.

보안 컴퓨팅 모드

커널 보안 기능으로, 컨테이너에서 커널로 호출하는 시스템 콜을 필터링한다. 컨테이너가 미리 정의된 목록에 없는 시스템 콜을 수행하지 못하도록 막는다.

제어 그룹

제어 그룹은 CPU, 메모리, 디스크, I/O 등 시스템 자원 사용량을 관리한다.

보안 정책

정책은 비즈니스 요구 사항을 코드화할 수 있고 클러스터 전체에 적용할 수 있다.

보안 기능은 아니지만 **네임스페이스**namespace는 사용자 간에 클러스터 자원을 구분해 주어서 폭발 반경을 줄인다.

실무자는 보안 환경이 끊임없이 변한다는 사실을 잊어서는 안 된다. 따라서 오픈 웹 애플리케이션 보안 프로젝트Open Web Application Security Project, OWASP의 10대 취약점을 항상 주지하고 있어야 한다. 배포하기 전 코드에 정적 분석 도구와 의존성 탐지 도구를 사용하는 것을 추천한다. 보안 수준은 신뢰하는 저장소에서 제공하는 인증된 베이스 이미지를 사용하는 것만으로도 향상시킬 수 있다.

속도는 우리를 더 안전하게 한다

안정성은 더 이상 느리거나 방법론적이거나 체크리스트 기반이어서는 안된다. 데브옵스와 같은 개념들이 소프트웨어에서 가정하고 있는 안정성에 이의를 제기하고, 보안과 안정성 기능을 자동화하여 더 많은 장점을 얻을 수 있음을 시사한다. 보안 자동화는 소프트웨어 개발 팀과 동일한 속도로 운영할 수 있게 한다. 조직은 시스템의 회복 탄력성을 시험할 수 있고 기능 출시 과정의 일부로 보안을 지속적으로 강화할 수 있다. 그 결과로 다운타임이 줄어들고 장애가 발생한 후 평균 복구 시간이 단축되며 고객에게 빠르게 기능을 제공할 수 있다.

30

현대 클라우드 거버넌스 정수

드렉 마틴(Derek Martin)
마이크로소프트 패턴 및 사례 그룹 수석 프로그램 매니저

클라우드에서 거버넌스 구조를 개발할 때 고려해야 할 네 가지 핵심 요소가 있다. 이러한 요소를 해결하지 못하면 되돌리기 어려운 다양한 고통을 종종 경험하게 된다. 그 네 가지 핵심 요소는 다음과 같다.

- 구독(subscription) 여부
- 네트워크 우선
- 보안이 핵심
- 자동화는 필수

구독 여부

애저Azure의 자원 기본 단위는 바로 구독이다. 얼마나 많은 구독이 필요한 가? 우선 세 개부터 시작하자. 그리고 다음 조건에 맞추어서 그 이상으로 늘려 가자.

- 구독 총량이 소모됨

- 애저 자원의 취득과 소유권(단순한 관리가 아님)이 여러 지역적, 정치적, 법제적 관할 구역에서 행해질 때

- 애저에 배포되는 '것'이 기업의 '제품 판매 비용'의 일부인 경우

이 조건은 대부분의 기업에 적용할 수 있다. 첫 번째 구독은 단순한 읽기 권한 외에는 상시 보안 접근이 없는(CI/CD를 위한 경우는 제외) 프로덕션이다. 두 번째는 비프로덕션이다. 여기에서는 서로 연결된 비프로덕션 티어(개발, 테스트, 통합, 스테이지, 프리 프로덕션[1])가 존재하며, 각 티어 단계가 프로덕션에 가까워질수록 보안 항목이 증가한다. 세 번째는 허브hub다. 여기에는 핵심 네트워킹[2], 익스프레스라우트ExpressRoute [3] 서킷 등이 있고 엄격하게 제한된다. 비주얼 스튜디오Visual Studio 구독은 개발자와 IT 전문가에게 학습 및 실습해 볼 수 있는 플레이그라운드 기반 업무를 할 수 있게 한다. 이곳에서부터 데이터 유출을 방지하기 위해서 엄격한 정책 적용이 되어야 한다. 개발자나 IT 전문가가 만들어 낸 것을 다른 것과 통합하려면 그 결과를 관리되고 있는 비프로덕션 구독으로 옮겨야 한다.

네트워크 우선

안정된 네트워크 토폴로지 없이는 클라우드를 관리할 수 없다. 아무리 많은 서버리스나 PaaS화한 환경이 있다고 해도 적절한 네트워킹 디자인, 운

---

1 역주 일반적으로 사용하는 단계별 개발 환경이다. 참고: https://en.wikipedia.org/wiki/Deployment_environment

2 역주 https://docs.microsoft.com/en-us/azure/networking/fundamentals/networking-overview

3 역주 https://azure.microsoft.com/ko-kr/services/expressroute/

영, 제어 필요성을 없앨 수는 없다. 서버리스나 PaaS화된 디자인은 애플리케이션을 안전하게 운영하고 장애 조치하고 데이터 유실을 피하도록 해 준다. 하지만 네트워크 자체를 무시하는 것은 아주 절망적이고 큰 실수다. 허브 앤 스포크hub-and-spoke 라우팅[4]을 사용하거나 모든 트래픽을 기록할 필요는 없다. 강제 터널링tunneling보다 현대적인 네트워크 보안과 침입/침해intrusion/breach 방지에 적합한 다른 솔루션이 있다. 바로 애저 보안 센터Azure Security Center[5], 애저 모니터Azure Monitor[6], 애저 어드바이저Azure Advisor[7]다. 각 솔루션은 작동하는 방식에 따라 현재 클라우드 환경에서 일어나고 있는 일에 대해 실시간으로 자세한 정보를 제공한다.

보안이 핵심

최소한의 특권 접근과 정기적인 계정 검사를 구현하는 것이 중요하다. RBAC은 이론적으로 자원 그룹 수준에서 자동 적용되어 프로덕션에 평소 접근하지 못하게 한다. 그래서 원치 않는 접근으로 생길 수 있는 문제를 방지한다. 모든 부분에 '침해가 있다고 가정'한 기조를 바탕으로 데이터 보호에 가장 신경 써야 할 곳, 즉 소스 시스템부터 적용해야 한다. 구독 수준의 접근은 자동화 계정, 비상break-glass 계정, 감사 솔루션(읽기 전용)에서 제한되어야 한다. 특권 관리 및 민감한 작업을 위한 다중 인증MultiFactor

---

4 **역주** 항공 및 물류에서 유래한 개념이다. 자동차 바퀴처럼 모든 데이터가 중심(허브)에 모여서 허브에 연결된 각 지점(스포크)으로 이동하는 형태의 라우팅을 의미한다.

5 **역주** 마이크로소프트 클라우드용 디펜더(defender for cloud)라는 이름으로 변경되었다. 참고: https://docs.microsoft.com/en-us/azure/defender-for-cloud/defender-for-cloud-introduction

6 **역주** https://docs.microsoft.com/ko-kr/azure/azure-monitor/overview

7 **역주** https://docs.microsoft.com/ko-kr/azure/advisor/advisor-overview

Authentication, MFA은 기본이어야 한다. 포털이나 CLI로 '보는 행위'에 대한 필요성은 프로덕션에 가까워질수록 없어야 한다. 예를 들어 SQL 관리자가 SQL 서버가 있는 자원 그룹에 대한 모든 권한이 반드시 필요하다는 것은 사실이 아니다. 아마도 SQL 관리자들은 단순히 읽기 권한만 필요하거나 생성된 로그 외에는 권한이 필요 없을 수도 있다. **절대로** 자동화 없이 프로덕션을 변경해서는 안 된다. 그렇지 않으면 장애 복구 전략은 소용이 없어진다.

자동화는 필수

포털을 통해서는 클라우드를 효과적으로 다룰 수 없다. 자동화 없이는 효율적으로 통제하거나 안전하게 클라우드를 다룰 수 없다. 클라우드에는 굉장히 많은 구동부가 있고 실수할 만한 곳이 많고 누르고 싶게 생긴 버튼이 너무나도 많다. 개발 환경에서부터 시작해 보자. 조직은 포털 접근 권한으로 애플리케이션뿐만 아니라 **인프라와 설정도** 자동화하는 자동화 스크립트를 만들어야 한다. 프로덕션에 가까워질수록 각 단계마다 권한은 줄어들어 마지막에는 출력되는 로그에 대한 접근 외에는 어떤 권한도 없어야 한다. 이 마지막 단계가 아주 **어렵고** 지속적으로 수행해야 하는 과업이다. 자동화에서 벗어나려는 이유는 항상 존재할 것이다. 하지만 자동화를 가로막는 원인을 CI/CD 파이프라인으로 백포팅backport해서 여러분 환경의 개발, 모니터링, 복구를 자동화해야 한다.

31

시크릿이 보관되는 장소와 그 방법 알기

임마뉴엘 아푸(Emmanuel Apau)

메카닉코드닷아이오(Mechanicode.io) CTO 및
블랙 코드 콜렉티브(Black Code Collective) 공동 창업자

클라우드 엔지니어에게 주어질 비즈니스의 첫 번째 요구는 시크릿secret이 어디에 저장되고 어떻게 보안되는지를 확실하게 이해하는 것이다. 이를 통해 보안을 기반으로 하는 환경을 구축할 수 있는 바탕이 되고, 미래에 일어날 수 있는 사고를 미연에 방지할 수 있다.

당연한 질문에 대한 답을 해 보자. **시크릿**이란 무엇인가? 시크릿은 조직이 보유한 민감 데이터다. 예를 들어 비밀번호, 인증서, 애플리케이션 크리덴셜credential, API 키와 같은 것들이다. 시크릿은 사용자와 인프라/애플리케이션의 두 가지 버킷으로 분류하며, 각각 다른 관리 작업 흐름이 필요하다.

그렇다면 시크릿 관리란 무엇인가? **시크릿 관리**secret management란 이러한 민감한 정보를 보호하기 위해서 사용하는 중앙 집중 메커니즘이다. 관리 방법론을 결정할 때 고려해야 할 세 가지 작업 흐름이 있다.

인프라와 애플리케이션 간에 시크릿을 어떻게 공유하는가?

클라우드 서비스와 마이크로서비스가 기하급수적으로 성장하면서 서로 안전하게 통신할 수 있도록 해야 할 필요가 생겼다. 클라우드 제공자는 대부분 이러한 문제를 다루기 위한 방법을 제공한다. 하지만 엔지니어는 SaaS가 제공하는 옵션을 조직 규범에 맞추어 설정해야 할 책임이 있다. 사내 웹 애플리케이션, 명령어 행 도구, CI 도중에 행해지는 검사 등이 가능하고 다음을 다루어야 한다.

- (개발, 스테이징, 프로덕션 또는 글로벌)을 위한 시크릿 환경
- 시크릿 이름
- 시크릿 설명
- 시크릿 순환 필요성 및 주기
- 시크릿 유지 시간(Time-To-Live, TTL) 여부

TTL은 일반적으로 장애가 발생할 때의 롤백을 고려하면 순환 시간의 2배다.

환경	이름	설명	순환 TTL	만료 TTL
프로덕션	mysql_user	MySQL 관리자 사용자	60일	120일

시크릿을 어떻게 감시할 것인가?

클라우드 엔지니어는 변화 관리가 어떻게 시크릿에 적용되는지 이해해야 한다.

▼ 시크릿 적용하기

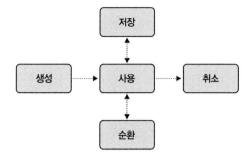

시크릿은 생명 주기를 지나는 동안 다양한 이벤트를 일으킨다. 이러한 이벤트들은 다음 변화를 일으키는 사용자 및 애플리케이션을 다룰 수 있어야 한다.

- 생성 일자
- 수정 일자
- 만료 일자
- 버전 숫자

일부 버전 단계가 보전되어야 한다. 그렇게 되면 장애가 발생한 경우 이전 상태로 롤백이 가능하다.

이벤트 생명 주기를 후킹hooking[1]하는 것은 시크릿 만료와 같은 치명적인 이벤트를 지속적으로 주지하는 데 필수적이다. 이러한 알림은 팀원들의 잠 못 이루는 나날을 줄여 주고 관련 시스템에 대한 소유권을 더욱 많이 쥐어 준다.

---

1 역주 운영 체제나 응용 소프트웨어 등 각종 컴퓨터 프로그램에서 소프트웨어 구성 요소 간에 발생하는 함수 호출, 메시지, 이벤트 등을 중간에서 바꾸거나 가로채는 명령, 방법, 기술이나 행위를 의미한다.

사용자 내에서 시크릿을 공유하는 방법은 무엇인가?

사용자 내에서 시크릿을 공유하는 것은 단순한 개념이지만 사람이 개입해야 할 많은 보안 문제를 야기한다. 시크릿을 공유하기 위해서 이메일, 메시징 서비스, 소스 코드에 하드코딩하기 등 지름길을 사용한다면 무수한 원치 않는 보안 누출이 발생한다.

데이터를 바로 암호화해서 보안 전송을 보장하는 솔루션을 찾고 싶을 수도 있다. 이미 많은 SaaS 옵션이 이러한 문제를 해결할 수 있게 돕고 있다. 하지만 SaaS를 고려하고 있지 않다면 주요 공유 비밀번호로 접근할 수 있는 팀 드라이브에 시크릿을 저장하는 패스워드 관리자를 사용할 수도 있다.

이러한 사용자 작업 흐름은 자동화할 수 없는 것 중 하나이며, 관련 내용 문서화가 조직의 우선순위여야 한다. 또한 이 내용을 온보딩 절차 및 보안 훈련에 포함해야 한다.

모범 사례

이제 클라우드 엔지니어로서 의무를 알게 되었다. 조직에서 사용하기로 결정한 시크릿 저장소에 대한 다음 몇 가지 사항을 고려해야 한다.

보안 키 순환

조직의 민감 정보를 보호하는 데 사용하는 암호화 키는 보안 강화를 위해서 주기적으로 변경해야 한다.

식별 관리

조직 내 누가 시크릿을 관리할 수 있고 또 그 수준은 어떤지 결정해야 한다.

암호화 보장

시크릿 데이터는 처음부터 API를 통해 요청하고 응답받는 동안에도 암호화되어 있어야 한다.

32

프로덕션에
SSH하지 말기

페르난도 듀란(Fernando Duran)

키라 시스템즈(Kira Systems) 데브옵스 팀 리드

서버 시스템 관리자의 반복되는 작업은 코드와 소프트웨어를 통한 자동화와 서비스로 처리되어야 한다. 반복되는 유지 보수 작업을 수작업으로 하기위해서 시스템 콘솔에 로그인하지 않는 사실이 조직의 기술 역량이 얼마나성숙한지 보여 주는 척도일 수 있다.

SSH로 중요한 서버에 로그인하는 경우, 누가 서버에 접근하는지 무엇을하는지 반드시 감사해야 한다. SSH를 통해 서버에 접근하는 것이 표준 정책이 되어야 하며 SSH 포워딩SSH forwarding 및 터널링의 경우를 고려하면감사가 복잡해질 수 있다.

작업을 서버에 로그인해서 실행하기 이전에 다음 질문을 테스트로 해야한다.

- 개발/QA/테스트 환경에서 처음 실행되는 작업인가?
- 일회성 작업(반대로 반복 작업 또는 요청에 따른 작업)인가?

만약 이 두 질문에 대한 대답이 모두 '아니요'라면 작업 흐름을 다시 고려

하고 SSH를 이용하는 작업을 자동화하는 방법에 대해 다시 생각해 보아야 한다.

클라우드 엔지니어가 서버에 로그인하고자 하는 일부 공통된 이유에 대해 살펴보자.

- 애플리케이션이나 컨테이너, 운영 체제의 로그를 확인하기 위해서다. 그런데 이것은 이미 해결된 문제다. 엘라스틱서치(Elasticsearch), 플루엔트디(Fluentd), 키바나(Kibana)나 클라우드의 서드 파티 로깅 서비스와 같은 도구를 사용하여 로그 취합(log aggregation), 검색, 시각화, 적절한 생명 주기와 백업을 제공하는 영구 저장 능력을 이용할 수 있다.

- 모니터링 관점에서 서버 CPU, RAM, 디스크 사용량과 같은 서버 텔레메트리 또는 애플리케이션 성능 지표를 노출하여 보고 싶을 수 있다. 하지만 이 역시도 해결된 문제다. 우리의 입맛에 맞는 무수한 상용 및 오픈 소스 도구가 있다.

- 설정 변경, 운영 체제 패치, 소프트웨어 설치 및 업그레이드 관리, 백업 및 복원 수행 등은 시스템의 일상적인 변경을 위해서다. 이 모든 변경은 이상적으로 코드형 인프라를 사용해서 수행해야 한다. 인프라를 코드(버전이 보관되어야 함)로 정의하고 변경 사항을 코드로 작성한다. 작업 흐름, 철학, 도구에 따라서 설정 관리 도구를 사용할 수도 있고, 서버 이미지를 다시 생성할 수도 있다. 또한 익숙한 프로그래밍 언어를 선택해서 클라우드 공급자의 소프트웨어 개발 도구(Software Development Kit, SDK)나 API의 장점을 활용할 수도 있다.

- 테스트하라. 프로덕션에서 '테스트를 하는' 것은 애플리케이션이 실제로 어떻게 동작하는지 보기 위해서 필요할 수 있다. 가짜 데이터로는 좀처럼 진짜같이 동작하지 않는다. 또 리포팅 서버에서는 할 수 없는 쿼리를 수행할 필요도 있다. 이러한 테스트들이 유효한 작업임에도 여전히 애드혹 수동 운영을 해서는 안 된다. 그리고 이러한 수동 운용을 코드와 시스템으로 대체한다면 보다 적은 위험으로 운영할 수 있다.

- "제 서버는 스노 플레이크(snowflake)[1]여서 지속적인 TLC가 필요합니다." 분명 문제가 있

---

1 **역주** 눈은 멀리서 보기에는 모두 동일한 모양처럼 보이지만, 눈 결정을 자세히 들여다보면 제각각 모양이 다르다. 서버도 이와 같이 동일한 역할을 하지만, 여러 이유로 설정이나 구성이 달라진 것을 의미한다.

다. '케틀(cattle) 대 펫(pet)[2]'이라는 개념을 살펴보자.

- "이 서버에서 어떤 것이 동작하고 있는지 또는 어떤 것이 동작해야 하는지 모릅니다." 이것은 반드시 해결해야 할 엄청나게 큰 문제다.

클라우드에서 동작하고 있는 애플리케이션의 일부 프로덕션 서버에 SSH로 접근해야 할 이유가 극히 드물지만 있다. 문제를 해결하는 과정 도중에 로그나 메트릭 서버를 통해 획득한 정보가 문제 원인을 파악하기에 충분하지 않는 경우, 서버에 로그인해서 직접 수치를 확인할 필요가 있다. 예를 들어 로그나 메트릭을 서버에서 수집할 수 없었거나 '이 호스트는 다른 호스트와 통신할 수 없는 상태로 보임'과 같은 유형의 네트워크 문제가 있어 연결성을 검증하고 싶을 수도 있다. 또한 아주 어려운 리눅스 커널 문제가 있거나 로그나 기타 간접적인 정보로는 판단할 수 없는 이상한 현상을 겪을 수도 있다. 팀에 새로운 사람이 합류했을 때 기존 시스템에 대한 설명을 하거나 학습을 위해서 서버에 SSH로 접근할 수도 있다.

어떤 경우든지 서버에 로그인하려는 순간이 온다면 잠시 멈추고 생각해 보자.

"서버에 수동으로 접근하지 않고도 이 작업을 수행할 수 있는 방법은 무엇일까?"

---

2 **역주** 가축이라는 개념은 특정한 목적을 위해 동일한 개체를 다수 사육하는 것처럼 서버를 관리하는 것을 의미한다. 따라서 개별 서버 자체를 관리하기보다는 장애나 문제가 발생했을 때 언제든지 새로운 서버로 대체할 수 있다. 펫이라는 개념은 그 반대로 반려 동물을 키우는 것처럼 서버 하나하나가 동작하는 방식이 지속적으로 유지되도록 관리하는 것을 의미한다.

33

클라우드 컴퓨팅의 식별 및 접근 관리

이수루 J. 라나와카(Isuru J. Ranawaka)
시니어 풀스택 클라우드 개발자

클라우드 컴퓨팅은 고객의 다양한 요청에 따라 공유 네트워크, 컴퓨팅 네트워크, 메모리, 스토리지를 동시에 제공한다. 공유 자원에 동시 접근하게 되면 보안에 허점이 생기고 클라우드 자원에서 운영 중인 서비스가 위험에 노출되는 일이 증가한다. 따라서 **식별 및 접근 관리**IAM는 클라우드 컴퓨팅에서 필수 요구 사항이다. 클라우드 엔지니어는 피싱phishing 공격, 서비스 부인service-of-denial 공격, 중간자man-in-the-middle 공격과 같은 위협을 막기 위해서 낡은 방식과는 다른 강력한 애플리케이션 수준 보안 및 네트워크 수준 보안을 적용해야 한다. 여기에서는 클라우드 컴퓨팅에서 널리 사용하는 IAM 패턴에 대해 알아본다.

클라우드 기반 클러스터는 기본적으로 퍼블릭 클라우드, 프라이빗 클라우드, 하이브리드 클라우드로 구분된다. **퍼블릭 클라우드**는 퍼블릭 인터넷을 통해 서드 파티 업체들이 제공하며 어떤 조직이든지 사용할 수 있다. **프라이빗 클라우드**는 퍼블릭 클라우드부터 격리되어 있고, 보다 안전한 사설 네트워크에서 운영된다. **하이브리드 클라우드**는 프라이빗과 퍼블릭 클라우드가 결합된 형태다. 더 자세하게는 클라우드 기반 클러스터는 서비스형 인프라 IaaS, 서비스형 플랫폼PaaS, 서비스형 소프트웨어SaaS 서버리스와 같이 서로 다른 모델로도 제공된다.

오늘날 아주 다양한 자유 또는 상업 애플리케이션이 IaaS, PaaS, SaaS, 서버리스 모델을 사용하고 있다. 예를 들어 사이언스 게이트웨이Science Gateway[1]는 연구자 커뮤니티가 쉽게 그들의 연구를 고성능 컴퓨팅High-Performance Computing, HPC 시스템에서 관리하고 실험할 수 있도록 개발되었다. 이 게이트웨이는 사용자를 대신해서 실험을 관리해 주는 부분과 HPC와 연결하는 미들웨어에 통합되어 있다. 멀티테넌트multitenant 미들웨어는 HPC 자원을 최종 사용자가 원활하게 접근할 수 있어야 한다. HPC 클러스터는 대체로 굉장히 높은 보안 권한이 있는 프라이빗 클라우드에 배치된다. 따라서 HPC 자원에 접근하기 위해서는 특정한 SSH 키, 인증서, 패스워드 크리덴셜이 필요하다. 그러므로 크리덴셜 관리, 인증 및 인가, 자원 공유, 접근 제어는 반드시 필요하다.

온라인 쇼핑 및 데이터 분석 애플리케이션과 같은 판매 지원 애플리케이션을 개발하기 위한 API가 노출된 애플리케이션 개발 플랫폼을 생각해 보자. 이 플랫폼은 세일즈포스Salesforce, 쇼피파이Shopify, 구글, 페이스북 서비스에 접근해야 한다. 최종 사용자는 플랫폼에서 계정을 생성하며, 그 아래에 있는 클라우드 서비스를 전혀 인지하지 않는다. 그러므로 멀티테넌트 미들웨어는 클라우드 서비스, 접근 크리덴셜 관리, 클라우드 서비스를 위한 API 인증을 성공적으로 조정orchestrate할 수 있어야 한다.

---

1 **역주** 웹을 통해 다양한 과학 분야의 정보를 제공하는 서비스를 의미한다.

앞서 언급한 사용 사례와 널리 사용되는 산업계 사례를 통해 IAM의 기본 요소가 ID와 그룹, 관계, 인증, 자격entitlement이라는 것을 확인할 수 있다. 사용자 계정, 그룹, 요청, 속성, 역할은 모두 ID와 그룹으로 통합된다. 관계 relationship는 ID, 그룹, 속성, 역할 간에 의존성을 나타낸다. 크리덴셜은 사용자와 자원의 접근 키를 나타낸다. 자격은 사용자, 그룹, 크리덴셜, 관계의 접근 정책을 의미한다. 역할 기반 접근 제어, 그룹 기반 접근 제어, 속성 기반 접근 제어, 정책 기반 접근 제어는 접근 제어 원칙으로 널리 사용되고 있다.

IAM 패턴들은 앞서 언급한 IAM 요소를 기반으로 구현된다. 위임 식별 관리Delegated Identity Management, DIM, 페더레이션 식별 관리Federated Identity Management, FIM, 공유 및 동기화는 가장 널리 알려진 IAM 패턴이다. DIM 패턴은 외부 식별 제공자IdP와 연결된 식별 중계자identity broker를 써서 식별 관리 즉시Just-In-Time, JIT 제공의 책임을 지운다. FIM을 이용하면 서로 다른 도메인을 신뢰해서 애플리케이션에서 서로 다른 도메인에 있는 서비스를 단일 사용자 ID로 사용할 수 있다. 식별 연합은 **인바운드 ID 페더레이션** 및 **아웃바운드 ID 페더레이션**으로 구분된다. 인바운드 ID 페더레이션은 외부 사용자가 내부 서비스를 사용할 수 있게 하며, 아웃바운드 ID 페더레이션은 그 반대로 내부 사용자가 외부 애플리케이션을 사용할 수 있게 한다. 공유를 통해 서비스와 애플리케이션을 위한 IAM 요소를 공통으로 사용할 수 있다. 하지만 공유는 사용자 저장소와 애플리케이션이 각각 다른 도메인에 존재하는 경우 사용하는 데 제약이 있을 수 있다. 동기화는 서로 다른 서비스 내 데이터 저장소 및 애플리케이션 저장소를 복제하는 경우에 사용한다.

수많은 기술과 프로토콜은 앞서 언급한 IAM 패턴을 구현하기 위해서 사용된다. OAuth 2.0은 인가를 위한 산업 표준 프로토콜이다. OAuth 2.0

은 클라이언트 개발 및 ID 서버 통합을 단순하게 만든다. OAuth 2.0은 스코프scope, 그랜트grant 유형, 클라이언트 유형과 같은 요소를 기반으로 한다. 스코프는 애플리케이션을 위해서 사용자 ID 접근을 제한한다. 그랜트 유형은 OAuth의 사용자 인증 흐름이다. 널리 사용되는 그랜트 유형에는 인가 코드, 클라이언트 크리덴셜, 리소스 소유자 패스워드, 갱신 토큰refresh token이 있다. 오픈ID 인증OpenID Authentication 2.0은 IdP로부터 확인된 ID를 획득할 수 있는 대상에 의존하는 인증 페더레이션 프로토콜이다. 오픈ID 커넥트OpenID Connect는 OAuth 2.0의 확장으로 클라이언트에서 사용자 계정의 속성을 클레임을 통해 가져온다. 도메인 간 식별 관리 시스템System for Cross-domain Identity Management, SCIM 프로토콜로 서로 다른 도메인에 존재하는 사용자 저장소를 동기화한다.

IAM 요소 및 패턴을 사용하는 통합 프로토콜과 수많은 IAM 클라우드 솔루션이 개발되고 다양한 서비스와 애플리케이션에서 사용된다. 싱글 사인온Single Sign-On, SSO, 로그인 공유, 서비스 계정, 다중 인증, ID 링크는 보안 업체가 제공하는 가장 널리 알려진 식별 솔루션이다.

34

클라우드 환경이
온프레미스에 있는 것처럼 다루자

이야나 게리(Iyana Garry)
클라우드 침해 테스터

'클라우드는 남의 컴퓨터일 뿐'이라는 말이 있다.

하지만 민감한 정보나 사용자 크리덴셜을 클라우드 환경에 저장한다면 그 환경을 단지 남의 컴퓨터일 뿐이라고 취급할 수 있을까? 클라우드 엔지니어는 클라우드의 데이터를 관리해야 하지만, 데이터가 보호되지 않는다면 어떤 일이 일어날까?

보안 연구 업체 프루프포인트Proofpoint의 2019년도 조사에 따르면 포춘 500Fortune 500 기업이 소유한 클라우드 계정의 92%가 공격을 받았다고 한다. 이러한 공격은 기업들이 시간을 들여 클라우드 환경을 온프레미스에서 사용하는 것처럼 보안을 강화했다면 피할 수도 있었다.

클라우드를 안전하게 관리하기 위해서 취해야 할 예방 대책은 다음과 같다.

- 클라우드 인프라를 구성할 때 가장 첫 번째 방어선 중 하나가 바로 미사용 및 전송 중인 데이터를 암호화하는 것이다. HTTPS와 SSH 트래픽을 활성화하려면 SSL/TLS 인증서와 사

용자 크리덴셜을 반드시 생성해야 한다. 더불어 해당 트래픽에 대한 인바운드 규칙이 방화벽에 설정되어야 하며, 각 클라우드 서버는 고유한 사용 크리덴셜 집합이 있어야 한다.

- 클라우드 계정 크리덴셜이 어떤 소프트웨어에도 하드코딩되어 있지 않아야 한다. 공개 및 사설 버전 형상 관리 저장소에서도 마찬가지다. 또한 사용자 크리덴셜은 주기적으로 변경해야 한다. 클라우드 플랫폼에서 크리덴셜을 중앙에서 저장하고 주기적으로 변경하는 키 관리 서비스를 제공한다.

- 각 네트워크 서비스(웹 서버, 데이터베이스 서버, 이메일 서버 등)는 개별 인스턴스에서 동작해야 한다. 이로써 공격자가 모든 자원에 접근하는 것을 어렵게 만든다.

- 부담스럽기도 하겠지만, 로그인할 때마다 이중 인증(Two-Factor Authentication, 2FA)을 사용하자. 공격자가 여러분의 모바일 장치에 접근하지 않는 한 클라우드 계정이 탈취 당하는 것을 막을 수 있다.

- 서비스의 기본 설정 파일과 포트 넘버를 변경하라. 기본 설정을 사용하고 있다면 위험에 노출되어 있을 수 있다. 공격자는 사용자 크리덴셜을 탈취하기 위해서 어디를 살펴보면 되는지 아주 잘 알고 있기 때문이다. 공격자가 이를 찾을 수 없게 /var/www/html 디렉터리[1]를 비워 두어라.

- 플랫폼에서 제공하는 모니터링 및 로깅 서비스를 사용해서 의심스런 활동이나 트래픽이 감지되었을 경우에 알림을 받도록 하자. 그리고 할 수 있는 한 많은 자산. 예를 들어 서버, 클라우드 가상 사설 네트워크(VPN), 파일 저장소 시스템 등의 로그를 남기자. 클라우드가 공격받았을 때 로깅으로 어떤 자원이 공격받았는지 찾을 수 있다.

- 보안과 관련이 없어 보이지만 자원 가용량을 확보하는 것이 보안 관행이다. 공격자는 여러분의 클라우드 환경 탈취를 목표로 하지 않고 분산된 서비스 부인(DDoS) 공격으로 트래픽을 쏟아부어서 정상적인 트래픽이 웹 서버에 도달하지 못하게 한다. 로드밸런서와 웹 애플리케이션 방화벽(WAF)을 구성하는 것이 이러한 공격을 예방하는 데 도움이 된다.

- 마지막으로 클라우드 자산을 주기적으로 백업하자. 공격자가 계정을 탈취하여 모든 데이터를 삭제(또는 아마도 더 나쁜 상황은 여러분 또는 조직 내 누군가가 실수로 모든 데이터를

---

1 역주 기본으로 설정된 웹 서버에서 로딩하는 페이지 파일이 위치하는 디렉터리를 의미한다.

삭제)한 경우에도 모든 것을 복구할 복제본이 필요하다. 백업을 이동식 미디어나 플랫폼에서 제공하는 서비스에 저장할 수 있다면 사용하자. 이 단계가 데이터 보안의 중요한 부분이다.

물론 이 조언을 전혀 따르지 않을 수도 있다. 그렇다면 여러분은 나와 같은 클라우드 침투 테스터의 작업을 더욱 쉽게 만들어 주는 셈이다. :)

35

신원을 올바르게 확인하지 않으면 정보 보안 권한을 획득할 수 없다

사라 체커티(Sarah Cecchetti)
AWS 아이덴디티 수석 제품 관리자 및 아이디프로(IDPro) 공동 창업자

보안은 모든 클라우드 엔지니어의 기본Job Zero이다. 클라우드 환경을 사용하고 있다는 것을 잊지 말아야 한다. 클라우드에서는 서로의 데이터에 접근하거나 변경하지 말아야 하는 여러 테넌트를 위해서 구축한다. 모든 권한은 모든 경우에 완벽해야 한다. 정보 보안의 하위 분야에서 사람과 권한을 다루는 것을 신원 및 접근 관리라고 한다. 그리고 아주 매력적인 분야다.

사용자 정보를 저장하는 곳을 **디렉터리** 또는 **ID 저장소**라고 한다. 기존 사용자가 없는 경우 새로운 사용자 정보는 애플리케이션에 가입할 때 수집되고 디렉터리에 저장된다. 기존 사용자가 있는 경우 **페더레이션 모델**을 고려할 수 있다. 기존 크리덴셜(대체로 사용자명과 패스워드)을 사용해서 로그인하는 모델은 사용자가 새로운 계정을 만드는 번거로움을 겪지 않아도 된다. 가장 널리 쓰이는 페더레이션 표준이 보안 보장 마크업 언어Security Assertion Markup Language, SAML 및 오픈ID 커넥트OIDC다.

사용자가 가장 안전하게 로그인할 수 있는 방법은 **다중 인증**을 사용하는 것이다. 이를 위해서 사용자 크리덴셜은 다음 세 가지 중 두 가지를 지원하길 원할 것이다. 바로 사용자가 알고 있는 것(패스워드 같은), 사용자가 가지고 있는 것(스마트폰 같은), 사용자의 것(지문과 같은)이다. 나는 로그인 할 때 유비키YubiKey[1]라고 하는 암호화 토큰을 사용한다. 이 장치를 귀걸이로 사용하고 있어서 절대 잃어버릴 일이 없다! 사용자가 무엇인가를 확인하는 가장 일반적인 방법 중 하나가 문자 메시지를 발송하는 것이다. 이러한 다중 인증 방식은 배포하기 쉽지만 아주 안전하지는 않다. 문자 메시지는 시중에서 구할 수 있는 하드웨어와 소프트웨어로 탈취할 수 있고 SIM 교환 공격으로 공격자는 사용자의 전화번호에 정당하게 접근할 수 있다. 모바일 인증 앱, USB 보안 키, 일회용 패스워드 장치 등 본인 확인을 위한 다양한 방법이 있다.

사용자는 로그인하고 나면 종종 자신의 테넌트 환경에 있는 다른 애플리케이션에 인증을 위임할 필요가 생긴다. 예를 들어 여행 중계 애플리케이션에서 사용자의 이름과 여권 번호에 접근하도록 허가하고 싶을 수 있다. 클라우드 엔지니어라면 애플리케이션이 사용자 데이터 접근을 위해서 사용자 명과 패스워드 사용을 허용하고 싶을 수 있다. 하지만 절대 흔들리지 말자! 위임된 인증은 OAuth 2.0이라고 하는 인증 표준을 통하는 것이 가장 안전한 방법이다. OAuth 2.0 토큰 엔드포인트를 애플리케이션에 쉽게 구축해서 사용자 대신에 API에 접근할 수 있는 애플리케이션 접근 토큰을 만들 수 있다. 이러한 토큰은 어디까지 얼마 동안 접근할 수 있는지 제한되어 있어 사용자 데이터가 보호되며, 사용자의 패스워드가 애플리케이션 내에서 전달되지 않는다.

---

1 역주 유비코(Yubico)에서 생산한 하드웨어 인증 장치로 OTP 장치의 일종이다(출처: 위키피디아).

사용자의 작업이 완료되고 나면 사용자를 로그아웃하고 더 이상 필요 없는 접근 토큰을 모두 철회해야 한다. 얼마나 빨리 사용자를 로그아웃하도록 하는지는 애플리케이션에 달려 있다. 민감한 사용자 데이터를 다루지 않는 애플리케이션이라면 사용자의 로그인 상태를 수일 또는 심지어 여러 달 유지할 수도 있다. 하지만 금융 또는 의료 정보와 같은 개인 정보를 다루어야 하는 애플리케이션에서는 사용자가 애플리케이션을 종료하는 순간에 로그아웃되어야 한다.

어떤 신원 관리 경험을 다루든지 애플리케이션의 대문임을 잊지 말자. 사용자를 따뜻하게 맞이하고 동시에 안전해야 한다. 사용자에게 엉망인 신원 관리 경험은 특히 나쁘다. 사용자는 자신의 신원을 증명하는 일이 애초에 하려는 일이 아니기 때문이다. 심지어 애플리케이션을 시작하기도 전에 실망한다면 전체 사용자 경험이 나빠진다. 반드시 사용자가 간단하고 쉽고 안전한 신원 관리 경험을 하도록 설계하고 테스트해야 한다.

36

좋은 AWS 보안 정책이 어려운 이유

스티븐 쿠엔즐리(Stephen Kuenzli)
K9 시큐리티(K9 Security) 창업자

"왜 AWS IAM은 어려울까?"

짧게 답을 하자면 첫째, 강력한 AWS 보안 모델은 복잡하기 때문이다. 둘째, 모던 애플리케이션 배포가 빠르게 변화하기 때문이다. 이제 **훌륭한** AWS 보안 정책을 구성하기 어려운 이유를 살펴보자.

AWS 보안 모델은 강력하지만 복잡하다

클라우드에서는 API를 통해 구성된 서비스를 사용할 때 기능이 제공된다. 보안 기능에도 예외가 없다. AWS 보안 API를 사용하면 AWS의 공동 책임 모델[1]로 고객의 보안 책임을 만족시킬 수 있다.

고객은 클라우드 자원 및 데이터 접근을 AWS 보안 서비스에서 보안 정

---

1 https://aws.amazon.com/ko/compliance/shared-responsibility-model

책을 설정해서 제어한다. 이러한 보안 서비스는 접근을 허용하거나 거부하는 정책을 평가한다. 서비스는 조직의 IAM 서비스 및 자원 접근 정책을 지원하는 20개가 넘는 데이터 서비스도 포함한다.

AWS에는 API 행동을 허용할지 결정하는 서비스 제어, IAM, 자원, 영역, 세션 등 다섯 가지 유형의 보안 정책이 있다. 이러한 보안 서비스에 숙련된 사용자는 강력한 접근 제어를 할 수 있다.

하지만 보안 서비스, 리소스 및 정책 언어의 대규모 집합은 복잡하고 이해하기 어렵고 서비스를 망가뜨리지 않고 테스트하기가 어렵다. 엔지니어들은 데이터 보호를 위해서 다양한 정책을 이해하고 구성해야 한다. S3의 경우 엔지니어는 일반적으로 IAM 정책과 S3 자원 버킷 정책을 구성해야하고 S3 접근 제어 목록Access Control List, ACL과 같은 서비스 특정 접근 제어와 외부 접근 설정을 해야 한다.

정책 평가 방법

AWS 보안 모델의 핵심 개념은 다음과 같다.

보안 정책은 보안 주체와 연결되거나 보안 주체와 자원 간 상호 작용을 제어하는 클라우드 자원 제어에 관련되어 있다.

보안 주체principal는 IAM 사용자이거나 AWS 계정이거나 퍼블릭 인터넷을 통해 접근한 미인증 사용자일 수 있다. **정책**은 보안 주체가 자원에 접근할수 있도록 권한을 부여한다. 정책은 보안 주체 또는 S3 버킷과 같은 자원에 연결된다.

보안 모범 사례인 최소 특권 원칙principle of least privilege 적용을 고려하자. 엔지니어는 각 애플리케이션 요소별로 역할과 IAM 정책을 만들어 애플리케이션이 **필요한 AWS API만** 사용하도록 해야 한다.

좋은 소식은 보안 주체들은 기본적으로 어떤 접근 권한도 없으며 점진적으로 제어 권한을 확대할 수 있다는 것이다. 하지만 나쁜 소식은 최소 특권 IAM 및 자원 정책을 일일이 만들기가 어렵다. AWS는 접근 제어 판단 프로세스에서 모든 보안 정책을 사용한다. 따라서 전문가조차 실수하기 쉽다.

자원 보안 정책을 지원하는 자원에 접근할 수 있는 **두 가지** 방법이 있다는 사실을 눈치챘는가? 궁극적으로 바라는 수준의 보안이 어떤 것인지를 목표로 하자.

버킷에 연결된 자원 정책과 IAM 주체에 연결된 IAM 정책 모두 S3 버킷 접근 권한을 부여한다. 버킷 또는 연결된 IAM 정책이 **모두** 버킷 접근을 허용한다면 IAM 주체는 접근할 수 있다.

최소 특권을 부여하려면 엔지니어는 정책에서 조건부 접근을 신중하게 설계해야 한다.

- IAM 정책은 자원 정책을 사용하는 대상이 접근하려는 자원을 제한할 필요가 있다.
  예 firewall 역할은 logs 버킷만 접근할 수 있게 하기
- 자원 정책은 해당 정책을 사용하고자 하는 **대상만 허용**하고 나머지는 **모두 거부**해야 한다.
  예 credit-processor 역할은 credit-applications 버킷에 접근을 허용하고 나머지 역할은 모두 거부하기

그리고 변경을 준비하자.

급변하는 클라우드 배포

기술 서비스를 관리하고 운영하기 위한 ID 수가 **빠르게 증가**하고 있다. 비즈니스와 기술 경향이 이를 가속화한다.

우선 성공한 조직은 성장한다. 그다음 조직은 애플리케이션 아키텍처를 분리하여 여러 팀에 애플리케이션 책임을 분산한다. 마지막으로 애플리케이션을 빠르고 안전하게 고객에게 제공하는 조직이 경쟁 우위를 점한다.

이러한 성장과 변화는 조직에는 좋지만 지원 없이 정책을 만들고 검토해야 하는 엔지니어에게는 스트레스일 수 있다.

요약

클라우드 보안 정책은 복잡하고 검증하기 어렵다. 클라우드 개발의 ID와 자원은 빠르게 성장하고 변화한다. 실무자가 클라우드 배포를 이해하고 보호하는 방식을 단순하게 하고 자동화된 배포 프로세스와 통합하여 데이터를 보호하는 방법을 적용하라.

37

클라우드 환경의 사이드 채널과 은닉 통신

윌 딘(Will Deane)

ASX 컨설팅 주식회사 이사

사이드 채널side-channel 공격은 시스템 그 자체를 직접 대상으로 하지 않고 시스템을 처리하는 과정에 유출된 정보를 악용하는 공격이다. 전력, 전자기장, 음향, 열, 타이밍의 분석이 공격 가능한 사이드 채널이다. 역사적으로 사이드 채널 공격은 주로 암호화 시스템을 노려 왔다. 하이퍼바이저와 클라우드 컴퓨팅의 도입으로 최근 연구는 대체로 CPU 캐시 타이밍 기술을 사용하는 가상 머신 간 사이드 채널 공격에 집중하고 있다. 사이드 채널 공격은 일반적으로 느리고 단편의 데이터 복구만 가능함에도 암호 키를 탈취하여 네트워크로 연결되지 않은 협력 시스템 간의 은닉 채널covert channel을 생성하는 복잡한 공격이 퍼블릭 클라우드에서도 가능하다고 알려졌다.

2009년 캘리포니아 대학교와 매사추세츠 공과대학교의 연구자들이 아마존 EC2에 공격 대상 가상 머신과 동일한 물리 호스트에 공격자 가상 머신을 위치시키는 기술을 시연하는 논문을 발표했다.[1] 또한 동일 호스트에 배치된 가상 머신 간의 비밀 채널을 하드디스크와 메모리 버스의 경합 타이밍을 이용해서 저대역폭의 비밀 채널 만들기 등 기본적인 사이드 채널 공격 역시 선보였다. 2017년에는 오스트리아의 그라츠 공과대학교에서 CPU 캐싱 타이밍을 이용한 45Kbps 대역폭의 부분적인 비밀 채널 생성 방법을 발표하기도 했다.[2] 해당 대학교의 연구자들은 전송 제어 프로토콜TCP 스택을 은닉 채널상에 구현해서 채널을 통해 뮤직 비디오를 스트리밍하는 시연을 2017년 블랙햇Black Hat 아시아[3]에서 선보였다.

그래서 퍼블릭 클라우드 인프라를 사용할 때 이러한 공격은 무엇을 의미하는가? 은닉 채널의 경우 공격자들은 공격 대상 가상 머신에 그들의 코드를 실행해야 하고 대상 가상 머신과 동일한 물리 호스트에 공격 VM을 위치해야 한다. 동작 중인 시스템에 멀웨어malware를 심는 많은 방법이 사용될 수 있지만, 클라우드 환경에서는 다음과 같은 기술이 일반적으로 사용된다.

- 탈취한 크리덴셜 사용
- 개발자 또는 데브옵스 피싱
- 공급망 공격
- CI/CD 파이프라인 탈취

---

1 Thomas Ristenpart et al., "Hey, You, Get Off of My Cloud: Exploring Information Leakage in Third-Party Compute Clouds," *Proceedings of the 16th ACM Conference on Computer and Communications Security* (November 2009): 199-212, https://doi.org/10.1145/1653662,1653687

2 Clementine Maurice et al., "Hello from the Other Side: SSH over Robust Cache Covert Channels in the Cloud," Network and Distributed System Security Symposium (February 2017), https://doi.org/10.14722/ndss.2017,23294

3 역주 https://www.blackhat.com

무작위로 가상 머신을 생성하고 공격 대상과 동일한 호스트에 있는지 여부를 확인해서 동일 호스트 상주를 달성할 수 있다. 공격자의 코드가 이미 공격 대상 가상 머신에서 동작하는 경우 더 쉽게 할 수 있다.

공격을 위한 조건이 시사하는 바는 민감한 데이터를 직접적인 인터넷 연결 없는 가상 머신에서 처리하는 클라우드 사용자가 풍부한 자금을 가지고 교묘한 위협을 하는 공격자의 공격 위협에 가장 취약하다는 것이다.

전통적인 사이트 채널 공격에서는 암호화 키가 가장 취약하다. 예를 들어 전송 계층 보안TLS 서비스와 연결된 키가 그러하다. 이러한 공격에서는 공격 대상 머신에서 소프트웨어를 동작할 필요가 없다. 하지만 이로 인해 동일 호스트 상주를 확인하기가 더 어렵다. 또한 이러한 공격은 소음 기반 오류가 발생하기 쉽다. 이 글을 쓰는 시점에는 실제 퍼블릭 클라우드 환경에서 사용하는 실제 키를 복구한 사례가 없는 것으로 안다.

NSA는 '공격은 항상 발전하며 절대 퇴보하지 않는다'고 했다. 사이드 채널 공격과 관련한 연구 역시 이러한 공리axiom를 따른다. 2018년 1월, 스펙터Spectre[4]와 멜트다운Meltdown[5] 취약점에 영향을 받는 CPU 목록이 알려졌다. 연관된 몇 가지 예를 들면 스펙터-NG, ret2spec, 스펙터RSB, 넷스펙터NetSpectre와 같은 취약점들이 2018년 내내 알려졌다. 이러한 경향은 2019년에도 이어져 폴아웃Fallout, RIDL, 좀비로드ZombieLoad[6], 스펙터 SWAPGS[7]와 같은 공격 방법들이 알려졌다.

이러한 문제는 대부분 소프트웨어 패치로 해결할 수 있지만, 일부(캐시

---

4 역주 https://www.cve.org/CVERecord?id=CVE-2017-5753

5 역주 https://www.cve.org/CVERecord?id=CVE-2017-5754

6 역주 https://cpu.fail

7 역주 https://cve.mitre.org/cgi-bin/cvename.cgi?name=CVE-2019-1125

타이밍 공격과 같은)는 소프트웨어 하위에 있는 하드웨어 동작을 남용해서 발생한다. 이러한 문제는 하드웨어 아키텍처를 변경해야만 해결할 수 있다. 이는 중·단기적으로 해결할 수 없다.

사이드 채널 공격 위험이 있는 퍼블릭 클라우드에서 민감한 워크로드를 구동하는 경우 모든 주요 IaaS 업체에서는 전용 하드웨어를 사용할 수 있다. 전용 하드웨어를 사용하게 되면 공격자가 사용자의 가상 머신과 동일한 서버에 존재할 가능성을 없앨 수 있다. AWS는 전용 인스턴스, 애저는 격리 인스턴스 및 최근 발표한 전용 호스트, 구글은 단독 테넌트 노드로 전용 하드웨어를 제공한다. 기본 공유 테넌시tenancy 기반 옵션에 비해 일반적으로 6%에서 10% 정도 더 비싼 비용을 지불해야 한다.

조직은 퍼블릭 클라우드를 사용하는 시스템에서 사이드 채널 및 은닉 통신 공격 위협에 반드시 주의해야 한다. 그리고 이러한 위협을 수용할 것인지 또는 단독 테넌시 하드웨어 사용에 추가적인 비용을 지불할 것인지를 결정해야 한다.

5장

운영과 신뢰성

38

의심될 때는 테스트하라

댄 무어
무어 컨설팅 수석

AWS 인증 과정을 가르칠 때 종종 부하 또는 일반적이지 않은 다른 상황에서 서비스가 어떻게 동작하는가 하는 질문을 많이 받는다. 대체로 나 자신의 경험을 토대로 답변을 하거나 다른 강사에게 물어보기도 한다. 또 때로는 수강생으로부터 통찰을 얻기도 한다. 어떨 때는 관련한 업체 문서를 파고들기도 한다.

하지만 기본적으로 나는 "스스로 테스트를 하세요. 테스트를 대체할 수 있는 것은 없습니다."라고 대답한다.

테스트해 볼 수 있다는 것은 클라우드의 가장 큰 이점 중 하나다. 서비스나 성능, 시스템의 동작에 의문이 든다면 서비스를 돌려 보고 테스트하라. 시스템을 구성하는 데 시간과 비용이 들겠지만, 하드웨어를 구매하여 설치하고 시스템을 구성하는 것보다는 훨씬 저렴하다. 테스트를 끝내고 나면 사용한 인프라는 삭제하고 잊어버릴 수 있다. 서버를 제조사로 다시 돌려보내는 것보다 훨씬 낫다.

물론 그 어떤 테스트 시나리오도 실제 환경을 완벽하게 대체할 수 없다. 하지만 실제 환경에 최대한 가깝게 만들 수 있다(특히 프로덕션 환경의 트래픽을 재사용할 수 있다면 말이다).

테스트할 때는 우선 무엇을 달성하고자 하는지 문서화하는 것부터 시작하자. 답하고자 하는 질문이 무엇인가? 누군가가 이미 당신이 하고자 하는 질문에 답했을지도 모르니 다른 팀에 조언을 구하거나 온라인으로 검색해 보자. 답을 찾았다면 테스트가 수행된 환경에 대해 정확히 이해하자. 클라우드 및 제공되는 서비스는 시간에 따라 변화한다.

다음은 여러분이 답을 찾고자 하는 클라우드 인프라에 대한 질문의 몇 가지 예시다.

- 서로 다른 크기와 유형의 엘라스틱 블록 서비스(Elastic Block Service, EBS) 볼륨은 부하 환경에서 어떻게 동작하는가?
- 구글 쿠버네티스 엔진(GKE)에서 동작하는 쿠버네티스 클러스터가 부하 중일 때 노드를 추가하거나 파드를 추가하면 어떤 일이 일어나는가?
- 사설 서브넷(S3 VPC 엔드포인트 없이)에 존재하는 EC2 인스턴스에서 S3로 파일을 업로드 중일 때 네트워크 주소 변환(NAT) 게이트웨이를 종료하면 어떤 일이 일어나는가?
- 빈 애저 펑션(Azure function)의 초기 시동(cold start) 시간은 얼마일까? 사용자의 DLL을 로딩하는 펑션의 경우는 어떨까?

이 질문에 대한 답을 찾아가는 과정을 생각해 보자.

질문과 답변을 찾기 위한 방법론이 떠올랐다면 테스팅 환경을 만들어라. 특별히 복잡한 환경을 가지고 있는 경우, 인프라를 코드로 표현하면 테스팅 환경 구성을 보다 빠르게 할 수 있다. 테스트 환경을 수동으로 만든다면 설정과 구성을 텍스트 파일에 저장해야만 이후에 환경을 재구성할 때 사용할 수 있다.

그리고 테스트를 수행하라. 부하 테스트라면 오픈 소스 또는 상용 부하 테스팅 도구를 찾아보자. 도구 선택은 목적에 따라 다르다. 웹 사이트가 동시 접속자 10만 명 이상을 견딜 수 있는지 테스트하는 경우와 내부 API가 초당 100건의 요청을 어떻게 처리하는지 이해하기 위해서 테스트하는 경우에 필요한 도구는 서로 다르다.

여러분 질문에 답을 찾았다면 데이터를 재검토하자. 추가적인 질문 또는 새롭게 흥미가 생기는 부분을 발견할 것이다. 새로운 질문에 대한 답을 찾기 위해서 테스트를 다시 조정하자.

발견한 답이 원하는 수준의 확실성을 가진다면 테스팅 인프라를 제거하자. 테스트 대상과 방법 그리고 그 결과를 문서화하라. 이를 내부적으로 반복한다면 여러분 조직에 도움이 될 것이다. 가능하면 여러분 기업 기술 블로그에 그 내용을 발간하여 같은 고민을 하는 다른 사람들에게 도움을 주고, 커뮤니티 내 여러분 기업의 위상을 드높여라. 세상에 존재하는 그 어떤 업체의 문서도 여러분이 직접 소매를 걷어붙이고 테스트한 것을 대체하지 못한다.

39

단일 리전 의존성은 절대 안 된다

드렉 마틴

마이크로소프트 패턴 및 사례 그룹 수석 프로그램 매니저

다양한 크기와 형태의 기업들은 모두 클라우드로 마이그레이션하면서 꽤 자주 엄청난 실수를 한다.

"와, 우리는 이제 더 이상 장애 대응이나 업무 연속성 계획business continuity plan[1]을 세우지 않아도 됩니다! 마이크로소프트, AWS, 구글이 모두 알아서 해 줄 것입니다!"

이 말은 사실이다. 클라우드는 여러분 기업이 이전하는 데 탄력성이 아주 높은 곳이지만, 그 기초에는 클라우드조차 물리 서버로 구성되고 인력으로 운영된다. 멈추고, 화재가 발생하고, 폭격을 맞기도 하며 때로는 인간의 실수에 노출된다. 따라서 클라우드로 마이그레이션하는 경우에 무엇보다 중요한 교훈은 바로 절대로 단일 리전 의존성을 만들면 안 된다는 것이다!

---

1 [역주] 예측, 예측 불가능한 외부 요인 때문에 업무가 중단되지 않도록 사전에 대비 및 행동 계획을 수립하는 것을 의미한다(출처: 위키피디아).

중복 스토리지

여러 물리적 위치에 데이터 복사본을 여러 개 유지하자.

가용 영역

단일 리전 내 여러 데이터 구역/시설에서 여러분의 솔루션을 구동하자.

백업

파일이 잘못될 경우에 대비해서 파일 수준 복구를 활성화하자.

사이트 복구

한 리전에서 다른 리전으로의 VM 장애 조치를 아주 짧은 복구 시간 목표 Recovery Time Objective, RTO/복구 지점 목표Recovery Point Objective, RPO로 하자.

애저에서 사용하는 재고 유지 단위Stock-Keeping Unit, SKU는 리전 단위 탄력성을 위해서 각각 조금씩 다른 방식을 사용한다. 따라서 기업에서는 애플리케이션에 적합한 방법론을 고려할 필요가 있다. 예를 들어 애저 SQL 데이터베이스는 장애가 발생하면 자동으로 리전 단위 장애 복구를 지원한다. 그리고 코스모스 DBCosmos DB는 추가적인 구성 없이 전역적으로 읽기와 쓰기를 분산한다.

애저 SKU 각각의 사용자 수준 규약SLA을 애플리케이션의 리전 단위 탄력성 계획에 맞추어서 고려하자. 그리고 최종 디자인으로 되돌아가자. 다음은 명심해야 할 몇 가지 주요 사항이다.

- 항상 비상용 계정을 준비하자. 비상용 계정은 다중 인증을 통하지 않는 클라우드 전용 ID이며 비밀 저장소에 보관되어야 한다.

- 네트워크 장애 대응은 반드시 자동으로 수행되어야 한다. 트래픽 관리자(Traffic Manager)[2] 나 프런트 도어(Front Door)[3] 같은 서비스가 제공하는 영역 인식(zone-aware) 인프라 및 글로벌 엔드포인트 라우팅을 활용하자.
- 장애 조치를 연습하자. 완벽하게 준비된 기업은 절대로 **탁상 훈련**(tabletop exercise)[4]**에 만 의존하지 않는다**. 여러분 환경에서 주기적으로 장애 조치 훈련을 하고 프로덕션에서도 수행하라. 사이트 복구가 VM 장애 조치 및 장애 복구(failback)에 도움을 줄 수 있다.
- 애플리케이션은 반드시 다중 리전 인식을 지원해야 한다. 일반적으로 프런트엔드에서는 어 려운 일이 아니다. 하지만 데이터 계층이라면 RTO/RPO에 대한 신중한 고려가 필요하다.
- 리전 두 개가 완전히 동일하지 않다. 설계에 따른다. 장애 대응 리전에서 필요한 수준의 SKU가 가용한지 신중하게 계획해야 한다.
- 지역 중복 저장소(Geo-Redundant Storage, GRS)를 장애 복구 전략의 일부로 사용하 지 **않는다면** 피어 리전(peered region)을 장애 조치로 **사용하지 마라**. 장애 상황에서 피어 리전은 상당히 제약이 많다. GRS(장애가 발생할 때 사용할 페어링 리전이 필요)를 사용하지 않는다면 피어 리전이 아닌 다른 곳을 장애 조치로 사용하자.
- 자원 그룹은 리전 할당이 있다. 자원 그룹 내 자원들은 동일한 리전에 존재하지 않아도 된다. 자원 그룹 내 모든 자원의 평면 제어는 할당된 리전에서 수행된다. 리전 장애가 발생하면 장 애 그룹 내 자원이 서로 다른 리전이 있어도(정상적으로 동작해도) 제어 불능 상태가 된다.

장애 대응에 우수한 대부분의 조직은 프로덕션에서 애플리케이션과 시스 템을 여러 리전에서 운영한다. 리전 단위 장애가 발생할 경우에는 애플리케 이션의 성능이 일부 떨어질 수 있는데, 더 작은 규모나 저렴한 SKU의 다른 리전으로 장애 조치가 되어서 그렇다. 다른 애플리케이션은 여전히 잘 동작 한다. 이러한 조직은 애저 가상 네트워크VNet 피어링을 활용하여 전통적인 허브 앤 스포크 또는 풀 메시 연결성을 구축하여 가능한 한 리전 단위 독립

---

2 역주 https://docs.microsoft.com/en-us/azure/traffic-manager/traffic-manager-overview
3 역주 https://docs.microsoft.com/en-us/azure/frontdoor/front-door-overview
4 역주 비상시 역할과 권한이 있는 인력들이 모여서 안전한 환경에서 수행하는 비상 상황 대응 훈련을 의미한다.

성을 유지하도록 한다. 그들은 연습하고 자동화하고 검사한다. 그리고 살아남는다!

40

게임 데이로 인프라를 테스트하라

페르난도 듀란
키라 시스템즈, 데브옵스 팀 리드

'복구하기 전까지 백업은 필요 없다'는 훌륭한 격언이다. 또한 이와 비슷한 방법으로 서비스나 인프라를 망가뜨리고 복구해 보지 않았다면 서비스와 인프라는 완벽하게 복구되지 않는다고 할 수 있다.

게임 데이game day는 팀에서 수행하는 계획된 모의 훈련으로, 사고incident 이후 서비스 복구 과정을 연습한다. 프로덕션 환경에 위급 사항이 발생했을 때 준비 상태와 신뢰성을 게임 데이로 테스트한다.

조직과 코드가 게임 데이로 확인하고 싶은 것은 사고 대응에 얼마나 준비되어 있는지다. 따라서 실제 사고와 유사하게 재구성해서 테스트하길 원한다. 이러한 테스트를 자동화해서 프로덕션 환경에서 수행하는 것을 **카오스 엔지니어링**chaos engineering이라고 한다.

게임 데이를 준비하기 위해서 고려해야 할 몇 가지 사항이 있다. 먼저 게임 데이를 프로덕션 환경에서 수행할 것인지 결정하는 것이 무엇보다 중요하다. 어떤 스테이징이나 테스트 환경일지라도 프로덕션 환경과 절대로 같을 수는 없으므로 프로덕션 환경에서 게임 데이를 수행하는 것이 이상적이다. 하지만 다른 한편으로는 SLA를 지켜야 하며 승인을 획득해야 한다. 그리고 필요에 따라서는 고객에게 알려야 한다. 만약 한번도 게임 데이를 한적이 없거나 대상 시스템이 사고 대비를 위한 테스트를 한 적이 없다면 테스트 환경에서부터 시작하는 것이 좋다.

또 다른 고려 사항은 **대항군**red team이 사고 절차를 계획하고 실행할지 여부다. 여기에서 대항군은 시스템을 굉장히 잘 알고 있는 사람이나 조직이며, 사전 경고 없이 장애를 발생시킬 수 있다.

새로운 서비스나 인프라가 추가되면 게임 데이를 주기적으로(예를 들어 4개월 또는 6개월마다) 수행하고 싶을 것이다. 이때 수행 주기는 실제 발생한 사고에 과거 대응의 최신 이력에 따라 달라질 수 있다. 게임 데이 연습은 불필요하게 오래 지속되어 문제를 일으키지 않길 바란다면 최대 수시간 내에 수행되어야 한다.

장애는 여러 계층에 걸쳐서 다양한 종류의 문제를 발생시킬 수 있다.

- 서버 자원(과도한 CPU 및 메모리 사용)
- 애플리케이션(예를 들어 프로세스를 강제 종료)
- 네트워크(불안정한 네트워킹 또는 지연 시간 증가, 패킷 유실, 통신 단절, DNS 실패로 인한 네트워크 트래픽 저하)

회색 실패gray failure(서비스 성능 저하)는 종종 완전한 장애보다 나쁘다. 완전한 장애는 짧은 피드백 루프feedback loop로 빠르게 대응할 수 있는 반면, 회색 실패는 그렇지 못하며 또 성능 저하는 재현이 어렵다.

게임 데이 수행 전에 다음 사항을 결정해야 한다.

- 장애 시나리오(들)
- 영향받는 시스템 범위 및 서비스 불능 대상('장애 반경' 내에 포함되어야 한다)
- **승리 조건** 또는 시스템이 '수정된' 상태임을 수용하기 위한 평가 기준
- 복구 시간. 걸리는 시간을 추정하고 경우에 따라 2배 또는 3배로 한다.
- 게임 데이 수행 일시
- 사전 공지 여부
- 해당 시간에 사고를 온콜(on call)로 대응할 팀 또는 인원

대응 조직과 이 조직으로 어떻게 작업을 진행할 것인지도 준비해야 한다. 일반적으로 사고를 관리하는 방법은 한 사람이 문제를 해결하는 것에 집중하는 동안 다른 부분을 신경 쓰지 않도록 다른 사람 또는 팀이 지원한다. 의사소통을 할 때는 이메일이나 전화보다 채팅이 더 좋다. 실시간으로 여러 사람이 협업할 수 있고 문자로 기록이 남기 때문이다.

대응 조직을 이끄는 사고 관리자는 실제 관리자이거나 시스템을 가장 잘 아는 사람이 아니어도 된다. 사실 지식 공유 차원에서 다른 사람인 편이 더 낫다. 그 대신에 '버스 팩터bus factor[1]'의 한 사람이 아니여야 한다. 만약 복구 과정을 서술한 문서가 있다면 이러한 문서를 작성자 외 다른 사람이 수행해서 테스트하는 것도 한 방법이다.

사업부나 중역들이 진행 사항을 묻거나 해서 사고 관리자를 방해하고 싶지 않으므로 그들에게 답변을 할 중재자가 필요할 수 있다. 다른 조직은 관찰자가 될 수도 있다. 게임 데이는 모두가 학습할 기회가 되어야 한다.

게임 데이 동안 진행 과정에 대해 시각, 현상, 조치 사항을 문서로 남겨야 한다. 게임 데이 이후에는 다음과 같은 질문에 답변하는 회고를 한다.

---

[1] 역주 프로젝트를 수행하는 인원 중에서 몇 명이 빠져야 프로젝트가 중단 또는 심각한 상황에 놓이는지 판단하는 지수다. 말 그대로 프로젝트 수행 인원 중 몇 명이 버스에 치여야 프로젝트를 지속할 수 없는지 의미한다.

- 무엇을 했고 어떻게 개선할 수 있는가?
- 최초에 모니터링 도구가 정확히 알람을 했는가? 그리고 해당 알람이 호출 시스템을 통해 온 콜 인원 또는 조직에 전파되었는가?
- 사고 대응 조직이 모니터링, 로깅, 메트릭 시스템으로부터 충분한 정보를 획득했는가?
- 사고 대응 조직 내 인원의 협업이 원활했는가?

필요하다면 기술 문서와 절차를 갱신하고 게임 데이로 배운 사실을 전파한다.

41

시각화와 대시보드로 모니터링을 개선하라

제이슨 카처(Jason Katzer)
클라우드프로.앱(CloudPro.app) 창업자 및 컨설턴트

차트chart는 모니터링 메트릭을 시각화함으로써 메트릭의 유용함을 더 높은 수준으로 끌어올린다.[1] 메트릭을 차트로 보는 것이 왜 높은 수준이 될까? 프로덕션 시스템에 급박한 사고가 발생했을 때, 여러분이 만든 그 차트가 다른 수준의 창의성을 발휘할 수 있게 만들기 때문이다.

분명 올바른 차트를 만드는 데 시간이 걸릴 수도 있다. 애플리케이션에서 여러분이 알고 싶어 하는 것을 알려 주는 효과적인 차트 만들기는 과학보다는 예술에 가까울 것이다. 예를 들어 로그인 메트릭을 사용해서 특정한 사용자 패스를 따라 흐르는 트래픽을 살펴보는 것부터 시작할 수 있다. 또한 이를 통해 일정 기간 쌓아 온 이력을 아우르는 통찰을 즉각적으로 맥락화할 수도 있다.

추가적으로 사용 중인 조합을 변경함으로써 새로운 것을 알려 주도록 할 수도 있다. 혹시 미적분 수업을 수강했었는가? 그랬다면 그때로 돌아가 보

---

1 제이슨 카처 저서 〈Learning Serverless〉(O'Reilly, 2021)에서 발췌했다.

자. 거리의 현재 값은 흥미로운 사실을 알려 줄 수 있지만 해당 거리의 변화율은 또 다른 사실을 알려 주는 추세로 표현할 수 있다.

어떤 것이 다른 것에 비해 얼마나 자주 일어나는지에 대한 인자argument가 있다면 이를 메트릭으로 표현하기 완벽한 순간이다. 이를 추적하는 코드 한 줄을 추가하고 프로덕션에 배포하자. 그리고 추측이 아닌 정답 찾기를 시작하자.

함수는 데이터를 클라우드 제공자가 허용한 제한된 종류의 그래프로 치환할 수 있도록 한다. 때로는 같은 메트릭을 동일한 그래프에 여러 번 겹쳐서 그리기도 한다. 하지만 그래프 선별로 서로 다른 함수를 적용한다면 주요 메트릭에 대해 더욱 많은 정보를 즉각적으로 얻을 수 있다.

기본 함수의 일부는 예상하는 대로 합계sum, 평균avg, 최소min, 최대max다. 이러한 함수 종류가 서비스와 시스템을 운영할 때 큰 통찰을 줄 수 있는 강력한 시각화를 만들어 내는 기본 재료다. 여러분이 사용 중인 도구가 제공하는 모든 기능에 익숙해질 필요가 있다.

만들어 내는 모든 그래프마다 문서화는 필수다. 운영자에게 무엇을 보아야 하는지, 또 어떻게 판단해야 하는지 알려 주자. 작업 일지나 운영 매뉴얼에 있는 추가적인 정보를 참고하거나 링크를 걸어 두자. 그리고 특정한 함수를 써서 데이터를 표현하기로 결정한 특별한 이유는 시스템을 잘 모르는 사람은 쉽게 이해할 수 없으므로 그 이유까지도 상세히 문서화해야 한다.

효과적인 차트가 있는 대시보드 만들기는 서비스와 심지어 애플리케이션 전체의 상태에 대한 활력 징후vital signal를 완전히 시각화하여 한때 볼 수 없었던 시스템에 생명을 불어 넣어 주는 것이다.

대시보드에는 태그 값을 바꾸어 표시 중인 데이터를 변경할 수 있는 기능이 있다. 이러한 기능을 활용하여 다른 단계에 있는 서비스에서도 대시보드를 재사용할 수 있다.

잘 설계된 모니터링 대시보드는 이해가 용이하고 이상 상태와 사고를 여러분과 다른 사람이 쉽게 파악할 수 있도록 서비스 상태를 반영한다. 바로 이러한 대시보드로 한눈에 서비스 상태를 파악할 수 있다.

일반적으로 대시보드는 확인하고자 하는 시간대를 조절할 수 있다. 그래서 배포와 같은 중요한 이벤트를 포함하는 시간대로 조절하면 운영자는 배포가 어떤 문제에 직접적인 영향을 미쳤는지 판단할 수 있고 추후에 조사할 수 있다.

모든 사람의 모든 문제를 해결해 주는 단 하나의 대시보드는 있을 수 없다. 여러 종류의 도구와 원천을 대시보드에 조합해야 한다. 어느 쪽이든 모든 '공식' 서비스 대시보드에 대한 일관된 규칙과 표준이 필요하다.

42

SRE의 모든 R을 다시 살펴보기

J. 폴 리드(J. Paul Reed)
넷플릭스, 수석 응용 레질리언스(Applied Resilience) 엔지니어

사이트 **신뢰성** 엔지니어링 분야에서 지금 가장 뜨거운 주제 중 하나가 바로 애플리케이션과 서비스가 장애에 **탄력적**resilience인지 여부다. 그리고 대부분의 사이트 신뢰성 엔지니어가 알고 있는 것처럼 서비스를 클라우드로 마이그레이션하는 주요한 동기 중 하나가 바로 클라우드가 제공하는 풍부한 **견고성**robustness 때문이다. 하지만 우리는 물론 애플리케이션을 설계할 때 다르게 생각해야 한다. 애플리케이션이 기술적인 문제가 발생하더라도 '믿기지 않게 자동으로automagically' **반등**rebound하길 원하고 있다면 말이다.

엔지니어들은 클라우드에서 개발하고 운영하기 위한 방법을 논의할 때 이러한 알파벳 R로 시작하는 단어들을 종종 이야기한다. 이 단어들을 너무 자주 듣다 보면 이러한 생각이 들기 시작할 것이다.

"다 같은 종류 아냐? 같은 것 아냐?"

그러나 두려워하지 마라. 레질리언스 엔지니어링RE이 이 모든 R을 확실하게 알 수 있게 도와줄 것이다!

레질리언스 엔지니어링은 20여 년 넘게 안전 과학safety science의 하위 분야로 존재해 왔다. 최근 들어 실무자들이 이 개념을 산업계에 도입하기 시작했다. 인적 요인, 인간 공학ergonomics, '안전'이 개발자와 운영 엔지니어 간에 매일 벌어지는 논쟁 대상인 웹 규모 시스템의 기능성을 개선하는 것과 연관이 있는지 살펴보게 되었다. 이 연구의 핵심은 우리와 같은 인간이 시스템을 엉망으로 만드는 것에 기여한다는 것이다.

레질리언스 엔지니어링에서 이러한 R-단어는 우리가 존재하고 조작하는 사회-기술적socio-technical 시스템의 특징(과 다른) 측면을 나타낸다.

견고성

RE는 견고성을 다음과 같이 정의한다.

"시스템 X가 섭동perturbation[1] W를 견고하게 감지하는 Z인 성질 Y를 갖는다."

수학적인 용어를 빼고 다시 적어 보자. **견고성**은 우리가 마이크로서비스에서 장애 대체fallback를 설계하고 구현할 때 만들어진다. 메모리 안정성을 보장한다고 하는 언어(C++ 대신에 자바와 같은)를 사용할 때도 마찬가지다. 견고성은 **특정한** 유형의 시스템을 장애로부터 보호한다. 그리고 이러한 보호는 **특정하게 설계된** 방법으로 제공된다(사람들이 자신들의 서비스가 장애에 대해 '탄력적'이라고 할 때, RE는 서비스가 '장애의 특정한 집합에 대해서 견고하다'고 말할 것이다).

---

1 역주 천문학에서는 한 행성의 궤도가 다른 천체의 힘으로 정상적인 타원을 벗어나는 현상을 의미한다.

신뢰성

이 R-단어는 지속적인 운영과 서비스 수준을 지원하는 것을 나타낸다. 예로는 애플리케이션을 클라우드의 여러 리전에 배치하는 것이다. 또 애플리케이션을 두 가지 OS에서 개발하고 기술적으로 두 OS에 존재할 수 있는 버그이지만, 한 OS에서만 애플리케이션에 영향을 끼치는 버그를 두 OS에서 동시에 수정하는 것이다.

반등

RE의 개념에서 **반등**은 혼동 상황(사고와 같은)에 시스템이 이러한 혼동을 **겪기 전**에 개발되고 배포된 구조를 사용하여 대응하는 능력을 의미한다. 사고 상황 중에 CI/CD 파이프라인에서 모든 배포 조직을 사용하는 것(즉, 혼란스러운 상황에서도 모든 것이 정상적으로 동작하도록)이 반등 능력의 예다.

탄력성

마지막이지만 단연코 중요하게 RE는 탄력성을 여러 특성과 시스템을 둘러싼 환경에 대한 시스템의 반응성을 높이기 위한 실행 사례의 집합으로 정의하고 있다. 중요한 차이점은 탄력성은 무엇인가를 '갖는 것'이 아닌 '하는 것'이다. 그래서 종종 '**탄력성**은 동사'라고 한다. 특히 '사회적인' 및 '기술적인'의 두 가지 활동이다. 이를 활용해서 엔지니어인 우리는 회복력을 키워야 한다. 팀내 예측 가능성을 높이기 위한 공통 분야를 확립 및 유지하며 다가올 사고에 대비하기 위한 인적 및 조직적 사고 적응 능력을 키울 수 있는 환경을 만들어야 한다. 그리고 전사 차원의 조직적 학습 노력을 기울여야 한다.

레질리언스 엔지니어링은 소프트웨어 개발과 운영 분야에 깊이 관여하면서 우리가 책임지는 점점 중요해지고 사회 영향력이 큰 시스템에 항공 및 항공 교통 관제, 헬스 케어, 운상 운송, 건설, 원자력 등 다른 산업에서 힘들고 아주 어렵게 배운 교훈들이 주는 독특한 기회를 제공한다.

(스스로 말하길) '소프트웨어 안전성 너드$_{nerd}$'인 우리는 클라우드 기반 애플리케이션뿐만 아니라 이를 운영하고 있는 여러분 경험을 개선할 수 있는 도구로 레질리언스 엔지니어링을 추천한다.

추가로 이제 여러분은 온콜 기간 동안 호출기를 잠재우기 위해 논의할 때 사용할 적절한 R-단어를 항상 사용할 수 있는 지식을 얻었다!

43

취약성의 힘

켄 브로렌(Ken Broeren)
일레베로스(Elevaros) 창업자

취약성이란 무엇을 의미하는가? 우리는 이 단어를 잘 사용하지 않는다. 대부분 취약성은 약점weakness과 같기 때문이다. 짧은 이야기를 하나 꺼내 볼까 한다.

일상적인 목요일이었다. 나는 몇 달 동안 참여 중인 프로젝트 회의에서 자리에 돌아왔다. 우리 팀은 훌륭한 진척도를 보여 주고 있었지만 여전히 갈 길이 멀었다.

이메일을 쓱 훑어보았다. 당장 급한 일이 없었기에 다른 일을 시작했다. 몇 분 후에 책상 위 핸드폰에서 수많은 문자 메시지가 쏟아지며 울리기 시작했다. 여러 '시스템 다운' 에러와 무슨 일이 생겼느냐는 메시지였다.

더는 아무 일도 할 수 없겠다고 생각했다. 밝게 빛나는 붉은색의 네트워크 대시보드를 보니 모든 링크가 다운되었다. 이러한 광범위한 문제를 일으킬 수 있는 상황이 무엇일지 고민하다가 긴급 대응 단톡방을 열어 필요한 사람들을 초대해서 문제 해결 방안을 찾기 시작했다.

"아마도 제공자 문제일 것 같습니다. 통신사 쪽에는 현재 아무 문제가 없나요?" 누군가가 물었다. "좋은 질문이네요."라고 대답했다.

매니저가 소리쳤다. "아무나 통신사에 전화해서 지원 요청을 하고 당장 티켓을 열라고 하세요!" 그러자 제프가 나서서 전화했다.

"뭐라도 바꾼 사람 있나요?" 데이터베이스 엔지니어가 물었다. "프로덕션 데이터베이스 인스턴스에 모두 연결할 수 없어요. 개발 서버 일부는 접속 가능하기는 해요." "제가 아는 한 변경 사항은 없어요." 내가 대답했다. "오늘 아침 변경 사항 추적 일정에는 아무 것도 없었습니다."

우리는 아주 열띤 토론을 벌였지만 진척되는 것은 없었다. 마침내 원인을 찾아냈다. 모든 네트워크 트래픽이 우리의 내부 방화벽 한곳에서 멈추어 있었다.

네트워크 엔지니어 중 한 사람이 소리쳤다. "음, 방화벽 규칙이 오늘 아침에 변경되었네요. 현지 시간으로 10시 17분쯤이네요."

"제길, 또 비인가 변경이네."라는 생각이 들었다. 그러고는 우리 팀 인원 중 한 사람이지 않을까 하는 의심이 들었다.

나는 존이 변경했을 것이라고 꽤 확신하고 있었다. 그래서 존에게 메시지를 보냈다. "우리 지금 심각한 서비스 중단을 겪고 있어요. 오늘 아침에 방화벽을 건드렸나요?"

오랫동안 존에게서 답장이 없는 것처럼 느껴졌다. 사실 90초 정도 걸렸지만…….

"아닌데요." 존이 답했다. "제가 아녜요."

"그럼 누가 그런 거야." 한숨을 쉬면서 중얼거렸다.

네트워크 엔지니어가 말했다. "제 생각에는 마이크 같아요." 마이크는 변경 사항에 대해 평소에 굉장히 신중한 사람이었다. 마이크를 탓하지 않고 물었다. "마이크, 지금 당장 변경 사항을 취소해 줄 수 있나요?"

마이크가 대답하자, 놀랐다. "네, 지금 하고 있어요."

잠깐만. 생각했다. 마이크가 계속 온콜이었나? 그렇다면 왜 아무 말도 안 했을까?

글쎄, 진실은 마이크는 취약점이 되는 것이 두려웠던 것이다. 그는 서비스 중단에 대한 비난을 받는 것이 무서웠고 실수의 당사자로 알려지는 것을 피하고 싶었을 것이다. 처음에는 자신의 변경이 장애 원인으로부터 '결백하다'고 스스로 여겼을 것이다. 하지만 많은 증거가 그를 향해 조여 오자 자백하는 것 외에는 별다른 방법이 없었던 것이다.

하지만 이것은 취약성이 아니다. 실수를 감추는 것은 취약해지는 것과 반대다.

만약 우리 모두가 장애에 대해 "아마도 제가 잘못한 것 같아요."와 같은 태도로 접근했으면 어땠을까? 우리 모두는 실수한다. 그리고 우리는 서로 경쟁하지 않는다. 특히 서비스 중단 상황에서는 말이다. 솔직함과 투명함이 문제를 빠르게 해결하고 추가적인 서비스 중단을 막는다!

훌륭한 팀은 다른 사람에게 숨기는 것이 없다. 협업하고 함께 책임을 진다.

용감해지자! 취약성은 약점이 아니다. 여러분 팀의 장점으로 삼을 수 있다.

44

서비스 수준 목표 기초

키트 메커(Kit Merker), 브라이언 싱어(Brian Singer), 알렉스 나우다(Alex Nauda)
Nobl9

"모든 것이 완벽하게 동작하길 바랍니다."

여러분의 상사나 제품 관리자가 이렇게 이야기한다. 하지만 클라우드 엔지니어인 여러분은 그 정도 수준으로 서비스를 할 수 있더라도 상사나 제품 관리자가 거기에 비용을 들일 마음이 없다는 것을 알고 있다.

경영진이 신뢰성 및 혁신의 속도와 비용 간 트레이드 오프를 바로 이해할 수 있게 만드는 손쉬운 방법은 무엇일까? 서비스 수준 목표Service-Level Objective, SLO가 그 답이다. SLO는 클라우드 비용, 변경 속도, 외부 위험성 간의 트레이드 오프에서 균형 잡힌 명확한 신뢰성 지침을 만든다.

SLO란 무엇인가?

SLO는 **고객 행복에 기초한** 클라우드 서비스 주요 성능 지시자다. SLO는 고객 불만족이라는 수용 불가능한 위험성을 피하기 위해서 달성해야 할 서비스의 정확한 수준을 정의한다.

가용성을 예로 들어 보자. 우리는 종종 인프라가 얼마 동안 가용한가(가동 시간uptime)를 이야기할 때, 일반적으로 **나인스**nines라는 용어를 사용한다. 만약 인프라가 **포 나인스**four nines 또는 99.99% 시간 가용된다고 하면 해당 인프라는 연간 52.6분 동안 중단될 수 있다. 하지만 인프라가 **파이브 나인스**를 달성하고자 한다면 시스템은 99.999% 시간 동안 가동되어야 한다. 즉, 연간 5.26분 동안만 중단되어야 한다.

이상적인 세상에서 우리 인프라는 가능한 한 많은 나인스를 달성하고 싶어 한다. 하지만 나인스를 한 단계 높은 수준으로 끌어올리려면 대략 10배가 넘는 비용(한 단계 높은 수준에 이르기 위해서 상당수 사람과 인프라 비용을 지출해야 한다)이 필요하다. 또한 물리적인 제한과 퍼블릭 네트워크 구조의 영향도 고려한다면 지속적으로 파이브 나인스의 신뢰성에 도달하는 것은 거의 불가능할 수 있다. 따라서 핵심 질문은 바로 '자원 낭비 없이 고객 만족을 보장하기 위해서 얼마나 많은 나인스가 필요한가?'이다.

SLO를 바라보는 다른 방법은 연동된 **에러 예산**error budget, 즉 약간의 오류를 허용하는 것을 고려하는 것이다. SLO가 99.99% 가동 시간을 보장한다면, 에러 예산은 그 역수로 1 - 99.99% = 0.01% 또는 연 52.6분이라고 할 수 있다. 다시 말해 우리는 앞서 말한 수준인 약간의 다운타임을 허용한다는 것이다. 고객을 실망시키지 않기에 충분한 수준의 서비스 단절 시간을 예상할 수 있기 때문이다.

SLO: 클라우드 엔지니어의 베프

SLO는 신뢰성을 중심으로 조직을 하나로 만드는 것에 도움이 된다. 단지 나인스의 숫자를 늘리기 위해서 완벽한 척하거나 운에 맡겨서는 안 된다.

▼ SLO가 클라우드 엔지니어의 베프가 되는 방법

신뢰성과 혁신 사이의 SLO 균형

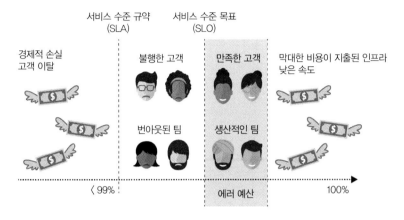

SLO가 클라우드 엔지니어의 베프가 될 수 있는 세 가지 방법을 소개한다.

1. SLO는 데이터 수집을 허용하여 고객을 만족시키는 방법을 찾는다

SLO를 달성하면 고객은 만족한다. 에러 예산을 초과하면 고객은 떠난다.

2. SLO는 사업적 트레이드 오프를 평가할 수 있게 한다

SLO는 새로운 기능과 제품을 빠르게 출시하고 싶은 제품 관계자와 인프라 성능과 안정성을 최대화하고 싶은 IT 운영자 사이에서 균형을 잡을 수 있게 도와준다.

3. SLO는 비즈니스와 다양한 기술 관계자 사이에서 공용 언어로 사용된다

SLO는 기업 모두가 고객 만족과 비즈니스 성장을 위해서 일치된 팀으로 추측 없이 일할 수 있도록 도와준다.

어디서부터 시작할까?

앞서 살펴본 예제처럼 클라우드 서비스의 가용성이 SLO를 시작할 수 있는 훌륭한 지표다. SLO로 품질, 성능, 지연 시간 등을 해결하고 싶을 것이다. 사실 고객 만족을 지향하기 위해서 측정되는 무수히 많은 지표가 주요 역할을 하게 되므로 결국은 하나가 아닌 많은 SLO를 갖게 된다.

시작하기에 앞서 현재 비즈니스에 가장 중요한 클라우드 서비스 특성을 선택하라. 그리고 SLO가 무엇인지 신뢰성, 비용, 혁신 사이에서 균형을 잡아 줄 수 있는 도구가 무엇인지 알자. 그리고 인프라, 애플리케이션, 사용자 여정과 같은 클라우드 서비스의 또 다른 측면에 대한 SLO를 포함하도록 그 범위를 넓히자.

조직에서 SLO의 범위를 확장할 때는 다음을 기억하자. SLO는 항상 고객 만족과 비즈니스 영향에 직결되어야 한다는 것을 말이다.

45

오 이런!
로그가 없다

로라 산타마리아(Laura Santamaria)
로그DNA 디벨로퍼 애드보킷

로깅은 모든 서버에서 가장 매력 없는 부분이고 대부분의 클라우드 기반 시스템에서는 더욱 그러하다. 하지만 운영 팀에는 장애에 대응하거나 시스템의 특이 사항을 모니터링하기 위한 서버의 가장 중요한 프로세스 중 하나다. 훌륭한 로그는 제대로 유지 보수되지 않은 분산된 클라우드 기반 시스템, 즉 무시무시한 레거시 시스템을 다루는 사람에게는 특히 무엇보다 중요하다. 그러나 만약 로그가 없다면 어떻게 할 것인가?

로그가 없다고 해도 당황하지 말자. 로그 없이 시스템을 디버깅하는 방법이 많이 있다. 단지 번뜩임, 인내심과 함께 창의적인 생각이 필요할 뿐이다. 감당할 수 없이 당황하게 된다면 심적인 부담을 느껴 정신적 여유가 사라지고 문제를 생각해야 할 귀중한 사고 공간을 상사가 자신의 목을 조르는 상상에 내어 주게 된다. 심호흡을 하고 자리에 앉아서 생각하자.

먼저 가능한 서비스나 엔드포인트를 호출해 보자. curl을 사용하여 API를 호출하든지 서버에 핑을 하든지 완전히 응답하지 않는다고 해도 살펴볼 무엇인가를 얻게 될 것이다. 예를 들어 이미 알고 있는 올바른 인증으로 API를 호출했는데 403 응답을 했다면, 인증에 오류가 있다는 의미다. 아마도 인증 시스템이 망가졌거나 회사가 정한 절차를 따르지 않은 채 누군가가 데이터베이스를 업데이트했을 수도 있다. 서버나 API로부터 아무런 응답이 없고 시스템을 호스팅하는 서버 전체가 실제로는 동작 중임을 클라우드 제공자의 사용자 인터페이스로 이미 확인했다면, 네트워크 연결을 유심히 살펴볼 필요가 있다.

다음으로 접근할 수 있는 동작 중인 모든 서버를 살펴본다. 모든 박스에 직접 SSH 연결을 하는 것은 모든 동작 중인 프로세스 상태와 어떤 프로세스를 종료해야 하는지 확인할 수 있기에 엄청난 혜택일 수 있다. 여러분 시스템은 이러한 박스에 데이터를 로깅**할 수도** 있고 SSH 연결을 통해 로그를 볼 수도 있다. 코어 OS$_{coreos}$[1]처럼 업데이트가 지속적으로 가능한 OS에서는 특히 레거시 분산 시스템을 구동 중인 경우 OS 업데이트가 애플리케이션을 망가뜨릴 수 있다. 직접 박스에 접속해 보면 이러한 문제를 빠르게 밝힐 수 있다. 시스템 로그에 접근할 수 있기 때문에 어떤 사건이 발생한 시점과 연관된 모든 시스템 변경 시각을 볼 수 있다. 컨테이너 기반의 시스템이나 분산 시스템 하위의 시스템 업데이트가 촉발할 수 있는 문제를 과소평가하지 말자.

SSH 접근 권한이 없거나 서버리스 시스템과 같은 공유된 서버라면, 코드베이스를 면밀히 살펴보거나 데이터베이스와 같은 보조 시스템에 접근해서 현재 시스템 상태를 알 수 있는 모든 데이터를 모을 수 있는지 살펴보자. 창의적인 사람이 되자. 시스템을 구성하는 아키텍처를 유심히 살펴보고 데

---

1 역주 https://cloud.redhat.com/learn/topics/coreos

이터를 모을 수 있는 겹치거나 접근 가능한 지점이 있는지 찾아보자.

마지막으로 유사한 환경을 구축하거나 접근하자. 여러분 팀이 표준 소프트웨어 개발 생명 주기를 따르고 있다면 테스팅과 스테이징 환경이 필요할 것이다. 이미 이러한 환경을 가지고 있다면 동일하게 엔드포인트를 호출하는 것을 시도해서 올바른 응답이 어때야 하는지 이해하도록 하자. API와 상관없는 다른 부분은 종료해 볼 수도 있다. 예를 들어 OS 업그레이드를 수행해서 애플리케이션이나 컨테이너 장애의 원인이 될 수 있는 컨테이너 네트워크 동작 불량이 있는지 본다. 만약 테스팅이나 스테이징 환경이 없다면 간이 시스템을 꾸려서 임시로 문제를 해결하라. 망가진 프로덕션 시스템의 빠른 진단을 수행하는 것과 동일한 가치가 있다.

서버와 서비스로부터 데이터를 수집하는 방법에 관한 기본적인 개념이 발생한 문제를 명확하게 이해할 수 있도록 충분한 정보를 제공하고, 시스템 디버깅을 끝내기 위해서 올바른 방향을 제시하며, 결국에는 프로덕션이 복구되고 다시 동작할 수 있게 되길 바란다. 이러한 방법이 아무 소용없다면 시스템을 종료하고 (백업한 후) 다시 켜 보면 어떨까?

46

리스크 관리를 위해
체크리스트를 사용하라

리사 후인

스토리블록스 리드 소프트웨어 엔지니어

변경 사항이 있을 때마다 리스크도 함께 존재한다. 클라우드를 사용하면 수면 아래에서 변경되는 외부 자원에 의존이 더해지는 만큼 복잡성이 배가된다. 여러분의 무기고에 반드시 있어야 할 단 하나의 도구가 있다면 그것은 바로 체크리스트다. 체크리스트를 사용하면 여러분과 여러분의 팀이 수행할 작업을 더 단순화하고 반복할 수 있다.

사람은 한 번에 적은 수의 것만 기억할 수 있다. 인프라 이전과 같은 업무를 수행한다면 우리는 챙겨야 할 수백만 가지의 구동부가 있다. 수행할 작업 영역은 팀의 승인을 받는 것부터 해서 단 몇 분 동안의 플래그를 지정하는 것처럼 보이지만 아주 중요한 자원의 변경이 변경되는 것까지 포함된다.

그리고 문제가 발생했을 때 이러한 실패에 대비하여 미리 준비된 플레이북[1]이 있다면 현장에서 문제를 파악하지 않아도 되어 스트레스가 덜하다.

---

1 **역주** 매뉴얼의 일종으로, 특정 상황을 위한 일련의 작업 순서를 기록해 놓은 문서를 의미한다. 앤서블의 플레이북 역시 이와 비슷한 의미로 생각하면 된다.

롤백을 할 것인지 핫픽스를 할 것인지 미리 결정함으로써 이를 놓고 논쟁하는 시간을 생략할 수 있다.

일반적으로 시스템을 유지 보수하거나 디버깅하는 단계를 나열하는 것이 도움된다. 체크리스트는 그 자체로 살아 있는 문서 형태로, 시스템의 예상 동작을 서술함과 동시에 일부만 알고 있는 지식을 문서화할 수 있게 한다. 성가신 문제 일부가 소리 소문도 없이 수정되었고 이를 해결한 전문가가 자리에 없을 때 문제가 발생한다면, 여러분은 쏟아지는 로그 속에 갇히거나 원인을 파악하기 위해서 처음부터 디버깅을 시작해야 할 수 있다.

사용자가 다수의 HTTP 서버 오류를 수신하고 있다는 알람이 발생했다고 상상해 보자. 이러한 알람은 다음과 같은 디버깅 체크리스트에 연결되어 있을 것이다.

1. 애플리케이션에 최근 변경 사항이 있는지 확인할 것. 있다면 최근 변경 사항 작성자에게 알린다.
2. 로드밸런서의 〈location〉 메트릭에서 모든 서버가 라이브니스liveness 체크를 통과했고 트래픽을 수신하고 있는지 확인할 것
3. 〈location〉의 요청 메트릭을 확인해서 트래픽양이나 양상이 변했는지 확인할 것
4. 애플리케이션 변경으로 오류가 발생한 것이 아니라면 인스턴스 수를 늘릴 것

오류가 완화되고 있다면 오토스케일링이 수행되었는지 살펴보자.

새로운 인스턴스에서는 오류가 발생하지 않고 이전 인스턴스에서만 지속적으로 발생한다면, 이전 인스턴스를 서비스에서 제외하라.

〈location〉에서 애플리케이션 디버깅 단계를 따르라.

이러한 목록을 만들 때는 다음과 같은 것을 염두에 두어야 한다.

표현이 중요하다

체크리스트가 길어질수록 단계가 누락될 수 있다. 목록이 길어진다면 하위 목록으로 분할하자. 순차적 작업은 반드시 수행되는 순서대로 쓰여야 한다. 비순차적 작업인 경우에는 중요한 작업을 먼저 설명해서 누락되지 않도록 한다. 유사한 작업은 함께 묶어서 작성하여 불필요한 문맥 전환을 피한다. 앞의 예제에서 애플리케이션 디버깅 목록을 보여 주었는데, 각 단계는 한 번에 많은 문제를 해결할 수 있도록 단계를 나누었다.

명시적이어야 한다

여러분 팀이 문제에 대응하도록 목록을 작성하고 있다면 작성자만 이해할 수 있는 단계로 작성하면 안 된다. 유행어나 축약어 사용을 지양하자. 가능한 한 많은 자료를 연결해 두자. 아무나 수행 중인 단계 중간에 들어와서 최소한의 자료로 작업을 진행할 수 있는 것이 이상적이다.

가능한 한 자동화한다

작업이 반복적이라면 해당 프로세스를 코드화할 수 있다. 예를 들어 장비를 순환시키는 것이 단계 중 하나라면 적절한 도구로 이를 수행할 수 있다.

조직의 규모나 자원에 상관없이 체크리스트는 여러분이 가져야 할 가치 있는 도구다. 변경 프로세스를 계획하고 문서화해서 날이 갈수록 복잡해지는 시스템과 맞서 싸워라. 여러분 팀과 미래의 자신이 여러분에게 감사하게 될 것이다.

47

DNS가 모든 문제의 원인: 증명하고 개선할 방법

마이클 프리드리히(Michael Friedrich)
깃랩 디벨로퍼 에반젤리스트

"모두 DNS가 문제야."

상당히 익숙하게 들릴 것이다. 아마도 장애 상황에서 여러분의 동료에게 들어 보았을 수도 있다. 고객이 쇼핑몰 웹 사이트가 동작하지 않는다고 이야기해서 직접 브라우저로 확인해 보니 문제없어 보인다.

DNS는 분산 환경을 사용하므로 높은 가용성을 보장하는 동시에 때로는 디버깅이 어렵다. 문제가 도메인명 해석resolving에 반드시 연결되는 것은 아니다. 그 대신에 네트워크 라우팅의 전체 그림과 클라이언트 관점에서의 패킷 흐름을 분석할 필요가 있다.

웹 사이트에 접근할 수 없다면 DNS 문제일까? 클라이언트가 방화벽이나 프록시 뒤에서 콘텐츠를 받으려고 하는 특정한 장소와 연관되어 있을 수 있다. 더 깊이 있는 분석(수사)이 필요하다. 고객이 연락할 때마다 형사가 되기는 어려운 일일 것이다.

문제를 분석하기에 앞서 잠시 멈추어서 심호흡하자. 모든 것을 알 수는 없다. 문서와 구글이 당신의 최고 친구다. 다른 사람이 말하는 '빌어먹을 매뉴얼을 좀 읽어Read The F***ing Manual, RTFM'는 잊어라. 문서는 항상 첫 번째 진입점이 되어야 한다. 친절한 개발자가 문제 해결 항목을 작성해 두었을 수도 있고, 직면한 문제를 설명한 페이지 링크를 찾을 수도 있다.

에러 메시지 전체를 검색하고 문맥에 맞는 적절한 여러 키워드를 사용해서 여러분의 '구글푸Google-fu¹'를 극대화하라. 같은 팀의 동료를 찾고 도움을 요청하라. 동료에게 현재 진행 사항을 모두 공유하라. 사고의 흐름에 따라서 발생하는 문제들을 기록하자. 가능하다면 문제를 처리하고 있는 여러분의 화면을 공유하고 짝으로 디버깅을 진행하라. 네트워크 경로를 함께 분석하고 DNS 추적에 대해 더 많이 알아 가자.

문제를 격리하고 여러 부분으로 나누어 영향받을 대상을 줄이는 전략을 적용하자. 자연스럽게 할 수 있게 된다면 앞으로 문제에 접근할 때 자신감을 갖게 될 것이다.

'화려한' 도구에 의존하지 말자. find, grep, sed, awk를 셸에서 사용하는 것에 익숙해지자. 명령어 행에서 로그를 찾는 것을 연습하고 서버나 셸에서 파일을 수정하는 유일한 옵션인 것처럼 vi(m)을 배우자.

프로덕션에서 무엇인가 수정해야 한다면 변경 사항을 문서화하고 팀원들에게 문제를 알려라. 이 시간 동안에는 다운타임 모니터링과 알람 수준을 조절해서 온콜이 쏟아지는 것을 피하자.

VM, 컨테이너, CI/CD 작업에서 서로 다른 리눅스 배포판을 사용하는 것을 계속 연습하자. 빠르게 새로운 리눅스 배포판을 적용하거나 코드형 인프라IaC 패턴을 변경하는 전략적인 결정이 필요할 수도 있다.

---

1 **역주** 쿵후(Kung-fu)와 구글의 합성어로 (서양인에게는) 신비로운 중국 권법처럼 구글을 사용하겠다는 의미일 것이다.

배포될 때마다 분산 모니터링과 관측성을 최우선으로 해야 한다. 필요한 메트릭, 트레이스trace, 상태만 확인하자. 가능하다고 해서 모든 것을 수집하지 말자. 이러한 전략을 문서화하고 팀 내 전파하자.

쇼핑몰 웹 사이트 에러가 사실은 쿠버네티스 파드로 만들어진 로드밸런서가 DNS 쿼리에 모두 응답하지 않고 특정한 출발지 IP에 대해서만 응답하는 문제였다고 하자. 새로운 배포와 모니터링 전략을 적용한 후에도 이러한 일이 발생할까?

DNS는 클라우드 네이티브 환경에서 분산되어 있으므로 문제를 이해하고 해결하기 위한 훌륭한 전략이 필요하다. 사고와 장애를 학습 기회로 삼아라. 여러분의 환경을 카오스 테스팅으로 실전 테스트battle-test하는 전략을 개발하라. 매뉴얼에 모든 것을 문서화하고 사후 분석을 작성하자.

48

시간이란
무엇인가?

니힐 나니바데카르
BNY 멜론 이사

위키피디아에서는 시간을 '무한히 연속되는 존재와 사건이 과거, 현재, 미래의 순으로 되돌릴 수 없이 진행되는 것'이라고 한다.[1] 컴퓨팅 관점에서 시간은 기간duration 또는 날짜-시간date-time 표현이다.

하루를 생각해 보자. 하루는 24시간이고, 1시간은 60분이다. 1분은 60초이며, 1초는 1,000밀리초다. 따라서 '프로세스가 얼마나 오랫동안 동작했는가?' 또는 '작업이 완료되기까지 걸린 시간은 얼마인가?'와 같은 질문은 기간을 의미한다. **기간**은 다음 공식으로 계산할 수 있다.

기간 = 종료 시간 − 시작 시간

날짜-시간으로 표현된 시간을 살펴보자. 이 표현은 연, 월, 일, 시, 분, 초로 구성된다. ISO 8601 표준을 사용하면 시간은 2020-06-10T00:

---

1 https://en.wikipedia.org/wiki/Time

51:23Z 형식으로 나타낼 수 있다. 여기에서 Z는 시간대를 나타내고, 협정 세계시Coordinated Universal Time, UTC를 의미한다.

앞서 살펴본 기간을 구하는 공식을 떠올려 보자. 아주 간단했던 공식이 시간대 때문에 조금 더 복잡해졌다. 예를 들어 인도에 있는 사용자가 인도 현지 시간 08:00에 작업을 시작해서 뉴욕에 있는 또 다른 사용자가 뉴욕 현지 시간 08:00에 완료했다고 하자. 앞의 공식에 따르면 해당 작업이 수행된 시간은 0분이다. 하지만 이것은 사실이 아니다. 해당 작업에 걸린 시간은 이 작업이 수행된 연도에 따라 9시간 30분 또는 10시간 30분이다. 이로써 시간의 이야기 속에 있는 또 다른 반전을 알게 된다. 바로 **일광 절약 시간제**daylight savings time 또는 **써머 타임**summer time이다. 따라서 기간을 구하는 올바른 공식은 다음과 같다.

$$기간 = (종료\ 시간)_{@시간대T} - (시작\ 시간)_{@시간대T}$$

이러한 유동적인 시간의 성질은 특히 클라우드에서 작업할 때 많은 도전을 만들어 낸다. 뉴욕에 있는 데이터 센터에서 동작 중인 프로세스가 런던 소재 데이터 센터에서 동작 중인 프로세스와 상호 작용한다고 상상해 보자. 두 프로세스 모두 각자의 시간대로 계산을 수행하고 시간과 관련된 정보를 서로 공유한다면 오류와 버그의 원천이 될 수 있다. 게다가 뉴욕의 프로세스가 캘리포니아에서 동작 중인 또 다른 프로세스로 대체된다면 프로세스의 시간대 역시 변경된다. 데이터 센터 변경으로 시간 관련 작업에 문제가 생길 확률이 높아진다. 이러한 문제를 피하기 위해서 가장 좋은 방법은 먼저 모든 날짜−시간 정보를 UTC로 변환하고 계산을 수행해야 한다. 또 다른 좋은 방법은 날짜−시간 정보를 UTC로 공유하는 것이다. 마지막으로 모든 날짜−시간 정보는 모호함을 피하기 위해서 시간대 정보를 함께 포함해야 한다.

시간은 극도로 불가사의할 수 있고 예상치 못하고 상상할 수 없는 많은 문제를 일으킬 수 있다. 시간과 관련된 작업을 할 때는 항상 시간대를 염두에 두는 것이 좋으며, 상호 작용 간에 시간대 정보를 공유해야 한다. 시간은 추상적이고 복잡할 수 있는 반면에 직관적이고 단순할 수도 있다. 따라서 시간과 시간대를 항상 확인하는 것을 잊지 마라.

49

모델 의존성을 모니터링하라!

오리 코헨(Ori Cohen)

뉴 렐릭(New Relic), 리드 데이터 과학자(Data Scientist)

알고리즘은 여러 패키지에 의존하며, 이러한 패키지들은 각자의 수명 동안 다양한 버전이 존재한다.[1] 수많은 경우 중 하나인데 의존성이 모델을 망가 뜨리거나 배포를 망칠 수도 있다. 이러한 일이 생기면 의존성을 모니터링할 수 있는 모니터링 메커니즘을 갖고 싶을 것이고, 문제가 발생한 시기나 위치를 알려 주는 알람을 받고 싶을 수도 있다.

때로는 환경마다 requirement.txt[2] 파일을 가지고 있을 수 있다. 예를 들어 연구 개발 환경은 항상 최신 버전의 판다스$_{pandas}$[3]나 사이킷런$_{scikit-learn}$[4] 과 같은 과학 관련 패키지를 유지할 수 있다. 하지만 배포할 때는 특정 버전으로 고정해야 한다. 새로운 코드나 직렬화된 모델이 스테이징이나 프로

---

1 본문은 최초 '데이터 사이언티스트를 향하여'(https://towardsdatascience.com/monitor-your-dependencies-stop-being-a-blind-data-scientist-a3150bd64594)라는 제목의 글로 발행되었다.

2 역주 파이썬에서 프로젝트에서 참조하는 의존성 패키지들의 버전을 관리하는 파일이다.

3 역주 https://pandas.pydata.org/

4 역주 https://scikit-learn.org/stable/

덕션에 업로드될 때 피클pickle 또는 잡립joblib과 같은 패키지가 이전 버전의 패키지를 가지고 직렬화된 모델을 역직렬화하는 것을 망가뜨릴 수 있다.

전처리 단계에서 이모지emoji를 문자로 변환해 주는 패키지인 딥모지 DeepMoji를 사용할 수도 있다. 예를 들어 😃를 **행복**으로 변환한다. NLP 모델은 특정한 문자와 이모지 매핑에 의존하고 특정한 딥모지 버전으로 측정된다. 새로운 버전으로 업데이트하고 난 후에는 매핑이 변경되면 모델에 직접적으로 영향을 미친다. 이로써 예측하지 못한 분류가 발생하거나 단순하게는 예측 가능성에 영향을 미친다.

팀 외부의 누군가가 해당 조직에서 관리하는 패키지를 변경할 수도 있다. 이러한 일은 업스트림이나 다운스트림에서 발생할 수 있으며, 궁극적으로는 기대한 모델의 기능을 변경하거나 망가뜨릴 수 있다. 모델이 망가지면 이 예외가 어디서부터 오는지를 밝혀 내는 것만이 답이다. 모두가 알다시피 이러한 일은 시간이 많이 걸리며, 특히 이러한 예외가 여러분의 코드베이스 외부에서 발생했다면 더 그럴 수 있다. 그저 올바르게 동작할 때까지 기다리기만 한다면 고객이 불만을 이야기하기 전까지는 문제가 발생했는지 알 수 없다.

또 다른 예제를 살펴보면 새로운 배포 흐름이 최근에 파이프라인에 들어왔는데, 모종의 이유로 동작하지 않는다고 하자. 시스템이 자동으로 몇 달 전에 사용 중지된 이전 배포 흐름으로 되돌린다. 하지만 이 흐름은 여전히 이전 코드, 이전 의존성, 이전 직렬화 모델을 가리키고 있다. 고객은 오래된 데이터를 기반으로 한 예측 결과를 받게 될 것이고 새로운 고객의 정보는 이전 모델에는 존재하지 않게 된다. 즉, 여러분 손으로 작은 격변을 만들어 낸 것이다.

결정적인 행동을 유지할 수 있는 한 가지 방안은 모든 환경의 의존성 버전을 기록하고 환경 사이에 의존성 버전이 일치하지 않을 때 알림을 보내도록 하는 것이다. 또 다른 방법은 의존성 버전을 예측에 매핑해 두는 것이다. 무엇이 잘못되었는지, 언제 잘못되었는지, 어디서 잘못되었는지 알 수있어 문제를 빠르고 쉽게 해결할 수 있다.

모델 성능과 의존성을 면밀히 모니터링하거나 고객과 대화하지 않는다면 이러한 종류의 문제는 어딘가가 동작하지 않는 한 파악할 수 없게 된다. 설사 유닛 테스트가 완전히 성공했었고 알고리즘이 기술적으로 동작한다고 해도 말이다.

이 모든 경우에서 각 환경의 의존성을 모니터링하는 것은 문제를 발견하고 대응 및 해결하는 시간을 줄여 여러분의 비싼 업무 시간을 절약해 준다. 가장 중요한 점은 이 방법이 여러분 고객이 이러한 종류의 사고로 부정적인 영향을 받는 시간을 줄여 준다는 것이다.

50

개발 환경이라는 것은
존재하지 않는다

피터 맥쿨(Peter McCool)

CT4, 데브옵스 매니저

(개발 환경은) 프로덕션 시스템의 후보다.

먼저 이 **후보** 프로덕션 시스템은 실제 프로덕션 시스템과 동일하지도 가깝지도 않다. 하지만 여러분과 고객이 스스로 할 수 있는 단계에 다다르면 개발과 프로덕션이 하나가 되었을 때의 모습이 어떨지 생각해 보는 큰 전환이 된다. 시스템은 이러한 단계에 놀랍도록 빠르고 쉽게 다다를 수 있다.

확실히 내 관점에서는 개발 환경이 발판scaffolding과 같은 형태에 지나지 않는다고 생각한다. 개발 환경은 그냥 코드를 작성할 수 있게 도와주는 것이다(그리고 없어지고 모두가 옮겨 가는 것이다). 이러한 생각이 바로 우리가 하는 개발 환경에 대한 일반적인 가정이며, 완전히 이해할 수 있지만 전혀 매력적이지 않은 부분이다. 그래서 나는 우리 모두가 개발 환경을 프로덕션 환경 후보로 여기는 편이 훨씬 낫다고 주장한다.

우선 시스템은 달아나려는 습성이 있다. 아마도 여러분은 이번 한 번만 사용하고 마는 시스템을 생각하고 만들었을 수 있다. 그리고 그 한 번이 두 번이 되고, 결국 1년이 지나게 된다. 예를 들어 이 시스템을 실제 고객에게 1년 요금을 청구하는 데 사용할 수도 있다. 결국 한 번만 사용하고자 한 시스템과 실제 사람에게 돈을 청구하는 일이 함께 밀접하게 연관되는 일이 일어날 수 있다. 적어도 내 삼촌네 반려견의 가장 친한 친구인 피아노 선생[1]이 하는 말이다. 에이! 그리고 그들[2]은 프로덕션 시스템이 어떻게 동작하는지 생각해 보는 편이 적어도 환경을 일치시키는 것보다 낫다고 말하기도 한다.

프로덕션 시스템이 실제로 의미하는 또 다른 바는 '다른 누군가가 당신에게 책임을 물을 수 있는 시스템'이다. 그리고 프로덕션 시스템은 생각보다 일찍 건너 버린 루비콘Rubicon[3] 강과 같다. 좋다. 많은 사람에게는 별로 상관 없을 수 있다. 기대가 낮을 수 있거나 잘못된 이해를 하고 있기에 그럴 수 있다. 하지만 요점은 여전히 개발 환경이 사람들에게 중요하다는 것이다. 빌드 인프라가 이러한 종류의 훌륭한 예다. (소프트웨어가) 빌드되는 것이 실제 환경에 (배포되기) 훨씬 전부터 많은 사람에게 중요할 수 있다. 못 믿겠다면 개발 팀에 일주일 동안 아무것도 배포할 수 없다고 말하고 그들이 어떻게 반응하는지 살펴보아라.

하지만 그 이상의 의미도 있다. 만약 여러분이 개발 환경을 프로덕션과 동일한 수준으로 실행할 수 있게 한다면(여러분도 마찬가지다, 그렇지 않은가?), 프로덕션 과정을 가능한 한 빨리 빌드하고 테스트하고 또 강화할 수 있는 기회가 상당히 많이 생긴다. 무엇이든 일반적으로 프로덕션에 배포된

---

1   역주 즉, 나와 전혀 상관없거나 존재하지 않을 수도 있는 사람을 의미한다.

2   역주 존재하지 않을 나와 상관없는 사람을 가리킨다.

3   역주 고대 로마 시절 율리우스 카이사르가 정권을 장악하기 위해서 무장을 해제하고 강을 건너야 하는 관습을 어기고 군대를 무장한 채 강을 건너서 내전을 일으키게 된다. 관용적으로 돌이킬 수 없는 일을 저질렀다는 의미로 '루비콘 강을 건너'로 표현한다.

다면 일주일에서 한 달 동안 불행을 겪는다.[4] 여러분에게는 두 가지 선택지가 있다. 하나는 프로덕션에 나가기 6개월 이전에 이러한 과정을 수행하여 프로덕션에서 불행이 닥치는 것을 줄이는 대신, 6개월 내내 감내할 만한 귀찮음을 안고 갈 수도 있다. 또는 여전히 최악이지만 어쨌든 프로덕션에 빠르게 배포하고 실제 불행을 직접적으로 경험할 수도 있다. 나는 두 가지 모두 겪어 보았지만, 불행이 닥치는 것보다는 감내할 만한 귀찮음이 더 낫다고 생각한다.

여기에서 확실한 것은 빌드와 배포 자동화다. 모든 환경에서 일관된 프로세스를 만들 수 있다면 자동화를 정말로 일찍 시작할 수 있다. 하지만 이것이 이야기의 끝은 아니다. 더 일반적으로 로깅과 모니터링은 가능한 한 많은 이점을 준다. 이러한 모든 이점은 시스템 구축 과정에서 얻을 수 있는 장점이므로 첫날day zero부터 생각해 볼 수 있는 또 다른 설득력 있는 장점이다.

잠재된 문화적인 이점 역시 존재한다. 개발 시스템을 실제 운영 환경과 동일하게 취급하기 시작하면, 이러한 시스템을 SRE나 지원 조직이나 또 다른 누군가가 책임져야 하는지 이야기를 꺼내고 싶어질 수도 있다. 내가 할 수 있는 조언은 그 유혹에 굴복하라는 것이다. 사실 내 조언은 두 가지다. 누가 시스템을 책임져야 하지 하는 생각이 든다면 최대한 빠르게 결정하자. 그리고 그 결정에 따르자.

이 모든 것을 요약하자면 **선제 관리**early management라고 할 수 있겠다. 문제를 선제적으로 대응하고(앞서 언급한 것이 모든 대응 목록은 아니다), 시스템을 사용하는 사람이든지 지원할 사람이든지 간에 누가 시스템을 책임질지 먼저 정하자.

4　**역주** 충분히 검증되지 않은 코드가 실제 환경에 배포되면 예상치 못한 어려움을 만난다는 의미다.

51

사고 분석과 카오스 엔지니어링: 보완 사례

라이언 프란츠(Ryan Frantz)
소프트웨어 및 운영 엔지니어

실패에서 얻은 교훈은 높은 신뢰성이 요구되는 세상에서 아주 유용하다.[1] 우리 접근법은 바로 학습이며, 어떤 실패로부터 배워야 할지는 명확하지 않을 수 있다. 학습을 위한 두 가지 공통된 분야가 바로 사고 분석과 카오스 엔지니어링이다.

사고 분석

잘된 사고 분석은 시간이 걸린다. 사고 분석에 몇 시간만 쓸 수 있도록 제한하거나 사고 조사에 대한 결과를 정해진 형식에 맞추어 채워 넣는 것은 고품질 분석이라고 할 수 없다. 사고 분석의 세 가지 산출물인 문서 강요, 기술 교육, 놀라움에 직면하기에 대해 살펴보겠다.

---

1 LFI(https://www.learningfromincidents.io/blog/incident-analysis-and-chaos-engineering)에 맨 처음 게재되었다.

문서 강요

규제 요구 사항이나 수탁 책임자가 보고서를 요청할 수도 있다. 이러한 경우에 분석 가치는 굉장히 피상적이다. 사고 분석이 단순히 문서 생산 작업의 일환이 되기 때문이다. 이는 관료적이고 방어적인 절차다. 사고 분석이 읽기보다는 단순히 작성에 의의가 있게 된다.

기술 교육

요청이 쌓여 API 동작이 중단된 전자 상거래 사이트를 운영하고 있다고 상상해 보자. 이 사고에 대한 여러분 분석이 문서와 정책을 갱신해서 아키텍처에 대한 동료들의 기술적 이해 차이를 해소할 수 있는 기회가 왔다. 과거에 알려진 조건을 직면하면서 시스템을 견고하게 구축할 수 있는 방법이 된다. 우리가 실패를 비어 있는 프로세스를 메꾸고 스스로를 강화하고 가능하다면 실행 방안을 향상시키는 기회로 삼는다면, 분석은 가시적이고 즉각적인 가치를 지니게 된다.

놀라움에 직면하기

여러 사고의 공통된 주제는 바로 무엇이 어딘가 놀랍다는 것[2]이다. 놀라움은 시스템 동작에 대한 우리의 멘탈 모델과는 대조적인 사고가 발생해서 생겨난다. 이러한 놀라움에 집중하면 담당 조직의 멘탈 모델 차이점을 명확하게 보여 줄 수 있다.

사고의 상세한 내용을 넘어 사업 목표와 정책 사이의 긴장(예상되는 일과 완료된 일work-as-imagined and work-as-done[3])을 포함하는 다른 흥미로운 놀

---

2 https://snafucatchers.github.io/#3_4_2_Surprise

3 https://humanisticsystems.com/2016/12/05/the-varieties-of-human-work/

라움이 밝혀질 수 있다. 업무 방식에 대한 이러한 깊이 있는 통찰은 조직이 제대로 파악하지 못한 작업을 지원하기 위한 효율적인 해결책을 활용하는 절차를 향상하는 것과 같은 긍정적인 개선을 가져온다.

카오스 엔지니어링

소프트웨어는 특정한 성향을 나타내고 예상되는 방식으로 동작하도록 설계된다. 결국 소프트웨어는 초기 설계와는 다른 모습으로 계속 변경된다. **카오스 엔지니어링** 실험을 통해 시스템을 실제 같은 조건에서 평가할 수 있다. 따라서 설계 목표를 충족하지 못하는 영역과 기대를 충족하는 부분이 어딘지 알 수 있다.

카오스 엔지니어링 실험은 사고 분석이 주는 기술 교육과 유사하게 그 결과가 가시적이고 즉각적이라는 가치가 있다. 카오스 엔지니어링 실험은 좁은 범위에서 수행되며 결과는 명확하다.

사고 분석 또는 카오스 엔지니어링

따라서 사고를 분석하거나 카오스 엔지니어링 실험을 수행하기 위한 시간을 써야 할까? 하나의 방법을 수행하는 것은 다른 방법에도 도움이 된다. 사고 분석과 카오스 엔지니어링은 상호 보완적이며, 함께 사용하면 강력한 결과를 만들 수 있다.

투자 회수

어댑티브 캐퍼시티 랩Adaptive Capacity Lab에서는 사고를 다음과 같이 정의한다.

사고는 계획되지 않은 투자다. 여러분에게 닥친 도전은 ROI를 극대화하는 것이다.

사고는 본질적으로 가치가 있다. 실패는 카오스 실험을 포함하여 추가적인 분석이 필요한 영역에 우리 관심을 집중하도록 만든다. 사고 이력을 살펴봄으로써 설계에 도움이 되는 패턴을 발견할 수 있다. 이렇게 사고를 분석하면 사고 결과가 투자가 되어 그 효과를 극대화할 수 있는 정교한 표적 카오스 실험을 만들 수 있다.

미래를 위한 비전

1995년에 보잉사는 777 기체의 날개 편향 테스트를 수행했다. 테스트 목적은 운항 중에 발생할 수 있는 스트레스를 날개가 견딜 수 있는지 보는 것이었다. 문자 그대로 날개의 파손 지점을 찾기 위해서 설계된 실험이다. 사고를 분석하고 교훈을 얻어 온 항공 산업의 역사에 따라 수백만 달러에 달하는 기체를 의도적으로 파손하려는 실험 목표가 정해졌다.

나 역시도 소프트웨어 엔지니어링의 미래에 대한 비전이 있다. 모든 조직이 사고 분석의 가치를 알고 보잉사가 이러한 실험을 25년 전에 했던 것처럼 일상적인 업무에서 사고 분석에서 얻은 지식이 나타나는 것이다.

소프트웨어 엔지니어 및 매니저 또는 투자자로서 오늘날 우리는 사고를 분석하는 데 필요한 기술을 연마하고 사고가 드러내는 깊이 있는 통찰을 이끌어 내야 한다.

52

내 AWS 계정을
어떻게 정리할까?

스티븐 쿠엔즐리
K9 시큐리티 창업자

클라우드 자원을 조직화하고 보호할 수 있는 가장 기본적인 도구가 바로 계정account이다. AWS 계정, GCP 프로젝트, 애저 구독과 같은 것이다. 클라우드 계정은 관리, 장애, 보안 영역을 만드는 아키텍처 요소다. 하지만 많은 조직에서 계정을 올바르게 사용하지 못해서 조직과 고객을 위험에 빠뜨리고 있다.

여러분 조직이 클라우드에서 운영하고 있는 주요한 사용 사례별로 클라우드 계정을 만들 것, 이것이 바로 규칙이다.

대규모 조직의 클라우드 계정을 변경하고 안전하게 운영하기 위한 정리 방법을 설명하겠다. 여러분 필요에 따라 적절하게 맞추면 된다. 먼저 조직 간에 공유하는 사용 사례부터 시작해서 사용자 애플리케이션을 실행하는 방법을 살펴보자.

모든 기업은 그들의 클라우드 배포에서 다양한 사용 사례(블루/그린 배포의 그린에 해당)를 반드시 지원해야 한다. 다음과 같은 계정을 생성하자.

- 보안 계정은 조직의 클라우드 API 활동 로그[클라우드 트레일(CloudTrail)]와 자원 설정 인벤토리[컨피그(Config)]를 포함한다. 그리고 공유 서비스(shared service) 계정의 로그 검색 도구에 로그를 보낸다.

- 공유 서비스 계정에서 모니터링, 로깅, DNS, 디렉터리, 보안 도구를 운영하라. 클라우드 제공자와 인프라와 다른 계정에서 동작 중인 애플리케이션의 텔레메트리를 수집하라. 다른 계정의 상위 권한을 보유한 사람이 데이터와 서비스를 사용할 수도 있지만 운영 텔레메트리를 변경할 수 없어야 한다.

- 딜리버리 계정은 애플리케이션 빌드와 인프라 관리를 해 주는 강력한 CI/CD 시스템을 운영한다. CI/CD를 지정된 계정에서 운영해서 해당 기능에 대한 보안을 단순화한다.

- 각 사업부별로 애플리케이션(블루/그린 배포의 블루에 해당) 개발, 테스트, 운영을 위한 런타임 계정을 생성하라. 선택적으로는 샌드박스(sandbox)와 장애 복구를 위한 계정을 만들 수 있다.

▼ 클라우드 계정을 생성해 나가는 구조

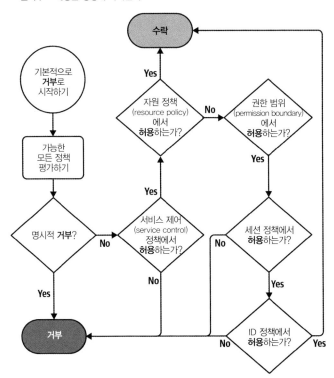

이러한 구조가 자율성과 보안과 비용에 어떻게 영향을 주는지 살펴보자.

대부분의 기업에는 여러 사업부가 있다. 각 사업부의 프로비저닝 런타임 provisioning runtime은 의사 결정 과정과 사업부 간 접근 관리를 분리한다. 이는 사업부가 최소한의 관리로 업무를 가능하도록 하기 위한 자유도를 제공한다. 이러한 선택이 기업의 인력과 서비스 간 관계를 발전시킬 수 있다는 사실을 인식하자.

애플리케이션을 출시하기 위한 아키텍처, 조직 구조, 배포, 운영 실무 등의 업무는 사업부별로 상이하다. 이러한 차이를 인식하고 받아들임으로써 사업부가 공존할 수 있게 도와주며, 클라우드를 채택함으로써 표준을 위해 경쟁하는 것이 아니라 조화를 이루게 한다.

IAM 사용자, 룰, 정책은 계정 단위다. 결과적으로 한 사업부의 엔지니어나 애플리케이션은 다른 사업부에 영향을 미치지 않고 자원을 사용할 수 있다. 이는 보안 침해 위험 역시도 제한한다. 하나의 사업부를 침입한 공격자는 이러한 제한으로 인해 다른 사업부 자원에 자동으로 접근할 수 없다. 교차 계정 접근을 사용할 수는 있지만 이 기능은 명시적으로 활성화해야 한다.

사업부 단위의 AWS 운영 비용을 추적하고 관리하는 것은 AWS나 서드파티 클라우드 비용 관리 도구에서 간단하게 할 수 있다.

기업 대부분에서 애플리케이션 제공은 여러 단계로 되어 있다. 목적에 따라 환경을 나누고 별개의 계정(dev, stage, prod와 같은)으로 각 단계에 애플리케이션을 배포한다.

애플리케이션 개발 팀은 특히 프로덕션과 같은 다운스트림 환경을 망가뜨릴 걱정 없이 변경 사항을 배포하고 즉각적인 피드백을 얻을 수 있다.

소프트웨어 제공 단계에 따라 개발자 권한이 다양한 것은 각 단계마다 구분된 계정이 있는 경우 직관적이다. dev 계정의 IAM 사용자 또는 역할은 stage나 prod 계정에 자동으로 동일한 권한을 가지지 않는다. 이는 올바른 데이터 접근 수준 부여와 제공 단계의 운영을 단순화한다. dev 계정이 데이터베이스를 삭제하는 것은 괜찮지만 prod 계정에서는 절대 안 된다.

제공 단계에 의한 분할partitioning 계정은 감사 영역의 경계를 나누며 비프로덕션 영역을 해당 영역 외로 한다. 제공 단계에 의한 분할로 각 단계별로 소비되는 비용을 알 수 있으며 적절한 자원 사용량을 제한할 수 있다.

사용 사례, 구조, 조직의 애플리케이션 제공 프로세스를 구별하기 위해서 클라우드 계정을 정리하자. 여러분 조직이 더욱 빠르고 안전하게 움직일 수 있게 계정에 따라 사용 사례를 분할하고 활동 및 데이터에 대한 안전한 범위를 설정하자.

53

탄력성과 확장성이 핵심이다

티자니 벨만수르(Tidjani Belmansour)
코포모(Cofomo) 클라우드 솔루션 아키텍트

클라우드의 부상으로 사실상 무제한 자원 풀을 사용할 수 있게 되었다. 이로써 애호가, 프리랜서, 스타트업, 세상에 존재하는 거대 기업 모두에 완전히 새로운 기회가 열렸다.

갑작스럽게 우리의 애플리케이션이 동작하는 인프라가 사용자 요청에 맞추어 단일 인스턴스에서 수천 개의 인스턴스로 단 몇 분 또는 몇 초 만에 확장될 수 있다. 확장은 두 가지 방향으로 설계되어야 한다. 하나는 **스케일 아웃**(요청이 증가했을 때)과 다른 하나는 **스케일 인**(요청이 감소했을 때)이다. 이러한 방법은 **수평 확장**으로도 알려져 있다.

스케일 아웃과 스케일 인은 요청을 충족할 수 있는 처리 능력을 위해서 인스턴스를 늘리거나 줄이는 것을 의미한다. 그로 인해 사용자 요청을 충족할 뿐만 아니라(즉, 서버가 부하로 인해 요청을 거부하지 않음) 합당한 시간 안에 충족한다(우리는 **애플리케이션의 지연 시간을 줄인다**고 한다).

확장을 위한 또 다른 방법으로 알려진 것이 **수직 확장**이다. 여기에서는 인스턴스 수가 아니라 컴퓨팅 파워(CPU, RAM 등)를 증가(**스케일 업**)하거나 감소(**스케일 다운**)시킨다.

이상적으로 수직 확장보다는 수평 확장을 지향해야 하는데, 최소한 다음 두 가지 이유 때문이다.

- 수직 확장은 인스턴스 수를 증가시키지 않는다. 따라서 서비스를 단일 인스턴스로 실행하는 경우, 해당 인스턴스가 정지하면(즉시 회복되지 않으면) 전체 시스템 장애의 원인이 될 수 있다.
- 수직 확장이 항상 보다 많은 요청을 처리할 수 있는 것을 보장하지 않는다. 물리 하드웨어가 인스턴스 용량 증가의 제한이 된다.

지연 시간을 줄이는 것이 왜 중요한가? 서비스 사용자가 서버의 응답을 오래 기다리면 기다릴수록, 사용자는 여러분 서비스를 더 이상 사용하지 않고 경쟁자 서비스로 옮겨 가기 때문이다.

탄력성과 확장성은 어떤 면에서 연결되어 있다. 하지만 탄력성이 의미하는 바는 무엇인가? **탄력성**은 장애 상황에서 시스템을 복구하는 능력으로 정의를 내릴 수 있다. 그렇다면 탄력성이 어떻게 확장성과 관련 있을까? 부하가 있는 시스템은 이미 오토스케일링 요청(완료되기까지 시간이 걸린다)이 발동되었음에도 인입된 요청을 거부할 수 있다. 만약 시스템이 탄력적이지 못하면 시스템은 멈추게 되고 사용자 세션이 유실되는 끔찍한 상황이 발생한다. 그 시스템이 전자 상거래 사이트라면 우리는 매출을 잃은 것과 마찬가지다! 하지만 시스템이 탄력적이라면 실패한 요청을 보관했다가 시스템이 일정 시간 이후에 다시 요청을 수행할 수 있어 최종적으로는 요청을 성공적으로 처리하게 된다.

서두에 언급한 클라우드가 보장해 주는 것으로 돌아가자. 무한한 자원 풀은 마법이 아니다. 애플리케이션이 클라우드 플랫폼의 확장성과 탄력성을 온전히 활용하지 못한다면 소용없다. 탄력성과 확장성을 염두에 두고 애플리케이션을 설계할 때 비로소 얻을 수 있다. 이 개념을 지원하는 도구 및 프레임워크와 클라우드 패턴을 사용하여 탄력성과 확장성을 얻을 수 있다. 이러한 도구와 프레임워크는 대체로 모든 기술과 프로그래밍 언어에서 지원한다.

탄력성과 확장성을 온프레미스 애플리케이션에 주입하는 것은 종종 다양한 이유로 경시되고 있는데, 시스템의 최대 부하가 사전에 계산되어 있고 거기에 맞추어 시스템이 디자인된 것이 공통된 이유다. 하지만 클라우드가 좋든 싫든 간에 이를 바꾸고 있다. 우리가 예상한 것보다 시스템이 훨씬 더 성공할 수 있다. 만약 우리 시스템이 이러한 성공을 효과적으로 다룰 수 있다면, 우리는 크게 이익을 얻을 수 있다. 그렇지 않다면 사업에 부정적인 영향을 미치게 된다.

그러므로 다음에 새로운 애플리케이션을 설계하거나 기존 아키텍처를 변경해야 할 때 클라우드 패턴 사용을 고려하고, 탄력성과 확장성을 애플리케이션의 핵심으로 삼아라. 탄력성과 회복성은 애플리케이션이 클라우드에서 실행되든지 온프레미스에서 실행되든지 간에 상관없이 아주 큰 이점이 될 수 있다.

54

모니터링하게 될 것이다

티자니 벨만수르

코포모 클라우드 솔루션 아키텍트

자, 여러분은 반짝이는 새로운 애플리케이션을 클라우드에 배포하기로 계획했다. 가능한 한 모든 최고의 디자인 패턴과 사례를 적용해서 탄력적이고 확장성 있는 아키텍처를 만들어 냈다. 다양한 기법과 접근법으로 사용자 요구를 모두 충족할 수 있는지 애플리케이션을 테스트했고, 버그가 아예 없거나 최소한 '심각도severity 1'에 해당하는 버그는 없다(덜 치명적인 버그를 '기술 부채'라는 항목으로 지속적으로 추적하고 있을 수 있다). 아마도 인프라는 코드로 작성해 두었고 필요한 CI/CD 파이프라인도 만들었을 것이다. 이제 프로덕션 환경에 애플리케이션을 막 배포했고 성공을 축하할 일만 남았다.

글쎄, 그렇게 하기에는 너무 이르지 않을까? 무엇인가 잊은 것은 없는가? 모니터링은 어쩌고?

모니터링이 무엇이며 왜 신경 써야 하는가?

모니터링이라는 단어를 어디서 찾아보든지 결국 다음 정의에 근접한 내용을 보게 될 것이다.

모니터링은 자원의 목적 달성을 위해서 자원의 진행 정도, 사용량, 품질을 추적하는 정보를 수집하고 분석하고 사용하는 체계적이고 반복적인 절차다.

모니터링은 데이터가 필요하다. 데이터는 수집되어야 한다. 수집되는 데이터는 다양한 형태와 다양한 원천(활동 로그, 서버 로그, 애플리케이션 로그 등)에서 얻는다. 일반적으로 **텔레메트리 데이터**라고 한다.

이 데이터에는 어떤 동작이 수행되었는가? 누가 그랬는가? 언제 그랬는가? 이 동작으로 어떤 자원이 영향을 받는가? 같은 질문에 답하기 위한 정보가 포함되지만 이러한 질문에 국한되지는 않는다.

클라우드 기반 애플리케이션에서만 모니터링이 필요한가?

한번 추측해 보자. 물론 정답은 '아니요'다. 모니터링은 애플리케이션이 온프레미스에 배포되든 클라우드에 배포되든 중요하다. 비록 기업이 자사 데이터 센터 외부에 배포된 클라우드 기반 애플리케이션에 보다 많은 신경을 쓴다고 해도 말이다.

즉, 클라우드 제공자는 애플리케이션 성능 관리Application Performance Management, APM 도구처럼 광범위한 종류의 도구를 제공해서 이를 조합하면 모니터링 솔루션과 알람 메커니즘 구성을 모두 직접 하는 것보다 쉽게 할 수 있다고 한다.

무엇을 모니터링해야 하는가?

모니터링은 애플리케이션이 오랜 시간 성공적으로 동작할 수 있게 만드는 원동력이다. 모니터링을 다음과 같은 사용자 요청을 여전히 충족하고 있는지 판단하기 위한 지시자로 삼아야 한다.

기능성

더 이상 사용되지 않는 기능이 있는가? 또는 이러한 기능이 사용자를 혼란스럽게 하는가?

사용자 경험

애플리케이션이 충분히 빠르게 응답하는가? 사용자가 문제를 경험하고 있는가?

사용 패턴

고객이 어떻게 애플리케이션을 사용하는가?

보안

애플리케이션이 공격받고 있는가? 애플리케이션이 해킹 당했는가? 데이터 유출이 있는가?

청구

예상한 비용보다 많은 비용이 지출되는가? 비용 절약이 가능한가?

플랫폼 헬스 상태

클라우드 플랫폼에 서비스 장애가 있는가?

이에 더해 여러분이 생각할 수 있는 어떤 종류의 통찰 역시도 모니터링할 수 있다.

모니터링과 대시보드 만들기

여러분이 선택한 클라우드 제공자는 관리 콘솔에서 대시보드 생성을 할 수 있는 방법을 제공할 것이다. 메트릭과 텔레메트리 데이터를 게시하여 현재 소프트웨어 시스템(애플리케이션과 인프라)의 상황을 시각화할 수 있는 훌륭한 방법이다.

모니터링을 위해 애플리케이션 설계 초기부터 무엇을 신경 써야 하는가?

애플리케이션 설계 막바지가 되었을 때 모니터링을 고려하는 것은 효과적이지 않다. 설계 처음부터 모니터링도 함께 염두에 두어야 한다. 모니터링하고자 하는 텔레메트리 데이터의 종류와 수준과 형태를 생각해야 한다. 그리고 텔레메트리 데이터가 전송될 곳과 실시간 쿼리가 필요한지 여부도 함께 생각해야 한다. 알람도 비정상적인 경우가 감지되었을 때만 받을지, 잠재적인 위험이라고 판단되면 받을지 생각하고, 어떤 주기로 알람을 보낼 것인지도 고려해야 한다. 이러한 질문들이 설계 초기부터 고려되어야 할 사항이다.

이제 여러분과 여러분의 애플리케이션에서 무엇을 모니터링해야 하는지에 대한 더 나은 관점이 생겼을 것이다. 따라서 다음에 클라우드 기반 애플리케이션(또는 온프레미스 경우도 마찬가지)을 다루게 된다면 모니터링을 반드시 고려해야 한다.

55

신뢰할 수 있는 시스템은 우연히 만들어지지 않는다

잭 토마스(Zach Thomas)
제네시스(Genesys) 서비스 신뢰성 팀 리드

복잡한 시스템을 설계할 때 이상적인 경우만 우선 고려하는 것은 단순화에 도움이 될 수 있다. 하지만 **이상적인 경우만** 가정하고 설계하는 것은 큰 실수다. 모든 컴퓨터 프로그램에 해당하는 사실이지만, 시스템이 클라우드 내에서 연결될 때 문제는 더 가중된다.

다음은 항상 잘못되는 경우의 일부다.

- 네트워크를 통해 접근하고자 하는 대상이 접근 불가다.
- 네트워크를 통해 접근하고자 하는 대상이 이상하게 느리다.
- 서비스 요청이 갑작스럽게 가용량을 초과하는 수준으로 들어온다.
- 사용자는 예상보다 훨씬 더 큰 규모의 데이터 페이로드를 생성한다.
- API 요청이 플랫폼에 의해 쓰로틀링(throttle)된다.

무엇보다도 클라우드 시대에서는 운영의 문제가 곧 개발의 문제가 된다. 비이상적인 경우가 발생하는 것을 막을 수 있느냐가 신뢰할 수 있는 시스템과 침몰하는 배 사이를 가른다.

시스템에서 제한이 없는 부분은 그 부분이 시스템을 다운시킬 곳이 될 수 있다. 시스템이 받는 입력부터 다운스트림 시스템의 응답을 기다리는 시간에 이르는 모든 것에 제한을 두어야 한다. 카디널리티를 강화하라. 콘텐츠 관리 시스템에 고객이 수천 개의 항목을 만들 수 있다고 예상하는가? 그렇다면 수억 개의 항목을 생성하지 못하도록 하라. 제한을 걸어야 할 또 다른 장소가 바로 서비스의 정문[1]이다. 자동 수평 확장을 사용하더라도 수용할 수 있는 요청 수를 제한하자. 서비스가 최대 용량에 다다랐을 때, 새로운 요청을 거절하는 편이 모든 요청을 받고 서비스가 다운되는 것보다 낫다.

아키텍처 다이어그램도 장애 모드의 지도가 된다

신뢰성 엔지니어링이라는 직책을 가지고 아키텍처 다이어그램을 살펴보면, 모든 박스는 장애가 날 수 있는 서브 시스템subsystem이고 모든 선은 단절될 수 있는 통신 경로로 보일 것이다. 이러한 장애 모드를 설계 문서에 나열하는 것은 좋은 생각이다. 모든 의존성에서 다음과 같은 질문을 해야 한다.

- 충분한 타임 아웃이 있는가?
- 재시도 정책이 무엇인가?
- 서킷 브레이커[2]가 있는가?
- 장애 상황에 사용할 수 있는 적절한 장애 대체 값이 있는가?
- 작업을 연기하고 나중에 시도할 수 있는가?

---

1 역주 API 엔드포인트 등이다.

2 역주 전기 회로의 차단기와 같은 역할을 하는 시스템을 의미한다. 서비스에 장애가 발생하면 해당 서비스로 들어오는 요청을 차단해서 장애가 전파되는 것을 사전에 막는 시스템이다.

비동기 통신은 클라우드 신뢰성의 친구다

네트워크에서 하는 모든 통신은 실패할 수 있으므로 동기 요청은 가장 취약하다. 지연 시간을 조금 더 허용할 수 있다면 요청을 큐에 적재하고 해당 큐의 소비자가 가용할 때 요청을 처리할 수 있도록 한다. 문제가 생기면 소비자는 가장 높은 우선순위의 메시지를 먼저 처리할 수 있다. 장애 상황에서는 시스템이 정상으로 돌아올 때까지 요청 처리를 연기할 수 있다.

불리한 조건을 훈련하라

서비스가 위기 상황에서 어떻게 동작하는지 학습된 추측을 할 수 있다. 하지만 일련의 통제 실험에서 이러한 상황을 경험해 보는 것이 훨씬 더 낫다. 여러분 조직을 호출하는 어느 알람을 설정해 두고 해당 알람을 발동하는 상황을 만들어 보자. 프로덕션에서 필요해지기 **전에** 통제 실험에서 장애 복구 계획을 연습하자.

56

삽질은 무엇이며 SRE가 집착하는 이유

재커리 니켄스(Zachary Nickens)
울퍼트(Woolpert) 사이트 신뢰성 엔지니어

사이트 신뢰성 엔지니어는 삽질[1]$_{toil}$을 혐오한다. 그렇다면 **삽질이란 무엇인가?** SRE는 왜 그리 삽질을 없애려고 하는 것일까? 사이트 신뢰성 엔지니어링에서는 작업을 소프트웨어 문제로 다룬다. 운영을 어떻게 소프트웨어로 대할 수 있을까?

SRE가 모호하게 느껴질 수 있다. 하지만 실제로는 엔지니어링의 정수다. 즉, 한 구성 요소의 비효율성을 제거함으로써 다른 구성 요소가 정량적으로 더 나은 동작을 하는 것을 의미한다. 소프트웨어 엔지니어는 그들의 코드가 단순하고 빠르고 안정적(버그와 크러스트[2]가 없는 상태)이길 원한다. SRE 역시도 운영이 버그와 크러스트가 없는 것을 원한다! 운영과 인프라의 버그와 크러스트는 한 단어로 표현할 수 있다. **삽질.** 삽질은 프로덕션 서비

---

1 역주 고되고 쓸모 없는 일을 나타내는 단어로, 업계에서 널리 쓰인다. 국내 출판된 〈사이트 신뢰성 엔지니어링〉(제이펍, 2018)에서 이미 삽질로 번역했으므로 그대로 사용한다.

2 역주 남겨지거나 중복된 요소를 뜻하는 전문 용어다. 특히 그 부분이 쓸모 없거나 고장 난 상태일 때를 의미한다 (출처: 위키피디아).

스를 운영하면서 수행되는 수동적이고 반복적이며 자동화 가능하고 목적이 뚜렷한 지속 가능할 가치가 없는 작업으로, 서비스가 성장함에 따라 그 규모가 선형적으로 증가하는 경향이 있다. 삽질은 지속할 만한 의미 있는 가치가 없는 모든 엔지니어링적 노력이다.

소프트웨어가 일부라도 사용되기 시작하면 SRE는 최소한 소프트웨어가 안정적이고 안전하고 관측 가능하도록 보장해야 한다. 하지만 절대로 100% 신뢰성이나 100% 안정성은 **존재하지 않는다**. 문제가 발생하면 소프트웨어 엔지니어는 해당 문제를 파악할 수 있어야 하며 수정 또는 복구를 통해 서비스를 재개해야 한다. 소프트웨어 출시를 늦추어서 잠재적인 모든 문제를 찾으려고 하는 것은 정답이 아니다. 출시를 늦추면 우리 속도를 희생하게 되고 엔지니어링 노력을 쏟아부은 기능이 출시되지 못한다. 우리는 속도 향상을 원한다. 새로운 기능을 빠르고 자주 출시하고자 한다. 소프트웨어가 배포되는 모든 과정에서 삽질을 제거하는 자동화에 답이 있다. CI/CD 파이프라인에서 자동화된 테스트가 필요하며, 코드형 인프라로 인프라 프로비저닝과 제어를 자동화하고 문제가 생길 때를 대비한 자동화된 모니터링과 알람이 있어야 한다. 최대한 많은 수동적이고 반복적이고 쓸모 없는 작업을 자동화해야 하며, 새로운 기능과 소프트웨어 개발에 엔지니어링 역량을 집중해야 한다.

삽질은 기능을 구현하고 출시하는 경우에만 문제가 아니다. 문제가 발생했을 때 수정과 복구를 위한 삽질이 생길 수 있다. 동작하지 않는 배포 스크립트를 디버깅하거나 환경 드리프트drift[3]를 수동으로 관리하는 것은 우리를 긍정적인 업무에서 멀어지게 하고 부정적인 업무에 집중할 수밖에 없

---

3 [역주] 일반적으로 소프트웨어나 서버 상태와 구성이 런타임 작업 등을 통해 최초 배포될 당시를 벗어나 있는 정도를 의미한다.

게 한다. 만약 우리가 이러한 기대를 벗어나 있는 부정적인 요소들을 가능한 한 많이 자동화할 수 있다면 긍정적인 요소에 집중할 수 있는 시간을 보다 많이 확보할 수 있다. 소프트웨어의 생명 주기 전체에서 삽질을 제거한다면, 전체 생명 주기가 정량적으로 보다 효과적이고 효율적이며 신뢰할 수 있고 안전해진다. 또한 개발 경험과 배포도 더 즐거워질 수 있다. 삽질 제거는 오류 수정과 장애 대응을 더욱 빠르게 한다. 모든 과정에서 삽질을 제거한다면 엔지니어가 보다 행복해지고, 행복한 엔지니어는 더 나은 소프트웨어를 만들어 낸다!

6장

소프트웨어 개발

57

여러분 개발 장비에서 동작하는 것은 클라우드와 상관없다

알레산드로 디아페리아(Alessandro Diaferia)

유머스트(Utmost) 시니어 소프트웨어 엔지니어

여러분 코드가 자신의 장비에서 성공적으로 컴파일되고 모든 테스트를 통과했다면, 성공에 한 발짝 가까워졌다고 할 수 있다. 클라우드에서 프로덕션 환경의 복잡도가 증가하여 우리의 개발 장비에서 동작하는 코드 문맥을 표현하는 것이 점점 더 부정확해진다. 이러한 연유로 로컬 장비에서 테스트하는 것은 여러분이 작성한 코드의 동작에 자신감을 심어 주기에 부족해졌다. 엔지니어인 우리는 마음가짐을 확장할 필요가 있으며, 사용 중인 IDE 또는 우리가 만든 소프트웨어를 배포하는 개발 장비가 주는 안전지대로 나와야 한다. 클라우드와 같이 복잡한 환경에서 동작하는 우리 코드에 함축된 내용을 이해하는 유일한 방법이다.

시장은 경쟁이 치열해지고 고객의 요구 변화 주기가 빨라지고 있으므로 기업은 고객에게 가치를 전달하기 위해서 늘 민첩해야만 한다. 소프트웨어 배포를 나중에 생각할 겨를이 없다. 소프트웨어 배포는 고통스러운 활동이 되어서도 안 되고, 완전히 다른 팀에 위임되어 오류가 빈번하게 발생하는 필요악의 활동으로 여겨서도 안 된다. 프로덕션과 유사한 환경에서 동작하는 소프트웨어는 모든 개발 주기에 통합되어야 한다. 더 늦기 전에 문제를 발견하고 해결 방안을 고민할 수 있는 유일한 길이다. 코드를 작성하는 사람이 배포해야 하며, 해당 코드가 클라우드에서 동작할 때 숨겨진 것들이 무엇인지 알아야 한다. 클라우드 내 시스템을 활용하는 모든 엔지니어는 컨테이너 오케스트레이션, 코드형 인프라와 같은 도구에 익숙해져야 하며, 작업한 내용을 가능한 프로덕션과 유사한 환경에 배포하여 테스트하는 것에도 익숙해야 한다. 배포는 클라우드를 사용하는 소프트웨어 엔지니어가 소프트웨어를 작성하는 일상 업무의 기본적인 부분이 되어야 한다.

지속적인 배포에 더해 클라우드를 대규모로 활용하는 기업의 경우, **프로덕션에서 테스트**가 가능하다는 것을 안다면 경쟁 우위를 점할 수 있다. 대규모 프로덕션 시스템을 통과하는 복잡한 트래픽 패턴은 통제된 테스트 환경에서 재현하기가 굉장히 어렵다. 복잡한 통제된 테스트 환경을 구축하고 유지하는 것은 그다지 효과적인 투자는 아니다. 이러한 이유로 기업은 프로덕션에서 실험하는 데 필요한 도구에 투자하여 엔지니어들이 실제 사용 시나리오에서 자신의 코드가 동작할 때 그 기저에 깔린 가정들을 검증할 수 있도록 해야 한다. 소프트웨어 동작을 변경하기가 대시보드 스위치를 누르는 것만큼 쉬워야 한다.

다행히도 우리에게는 앞서 언급한 방법들을 실행할 수 있게 도와주는 도구가 많이 있다. 자동화된 소프트웨어 배포 파이프라인, 컨테이너 오케스트레이션, 보안 스캐닝, 코드형 인프라, 모니터링, 알람 등 모든 도구를 누구나 거의 무료로 사용할 수 있다. 클라우드를 사용하는 소프트웨어 엔지니어는 프로덕션 운영 능력을 십분 활용하여 이러한 도구를 일상 업무에 도입해야 한다. 배포 및 신기술 적용 속도가 기업의 성패를 좌우하는 요즘 같은 시대에 하지 않을 이유가 없다.

"내 개발 장비에서는 동작한다고요!" 이 말은 오늘날 전혀 쓸모 없는 주장이다.

58

KISS하라

크리스 프로토(Chris Proto)
데브옵스 고릴라 LLC 창업자 및 시니어 클라우드 엔지니어

유명한 약어인 KISS 또는 '단순하게 해, 멍청아!Keep It Simple, Stupid'라는 말
을 대부분 들어 보았을 것이다. 여러분이 깨닫든 아니든 간에 이 환상적인
원칙을 여러분 삶에 적용하자.

여러분은 식료품 가게에서 아주 희귀하고 비싼 식재료를 사는가? 집에서
아주 복잡한 주방 가전제품만 사용하는가? 여러분이 내 증조 할아버지처럼
'TV 속에 나오는' 주방을 가지고 있지 않다면 당연히 그 답은 '아니요'일 것
이다. 아마도 여러분 주방은 우리 집 주방과 비슷하게 즉석 식품을 조리하
는 데 사용하는 단순한 다목적 도구(주방 칼, 도마, 냄비, 팬)들로 정리(또
는 정리되지 않았을지도)되었을 것이다. 비싼 식재료와 복잡한 도구들이 가
끔 까다로운 음식을 준비하는 데 도움이 될 수 있지만 매일 아침, 점심, 저
녁을 이렇게 번거롭게 차려 먹는다면 굉장히 힘들 것이다.

이는 굉장히 자연스러운 생각이다. 하지만 우리가 IT 분야에서 일을 할
때는 반대로 행동하는 충동이 있다. 왜 IT 분야에서는 KISS하기 어려운가?

KISS라는 개념이 오래되었지만, 이 문구는 사실 엔지니어링에 기초하고 있다. 켈리 존슨Kelly Johnson이라는 항공 엔지니어가 록히드 마틴에서 한 팀을 조직해서 근무하던 시절로 이야기는 거슬러 올라간다. 당시에 존슨은 엔지니어 조직을 모아 놓고 새로운 제트 항공기를 설계하고 있었다. 그는 엔지니어들에게 기본적인 기계 공구만 지급한 채 평범한 정비공이 동일한 도구로 정비할 수 있는 항공기를 설계하도록 지시했다. 엔지니어들은 항공기가 고장 나는 원인과 이 고장을 '단순하고 멍청하게' 수리하는 방법을 모두 고려해서 설계해야만 했다.

클라우드 네이티브 시스템은 제트 항공기가 아니지만 복잡하고 상호 연결된 시스템이며 망가질 수 있는 시스템이다. '만약 동작하지 않는다면?'이 중요한 것이 아니라 '언제 동작하지 않는다면?'이 중요하다. 시스템을 설계하고 아키텍처링하면서 우리는 이 시스템의 전문가가 된다. 우리는 설계의 복잡성을 이해하고 있지만, 우리가 만든 시스템이 이후에도 지속되며 이해도가 동일하지 않은 다른 사람들이 시스템을 유지 보수해야 한다는 사실을 자주 망각한다. 클라우드 엔지니어로서 우리가 설계하고 구축하는 시스템이 장애가 날 수밖에 없다는 것을 진지하게 받아들여야 한다. 다른 누구나가 장애가 난 시스템을 아주 간단한 도구와 시스템 그 자체에 대한 얕은 이해만으로도 쉽게 복구할 수 있게 하는 시스템을 만들어 장애를 대비하는 방법을 고려해야만 한다. 이를 가능하게 하는 유일한 방법은 존슨이 말한 '단순하고 멍청하게'의 방법론이 클라우드 엔지니어링 문화에 살아 있어야 한다.

다음은 클라우드 엔지니어링 실무에 KISS를 적용할 수 있는 아이디어 일부를 적어 보았다.

- 성급한 최적화를 피하자.

- 복잡한 최적화가 필요한 경우 상세한 문서가 필요하다.

- 최소 가용 제품(Minimum Viable Product, MVP)을 사용하여 작게 시작해서 설계와 관련한 의사 결정을 돕자.

- 사용하고 있는 클라우드 API를 이해하기 위해서 문서를 읽자. 요청 비율 제한이나 오류 코드에 주목하자.

- 모범 사례를 집중적으로 학습하고 불필요하게 복잡하고 혼란스러운 시스템은 피하자.

- 여러분이 생각하는 단순한 아이디어는 운영자 생각과 다르다는 사실을 기억하자.

- 충분한 문맥 정보를 제공하기 위해서 표준화된 명명 규칙을 사용하자.

- 비사용 클라우드 자원이 중요한 자원을 방해하지 않도록 삭제하는 시간을 들여라.

- 누가 여러분 시스템을 운영하고, 그들의 역량은 어느 정도인지 파악하라.

- 시스템의 장애 예상 시나리오를 만들고 대응 매뉴얼을 짜라.

- 의구심이 들 때는 알버트 아인슈타인의 격언을 떠올려라. "모든 것을 더 단순하게 할 수 없을 만큼 가능한 한 단순하게 하자."

행운을 빈다. 해피 클라우딩happy clouding[1]과 KISS를 절대 잊지 말자!

---

1 **역주** 주로 해커들이 즐겨 쓰던 해피 해킹(happy hacking)이란 말을 차용하여 클라우드 + ing를 붙여서 만든 말이다. 의역하자면 '즐거운 클라우드 만들기가 되자' 정도일 터다.

59

기능 플래그로
서비스 수준 유지하기

돈 파지치(Dawn Parzych)
런치다클리(LaunchDarkly) 디벨로퍼 애드보킷

클라우드 엔지니어는 클라우드에서 애플리케이션을 설계하고 모니터링하고 배포하는 일을 담당한다. 이러한 애플리케이션은 확장 가능하고 신뢰할 수 있으며 항상 가용해야 하고 장애를 허용해야 한다. 이는 작은 업적이 아니다. 지속적인 통합과 신규 기능 배포의 필요성이 적합한 서비스 수준을 유지하기에 어려움이 될 수 있다.

신규 기능에 대한 고객 요구가 기업이 빠르게 기능을 출시하도록 밀어붙이고 있다. 하지만 동시에 고객은 가용성과 안정적인 애플리케이션 성능도 기대한다. 상충하는 우선순위 사이에서 어떻게 균형을 잡을 수 있을까? 자동화된 테스트를 탑재한 CI/CD 파이프라인을 구현하는 것이 첫 번째 단계다. 하지만 애플리케이션이 성장할수록 스테이지와 프로덕션 환경 사이의 간극이 벌어지고, 고객에게 신규 기능이 전달되기 전에 모든 버그를 찾아내야 하는 여러분 능력에 영향을 주게 된다.

스테이지는 프로덕션이 아니므로 CI/CD 파이프라인을 구축하는 것만으로는 충분하지 않다. 프로덕션에 고객과 시스템에 부정적인 영향을 미치지 않고 기능을 안전하게 배포하고 테스트하고 출시하기 위한 보호 장치 safeguard를 구성할 필요가 있다.

신규 기능을 출시하기 전에 테스트를 얼마나 많이 했는지 상관없이 기능 출시가 서비스 중단의 원인이 될 수 있다. 기능 플래그feature flag로 모든 사용자에게 신규 기능이 배포되지 않도록 배포 코드를 만들어야만 한다.

다음 방법으로 기능 플래그를 사용하여 기능 출시와 코드 배포를 분리할 수 있다.

- 신규 기능을 점진적으로 배포한다.
  - 링 배포(ring deployment) 또는 카나리 릴리스(canary release). 서로 다른 사용자군에게 점진적으로 신규 기능을 배포해서 신규 기능을 테스트하고 위험도를 관리한다. 예를 들어 처음에는 개발 팀만 접근할 수 있게 허용하고 그다음으로 내부 사용자를 거쳐 마지막으로 모든 사용자에게 신규 기능을 열어 준다.
  - 베타(beta). 선정된 사용자만 신규 기능을 사용할 수 있게 해서 기능성에 대한 평가와 버그 확인 및 신규 기능을 제안받는다.
- 제대로 동작하지 않는 기능을 이전 릴리스로 롤백하지 않고 서킷 브레이커나 킬 스위치(kill switch)를 사용해서 종료한다.
- 서비스의 상호 작용을 검증하기 위해서 프로덕션에서 테스트한다.
- 많은 구성 요소 또는 마이크로서비스를 변경해야 하는 기능의 출시를 동기화한다.

코드를 배포하고 나면 모니터링과 관측성 도구를 활용하여 분석 데이터를 수집하고 애플리케이션이 예상한 대로 동작하는지 확인해야 한다. 문제가 발생하면 알람이 울린 후 사고 대응 절차를 진행하도록 설정해서 사용자에게 미치는 영향을 최소화시킨다.

기능 플래그 또는 토글toggle은 팀이 빠르게 움직이고 위험을 최소화하고 제어권을 유지하도록 하는 프로세스의 핵심이다. 기능 플래그는 if-then 구문이다.

만약 사용자가 어떤 기준을 충족했을 경우에만 기능을 사용할 수 있도록 한다고 하자. 예를 들어 새로운 채팅 위젯을 베타 기능으로 애플리케이션에서 제공하는 경우에 베타 사용자 그룹만 해당 위젯을 사용할 수 있어야 한다. 기능 플래그는 이 동작을 다음과 같이 제어할 수 있다.

```
if (profile["beta"] == true) {
    displayWidget();
}
```

기능 플래그를 사용하려면 다음 조언을 고려하자.

작게 시작하기

단일 기능 또는 단일 기능 집합 또는 단일 팀부터 시작하자. 기능 플래그로 많은 일을 할 수 있다. 모든 일을 한꺼번에 하려고 하면 여러분과 다른 사람 모두 지친다. 릴리스 관리와 운영 효율을 넘어서 기능 플래그를 실험과 자격 증명에 활용할 수 있다. 기능 플래그 사용에 익숙해지고 그 기준이 견고해지면 앞서 언급한 사례에서도 사용이 가능하다.

설계 단계부터 기능 플래그를 고려하기

기능 플래그 구현을 구상하기 가장 좋은 때는 기능을 설계하고 계획하는 시작 단계다. 설계할 때의 명명 규칙, 플래그 활성화 가능 대상, 플래그의 사용 목적, 플래그의 지속 시간 등을 고려해야 한다.

다른 도구와 함께 기능 플래그 사용하기

기능 플래그를 생성하고 삭제하고 활성화하기 위해서 기존 도구를 어떻게 사용할 수 있는지 생각해 보자. 모니터링과 사고 관리 도구에서 기능을 제어할 수 있는 방법을 적용하자. 기능이 플래그로 제어된다면 기능을 내부 사용자 중 일부 사용자 그룹에 배포할 수 있다. 모니터링과 관측성 도구가 문제를 발견한다면 사고 대응 절차에 따라 수동이나 프로그램적으로 기능을 해제할 수 있다. 단기 플래그를 제거함과 동시에 새로운 플래그를 만드는 풀 리퀘스트Pull Request, PR를 작성하는 기술 부채를 피하자.

기능 플래그는 클라우드 엔지니어의 CI/CD 파이프라인의 핵심이다. 기능 플래그는 서비스 수준에 부정적인 영향을 미치는 사고를 우려하지 않고도 빠르게 기능을 출시할 수 있도록 지원해 준다.

60

업스트림과 작업하기

에릭 소렌슨(Eric Sorenson)
기술 제품 매니저

클라우드 컴퓨팅이 부상함에 따라 재단 주도foundation-managed 오픈 소스도 함께 따라왔다. 엄청난 수의 가치 있는 클라우드 기반 프로젝트가 존재하지만 업스트림 오픈 소스 소프트웨어oss를 사용할 때 문제가 없는 것은 아니다. '공짜 점심은 없다'[1]는 오래된 격언이 있다. 이 말은 '자유' 소프트웨어에서 더 자주 쓰인다. 버그는 피할 수 없고 기능은 알려진 대로 동작하지 않으며, 때로는 더 심각한 설계 문제가 완벽한 통합을 방해한다. 앞으로 설명할 내용은 이익을 극대화하고 비용을 최소화하는 것에 도움이 될 것이다.

여러분은 새로운 목표를 달성하기 위해서 일하고 있으며, 제품의 핵심적인 부분은 오픈 소스 프로젝트를 활용한다고 가정하자. 이를 통해 제품 출시일을 단축하고 실질적인 가치를 더해 줄 기능을 개발하는 데 내부 역량을 집중할 수 있길 바라지만, 어디서부터 시작해야 할지 막막하다.

---

1 **역주** 어떤 이익을 얻기 위해서는 상응하는 대가가 있어야 한다는 말이다.

지형도 파악

업무 분야에 따라 다르겠지만 사용 목적에 부합하는 오픈 소스 프로젝트는 하나 이상 존재한다. 최상위 요구 사항을 네다섯 개 정도 나열하는 것부터 시작하자. 이 기준을 가지고 프로젝트에 점수를 상중하로 매겨 보자. 그리고 다음 비기능적 기준으로 평가하자.

프로젝트가 얼마나 활발한가?

수백 개의 오픈 이슈가 있는 것은 그다지 중요하지 않다. 쿠버네티스를 보자! 하지만 저장소에 몇 달(또는 몇 년) 동안 릴리스가 없다면 그것은 좋은 신호가 아니다.

프로젝트가 외부 기여자(external contributor)에게 얼마나 호의적인가?

커밋 이력으로 얼마나 많은 개발자와 조직이 코드에 기여하고 있는지 살펴보자.

프로젝트의 거버넌스 모델이 무엇인가?

일부 비정상 오픈 소스 프로젝트는 실제로 제약적인 라이선스license를 사용하거나, 번거로운 기여 모델을 사용하거나, 단일 업체 입맛에 맞는 의사 결정 절차를 사용한다.

프로젝트에 낮은 점수가 하나 있다고 해서 실격시킬 필요는 없다. 하지만 모든 점수를 합쳐 보면 각 프로젝트가 얼마나 목적에 적합한지 알 수 있게 된다. 덧붙여 이 점수는 다음 단계로 나가기 위한 훌륭한 지표가 된다.

내부 승인을 얻자

여러분 기업이 오픈 소스 소프트웨어 사용에 호의적이길 바란다. 그렇지 않다면 이직을 고려해야 할 때다(농담이다, 아마도?). 어떤 경우든 여러분이 작성한 프로젝트 선정 순위를 관리자나 팀에 공유하는 것이 좋다. 오픈 소스를 효과적으로 사용하기 위해서는 **비용**이 든다. 따라서 업무 진행에 차질이 없도록 이러한 부분을 사전에 충분히 검토하고 확인해야 한다.

커뮤니티에 합류하자

비용에 상당 부분을 차지하는 것은 훌륭한 커뮤니티 구성원이 되기 위한 노력이다. 종종 '나무를 베고 물을 길어 온다'고도 부르는 프로젝트와 커뮤니티가 잘 굴러가도록 만드는 허드렛일을 지칭한다. 모든 프로젝트에는 문서를 개선하고, 슬랙slack의 새로운 사용자를 환대하며, 릴리스 자동화를 유지할 사람이 필요하다. 이러한 일은 여러 이점이 있다.

- 코드베이스의 이해도가 높아져서 코드를 수정할 때 도움이 된다.
- 커뮤니티 내 명성도 함께 올라가서 무엇을 할 때 커뮤니티의 도움을 더 쉽게 받을 수 있다.
- 프로젝트의 성공 가능성을 높여서 프로젝트 미래에 효과적으로 투자할 수 있다.

설계를 먼저 하고 코드를 만들자

오픈 소스 프로젝트를 본격적으로 사용하면 상당한 신규 기능이 필요할 수도 있다. 그리고 이 기능을 로컬에만 구현하고 싶은 강한 유혹에 빠질 수 있다. 신규 기능을 로컬에서만 구현하는 것이 더 빠를 수 있지만, 이러한 유혹을 이겨 내고 업스트림과 협업하자. 오픈 소스 프로젝트의 새로운 버전이 출시될 때마다 로컬에서 만든 기능에 대한 패치를 해야 하는데, 이러한 작업은 굉장히 고되고 성가신 일이다.

업스트림과 협업하기 위해서 현재 당장 필요한 것을 바로 코딩하기보다는 **코드를 작성하기 전**에 프로젝트 메인테이너project maintainer와 함께 설계 논의를 시작하자. 많은 프로젝트에 이와 같은 설계 논의 단계가 있는데, 복잡한 변경 사항을 위한 **쿠버네티스 개선 제안** 같은 단계가 이 예다. 하지만 여러분이 사용하는 프로젝트에서 이러한 형식이 없다고 해도 쿠버네티스 개선 제안의 템플릿 형식으로 설계 논의 문서를 작성할 수도 있다. 이러한 방법은 많은 개발자의 직관에 반하는 방법일 수 있지만, 더 나은 결과를 보장한다. 논의가 공개적으로 진행되기 때문에 다양한 관점, 지난 경험, 폭넓은 요구 사항을 고려해서 설계를 논의할 수 있다.

해피 업스트리밍!

오픈 소스는 여러분 개발 속도에서 기계적인 플라이휠flywheel[2]처럼 동작한다. 플라이휠을 돌리기까지는 힘을 들여야 하는 최초 노력이 필요하지만, 다른 사람들이 기여하는 과정을 거쳐 시너지를 만들어 낸다. 일단 오픈 소스 프로젝트가 활성화되면 프로젝트의 추진력이 여러분을 혼자서는 가기 어려운 곳으로 데려다줄 것이다.

---

2 **역주** 회전 에너지를 저장하는 데 사용되는 기계 장치를 의미한다(출처: 위키피디아).

61

더 적게 일하도록 노력하자

이반 크루닉(Ivan Krnic)
CROZ 소프트웨어 개발 수장

클라우드 인프라는 유연한 확장, 불변 배포immutable deployment, 종량제pay-as-you-go 비용 모델 등 많은 장점이 있다. 특히 종량제 비용 모델은 우리가 실제로 사용한 자원만큼 비용이 청구되는 굉장한 장점이 있지만, 애플리케이션이 최대한 효율적으로 동작하지 않는다면 그 의미가 퇴색된다. 클라우드 이전에는 애플리케이션이 효율적으로 동작하지 않아도 괜찮았다는 말이 아니다. 종량제 비용 모델을 사용하는 클라우드에서는 실제 사용량만큼 비용이 청구되므로 효율이 더 중요해졌다는 의미다.

전통적인 클라이언트-서버 프로그래밍 모델client-server programming model은 스레드 풀thread pool을 사용한다. 클라이언트가 서버에 요청을 보낼 때 서버의 스레드 풀에서 스레드 하나가 할당되어 해당 요청을 처리한다. 만약 요청이 외부 자원에 블로킹 호출blocking call하는 처리가 포함된다면, 해당 호출이 완료되기까지 스레드는 대기 상태에 머물게 된다. 클라이언트 요청당 스레드가 하나씩 할당되어 처리되는 방식이므로 풀에 있는 스레드 수보다 많은 수의 요청이 들어오면 초과되는 클라이언트 요청은 드롭drop된다. 애플리케이션 용량을 늘리려면 스레드 풀의 크기를 늘리거나 애플리케이션을 확장해야 한다. 전자는 메모리 사용량을 늘리면 되고, 후자는 CPU 사용량을 늘리면 된다. 두 가지 방식 모두 클라우드 사용량에 큰 영향을 주고 비용 청구에 즉각 반영된다.

적은 자원으로 더 좋은 성능을 낼 수 있도록 애플리케이션을 설계하는 방법이 바로 **반응형 프로그래밍 모델**reactive programming model이다. 이 모델에서는 단일 스레드(이벤트 루프event loop)가 클라이언트 요청을 수신한다. 요청이 들어오면 즉각 해당 요청을 처리하는 특정한 이벤트 핸들러event handler를 동일 스레드 내 할당한다. 모든 작업이 논블로킹nonblocking으로 구현되어 있기 때문에 스레드는 절대로 대기 상태가 되지 않는다. 블로킹 작업이 수행되어야 할 경우 해당 작업은 호출되자마자 즉시 다른 클라이언트의 요청을 처리하기 위해서 스레드는 할당 해제된다. 블로킹 작업이 완료되면 해당 작업은 이벤트 시그널event signal을 보내 해당 클라이언트 요청을 계속 처리할 수 있다고 알린다.

반응형 프로그래밍 모델에서 단일 스레드만 필요하다고 하더라도 특정한 구성에서는 가용한 프로세서 코어만큼 스레드를 사용할 수도 있다. 이렇게 하면 모든 스레드는 각자 할당된 코어에서만 동작하므로 문맥 전환이라는 단점이 사라진다.

전통적인 프로그래밍 모델에서는 초과되는 클라이언트 요청을 단순히 드롭하지만 반응형 프로그래밍에서는 **백프레셔**back-pressure 메커니즘을 지원해서 생산자가 너무 많은 요청을 소비자에게 보내 과부하가 걸리게 하는 것을 막도록 제어한다. 백프레셔는 요청을 처리하는 흐름 내 존재하는 시스템 구성 요소별로 로컬 최적화를 극대화하는 대신, 요청을 드롭하지 않고 시스템 전체의 최적화된 종단end-to-end 흐름을 적용하기에 적합한 방법이다. 백프 레셔는 제약 이론theory of constraints[1]과 잘 들어맞는다. 최적화된 종단 흐름 을 만들고 나면 시스템 제약(처리 병목 지점)을 더욱 잘 식별하고 그 부분을 최대한 활용하는 방법을 결정할 수 있으며, 제약 사항을 개선하여 효율적인 시스템을 제공할 수 있다.

반응형 프로그래밍 모델의 가장 큰 장점은 바로 **높은 효율성**이다. 소수의 스레드만으로도 전통적인 프로그래밍 모델에서 200개의 스레드 풀이 처리 하던 수준의 일을 할 수 있다. 스레드를 적게 사용한다는 것은 메모리를 적 게 소모한다는 것으로 클라우드에서 더 효율적이고 저렴하게 동작한다는 의미다. 높은 부하high load에서는 전통적인 모델과 비교해서는 별다른 차이 가 없을 수도 있다. 하지만 과부하heavy load 상태에서는 50배나 적은 스레 드를 사용하면서 3배나 높은 효율성을 달성할 수 있는 놀라운 차이가 있다!

---

1 역주 https://en.wikipedia.org/wiki/Theory_of_constraints

62

모든 것은
0과 1이다

루카스 뤼벨케(Lukas Ruebbelke)
브라이버그(BrieBug) 개발자 성장 부문 부사장

프로그래밍은 본질적으로 복잡하다. 우리가 프로그래밍으로 담고 표현하고 자 하는 현실이 원래부터 복잡하기 때문에 그렇다. 우리가 표현하고자 하는 도메인domain 복잡성의 모든 특성이 사실은 특정하고 제한적인 문맥 내 제한된다는 것이 문제를 더 복잡하게 한다. 이러한 제한된 문맥은 우리가 어떤 조직도에 있는지에 따라 크게 영향을 받는다. 예를 들어 프런트엔드 front-end 개발자는 웹 애플리케이션 구현 전문가이지만 애플리케이션이 동작할 클라우드 인프라에 대해 온전히 이해하지는 못한다. 이러한 조건에서 바로 일어날 수 있는 현상으로 우리는 근시안적으로 세상을 구축하고 존재하지 않은 인과 관계를 상정하게 된다. 장기적이고 궁극적으로는 매번 다른 이름으로 부르지만 같은 추상화 계층에서 동일한 일을 계속 반복하므로 더 많은 비용을 지출하게 된다.

엔지니어라면 특정한 프레임워크나 기술의 인간 공학 영역에 머물러 있기 쉬우며, 진행 중인 업무에서 어떤 형태로든 감지한 차이에 우리 불안함을 투영하려고 한다. 이는 합리적인 반응이지만 대개는 기껏해야 상관관계correlation가 있는 것들의 인과 관계causal association만 얻게 될 뿐이다. 이러한 사실의 흔한 예는 (내가 종종 겪는) 누군가가 그들의 프로젝트에 적당한 테스트 범위test coverage가 없는 이유를 설명하는 경우다. 그들의 반응은 항상 같다. "그러니까 우리는 더 많은 테스트를 만들고 싶어요. 그런데 '모 테스트 프레임워크'에서는 정말 어려워서 불가능에 가깝다니까요!" 나는 어떤 프로젝트든지 테스트를 만들기 어려운 이유는 나쁜 기술을 사용하기 때문이 아니라 나쁜 코드 때문이라는 것에 자신 있게 돈을 걸 수 있다. **나쁜 코드에서는 좋은 테스트를 만들기가 아주 어렵다!**

우리가 현재 처한 상황에서 한 발짝 물러나 다양한 측면으로 한번 평가해 보자. 기술 스택과 조직 구조, 더 나아가서는 비즈니스 도메인까지 살펴보면 우리는 각 계층을 관통하는 공통된 주제를 찾아낼 수 있다. 소프트웨어 엔지니어라면 코드가 동작하는 것을 어떻게 판단할까? 테스트를 통과하면 된다. 엔지니어링 팀이라면 자신의 이해 관계자에게 제공하는 것들이 올바르게 구축되었는지 어떻게 알 수 있을까? 애자일 소프트웨어를 개발하면 된다. 기업이라면 시장에 적합한 제품을 출시했다는 것을 어떻게 알 수 있을까? 린 제품 개발Lean product development을 하자. 상위 수준으로 어떻게 모든 것을 알 수 있을까? 피드백 루프를 통해 할 수 있다. **단위 테스트, 애자일 소프트웨어 개발, 린 제품 개발은 모두 피드백 루프 형태라고 할 수 있다.**

하드웨어의 그 자체 능력은 믿기지 않을 만큼 놀라운 궤도로 발전해 왔다. 하지만 오늘날에도 여전히 온-오프on and off로 동작하는 수많은 아주 작은 스위치로 이루어져 0과 1을 만들어 낸다. 과거와 유일한 차이점은 바로 이러한 스위치를 조합하는 방법이 조금 더 복잡해졌다는 것뿐이다. 오늘날 소프트웨어는 기술이 발전하고 시장이 진화하면서 기하급수적으로 복잡해졌다. 하지만 오늘날에도 같은 기본 패턴을 여전히 사용하고 있다.

프로그래머가 수행하는 모든 것을 명사noun, 동사verb, 조건condition, 반복iteration 등 네 가지의 기본 요소로 요약할 수 있다고 믿는다. **명사**는 도메인을 모델링한 자료 구조다. **동사**는 업무 단위를 수행하는 방법이다. **조건**은 어떤 일이 수행되어야 할지 결정하며, **반복**은 업무 단위를 한 번 이상 수행할 수 있게 한다. 이 요소들이 바로 내가 프로그래머로 일할 때 사용하는 것들이다. 지금까지 내가 출시한 모든 기업 수준 애플리케이션은 이 네 가지로 줄일 수 있다.

나는 무엇을 말하고자 하는가? 개발자, 특히 야심 있는 사람이라면 요즘 가장 인기 있는 새 프레임워크에 대한 생각을 덜 하고 1과 0이 있는 영역에 더욱 집중하자. 그러면 그 사람은 적응력이 뛰어나고 효율적인 개발자가 될 수 있다. 프레임워크는 생겼다가 사라진다. 프로그래밍 언어도 마찬가지다. 플랫폼도 나타나고 사라진다. **하지만 1원칙과 패턴은 0과 1이 있기에 항상 존재한다.** 아주 거대한 그림 속 모든 것을 살펴보기 시작하면 모든 것은 단지 0과 1이라는 사실을 깨닫게 된다. 우리는 단지 그 모두를 다른 이름으로 부르고 있을 뿐이다.

63

반복에 대비하라

리카르도 미란다(Ricardo Miranda)
클로저(Closer) 기가(Giga) 데이터 엔지니어

내 첫 차에는 리모컨의 버튼 하나로 문을 잠그고 열 수 있는 장치가 있었다. 내 차는 마치 유한 상태 머신finite state machine처럼 동작한다. 문이 잠겨 있다면 리모컨 버튼을 눌러 문을 연다. 그다음 버튼을 누르면 문이 잠긴다. 이것은 뭔가 이상했다. 리모컨에 잠금과 잠금 해제 버튼이 따로 있으면 얼마나 좋았을까!

위키피디아에 따르면, "멱등성idempotence은 수학이나 컴퓨터 과학에서 특정한 연산이 여러 번 수행되어도 그 결과가 최초 적용 상태와 변화가 없는 특성"이다.

클라우드에서 시스템은 상호 통신해야 하는 구성 요소도 비동기 메시지 전달 방식을 통해 분리되는 경향이 있다. 결과적으로 의도하든 의도하지 않든 간에 중복되는 메시지가 발생하게 된다. 멱등성을 준비함으로써 비용이 많이 드는 리팩터링refactoring을 피할 수 있다.

중복된 메시지를 다루기 위한 전략

중복을 다루는 전략은 여러 방면에서 다양하다. 가장 먼저 한 번 이상 연산하는 데 비용이 얼마나 드는지 고려해야 한다. 이미 처리된 메시지를 서비스가 인식하게 된다면 결코 과소평가할 수 없는 오버헤드가 생긴다.

종종 그냥 작업을 반복하는 것이 쉬울 수 있다. 모놀리스monolith(대규모 단일 애플리케이션)에서는 생각할 수 없는 큰 도약이다. 작업을 단순히 반복하는 것이 바로 클라우드 엔지니어로 발돋움하는 기본이다.

무상태 소비자

무상태 소비자stateless consumer는 처리한 메시지 상태를 추적하지 않는다. 모든 메시지는 과거나 미래와는 독립적으로 처리된다. 소비한 메시지 모두는 처리하고, 설사 중복이 있어도 마찬가지다. 알고리즘과 스토리지는 이를 대비해야 한다. 예를 들어 데이터를 처리하고 그 결과를 데이터베이스에 저장하는 서비스가 있다고 하자. 이 서비스에서는 중복된 결과를 작성하지 않도록 데이터를 처리하기 전에 정리 단계를 구현해야 한다. 스토리지 시스템은 맞춤형 솔루션이 필요한 업데이트를 허용하지 않는다고 하자.

하지만 중복된 결과는 사실 큰 문제가 되지 않을 수 있다. 가령 웹 페이지 방문자 수를 센다고 하면 해당 숫자는 정확하지 않아도 된다.

시간 흐름과 무관한 메시지를 처리할 때 시간과 관련된 정보는 반드시 메시지 자체(헤더에 있는 것을 선호)에 포함되어야 한다. 대부분의 메시징 시스템에는 헤더(속성attribute) 개념이 있어 메시지 페이로드에 메타데이터metadata를 붙일 수 있다. 덕분에 소비자는 오래된 메시지를 무시할 수 있다.

상태 추적

상태 저장 서버stateful server는 처리한 메시지를 추적한다. 이러한 메시지는 페이로드가 아닌 메타데이터로 식별된다. 반복된 메시지와 동일한 페이로드가 있는 메시지를 구분하는 것이 굉장히 중요하다. 메시지를 생성할 때 식별자 속성을 부여하여 중복을 명시적으로 표현한다.

무상태 서버에서는 특정 시간대 이후 메시지를 처리하지 않아야 한다면 유지 시간time-to-live 헤더를 만들어서 오래된 메시지는 잊혀지게 한다. 그러면 상태를 계속 추적해서 처리 여부를 확인하는 노력을 하지 않는다.

상태가 임시 구조ephemeral structure에 저장된다면 무상태 서버와 동일한 방식으로 상태 저장 서버에 적용되어야 한다. 상태가 유실되거나 미결정 상태라면 서비스는 중복 수신을 인지하지 못할 수 있다.

여러 인스턴스에서 병렬로 메시지를 처리하는 서비스라면 메시지를 처리하는 인스턴스 간에 상태를 공유할 필요가 있는데, 일반적으로 데이터베이스를 활용한다. 상태 보존 스택을 선택할 때 신뢰성과 성능이 의사 결정의 한 축을 담당한다.

결론

클라우드 네이티브 컴퓨팅은 본질적으로 분산된 속성이 있다. 분산된 분리 시스템에서는 메시지가 정확히 한 번만 수신되고, 재시도가 필요하지 않다고 확신하기가 굉장히 어렵다. 프로젝트를 시작할 때부터 중복된 메시지가 나타날 것이라고 인정하는 편이 훨씬 더 간단하다. 모든 단계마다 메시지가 중복될 수 있다는 가정을 포함하고, 이를 다룰 수 있는 전략이 있어야 한다.

64

당신이 만들어 내는 최고의 제품은 애플리케이션이나 서비스가 아니다

라이언 벨(Ryan Bell)

빔 랩(Vim Labs) 크레이티브 에너지 이사

아마도 여러분이 이 분야에 오랫동안 종사해 오면서 문제를 일으키지 않고 생산성 있는 소프트웨어 개발자가 되기 위해서 노력해 온 사람이라면, 이 장의 제목이 충격으로 다가올 것이다. 여러분은 애플리케이션과 서비스를 제공하는 비즈니스에만 종사하는 것이 아니다. 소프트웨어 개발자는 말 그대로 소프트웨어를 개발한다고 할 수 있지만, 이 말이 여러분이 맡은 진정한 역할에 대해 정확하게 소개하고 있다고 생각하지 않는다. 마치 뮤지션이 자신들은 레코딩 레이블에 LP나 만들고 녹음된 음원을 전달하는 것이 사명이라고 말하는 것과 같다. 애플리케이션과 서비스는 여러분의 미디어다. 바로 여기가 여러분이 세상에 굉장한 것을 제공할 수 있도록 짜인 계층이다. 여러분은 앞으로 설명하겠지만 방해할 수 없는 매직 모먼트magic moment 를 제공하는 사업에 종사하는 것이다.

친구와 함께 닌텐도 엔터테인먼트 시스템Nintendo Entertainment System[1]으로 처음으로 **슈퍼 마리오 형제**Super Mario Bros[2]를 해 보았을 것이다. 처음으로 파이어 플라워fire flower[3] 파워 업power up을 우연히 발견하고 획득했을 때, 그때가 바로 매직 모먼트다. 이 슈퍼 파워를 획득하고 나면 더 이상 네모난 컨트롤러[4]의 버튼을 누르지 않아도 된다. 그리고 불덩어리를 스크린에서 마구 즐겁게 던지면서 방해 없는 매직 모먼트를 즐겼을 것이다. 자, 이제 이 순간 이전에 여러분이 조정하던 캐릭터는 8비트 세상의 하수 파이프를 넘나드는 평범한 배관공이라는 사실을 기억해야 한다. 픽셀을 효율적으로 화면에 그려 내는 문제나 판매 단위를 이동하는 문제를 해결하는 것과 소프트웨어를 통해 다음 세대의 아티스트와 문제 해결사들에게 여러분의 소프트웨어를 통해 무한한 가능성을 재빠르게 느끼게 만드는 작업 사이에는 아주 큰 사고방식 차이가 있다.

여러분이 고객에게 제공할 수 있는 최고의 제품은 바로 슈퍼 파워다. 파워 업. 매직 모먼트! 이는 여러분의 애플리케이션과 서비스 내 기능성, 미학, 놀라움, 환희의 교차에서 발견할 수 있다. 이것은 바로 사용자가 예상치 못하게 급작스럽게 맞닥뜨리는 '와 이건 진짜 대박이야!'라고 말하는 순간이며, 강렬한 인상을 남기고 그들이 얻은 이러한 선물을 친구와 가족, 동료들에게 어떻게 전달할지 다양하게 표현하게 된다.

이것을 받아들이기로 한다면 여러분 미션은 이러한 순간을 설계하고 그

---

1 **역주** 일본의 유명 게임기 제작 업체인 닌텐도가 1983년에 처음 출시한 8비트 가정용 게임기다. 일본 내수용인 패밀리 컴퓨터(Family Computer), 줄여서 패미컴으로도 잘 알려져 있다. 닌텐도 엔터테인먼트 시스템은 북미 출시 제품명이다.

2 **역주** 닌텐도를 대표하는 게임이다.

3 **역주** 슈퍼 마리오에 나오는 아이템이다. 캐릭터가 불덩어리를 내뿜어 공격할 수 있게 한다.

4 **역주** 패미컴의 컨트롤러는 직사각형 모양이다.

순간들을 연결하는 다리를 만들고 이 사이를 방해하는 측면을 부드럽게 다듬어야 한다. 이러한 일을 전체 코드 리팩터링, 마이크로서비스 아키텍처링, 프로젝트 관리 전체를 다듬어서 할 수도 있고, 사용자 인터페이스User Interface, UI/사용자 경험User Experience, UX 연구, 데브옵스 모니터링, 단위 테스트, 새로운 언어 학습, 새로운 프레임워크 설치, 소프트웨어 개발 분야를 둘러싸고 있는 영역을 탐색하는 것으로 이루어 낼 수도 있지만, 이것이 목표는 아니다. 그 대신 이러한 부분은 마법과 같은 목적지를 향해 그어진 선과 같다.

매직 모먼트로 구성된 2차원 차트를 상상해 볼 수 있다. 사소한 성가심minor annoyance[5]을 시간으로 나눈 것으로, 제품에 대한 사용자 경험이 한 기능에서 다음 기능이 출시되기 전까지의 서비스 수명 주기 동안 어떻게 변화하는지 표현한다. 여러분이 제공할 수 있는 가능한 한 최고의 제품을 평가하는 수식은 $P = (MM / MA) / t \times L$[6]로 표현할 수 있다. 방법과 이유에 집중하기보다는 여러분 눈을 '와우wow'에 두길 제안한다.

이러한 새로운 관점에서 제품이 단순히 문제를 해결하는 것에서 (고객에게) 슈퍼 파워를 줄 수 있도록 변모하려면 무엇을 바꾸어야 할까?

---

5 역주 어떤 기능을 사용할 때, 불편한 점이나 개선했으면 좋겠다고 생각하는 부분을 의미한다.

6 역주 MM: 매직 모먼트, MA: 사소한 성가심, t: 시간, L: 소프트웨어 수명

65

거대한 재작성을 피하자

사이먼 아론손(Simon Aronsson)
로드 임팩트(Load Impact) 디벨로퍼 애드보킷

우리는 어떤 형태로든 한 지점 또는 다른 지점에 존재한다. 제품 총괄자 product owner가 소프트웨어를 서버리스에서 동작시키려면 얼마의 시간이 필요한지 물어보았다고 하자.

이를 위해 여러분은 지난 몇 시간 동안 코드를 탐색했고, 그 코드를 이해하고자 했을 것이다. 하지만 그 코드는 너무 오래되고 얼기설기 얽혀 있다. 추상화가 겹겹이 되어 있고, 교차 의존성이 존재한다. 코드 작성자 중에서 몇 명은 이름을 들어 본 적도 없다. '정의로 이동하기go to definition'의 단축키인 F12 를 너무 눌러서 이제는 망가질 지경일 것이다.

결국 지치고 너무 화가 나서 포기한다. 그리고 제품 총괄자에게 가서 코드가 엉망진창이라고 말한다. 싹 다 뜯어 고쳐야 된다고 말한다. 이틀 후 제품 총괄자는 여러분에게 찾아와 일을 진행해도 좋다고 말한다. 엄청난 흥분과 함께 여러분은 팀원을 모아서 이 멋진 뉴스를 전한다.

나는 이와 같은 상황을 충분히 겪어 보았기에 여러분이 선택한 작업이 성공할 확률은 아주 희박하다고 말할 수 있다. 소프트웨어 전면 재작성과 같은 프로젝트에 참여할 때마다 항상 후회했다. 매번 다음과 같은 공통된 결과가 나타났다.

- 일정을 완수하지 못함
- 예산을 초과함
- 심각한 버그가 발생함
- 팀원들의 번아웃이 발생함
- 이해 관계자들의 신뢰를 잃음

코드베이스를 이해하거나 리팩터링하기에 코드가 너무 복잡하거나 꼬여 있다면, 다시 작성해도 **마찬가지로** 굉장히 복잡하고 꼬이게 된다. 그렇다면 어떻게 해야 할까?

1단계: 현실적으로 생각하자

워크로드를 클라우드의 가상 머신에 그대로 마이그레이션하는 것은 거의 가능하다. 단순히 클라우드로 마이그레이션만 하길 바랐던 것은 정확히 아니더라도 여전히 로컬 데이터 센터의 제한을 벗어나게 해 준다. 그리고 직접 하드웨어나 OS까지 관리하지 않는 장점을 취할 수 있다.

2단계: 스트랭글러 패턴을 활용하자

스트랭글러 패턴strangler pattern은 기존 시스템의 부분들을 점차 들어내면서 점진적으로 수정할 때 사용된다. 예를 들어 주문 관리에 사용되는 애플리케이선이 약 40개의 작업 흐름으로 구성되어 있다고 하자.

40개의 작업 흐름을 동시에 다시 작성하기보다는 제한된 범위의 한 작업 흐름(예를 들어 문서 출력 작업)을 선택해서 이를 서버리스 함수나 마이크로서비스 형태로 바꾸어 본다. 구현이 완료되면 모든 출력 요청을 새롭게 만든 함수나 마이크로서비스로 보내 처리하게 하고 기존 모놀리식 코드베이스에 존재하는 중복된 코드를 제거한다.

3단계: 반복하자

모놀리스가 모두 없어질 때까지 또는 시스템의 가치가 높고 변경되기 쉬운 부분을 모두 덜어 냈다고 판단될 때까지 계속 반복하자. 위험을 대폭 낮출 뿐만 아니라 이렇게 진행하면 시스템이 손상되지 않은 상태에서 언제든지 이전 작업을 중단할 수 있으며, 여전히 비즈니스 가치를 제공할 수도 있다.

66

린 QA, 데브옵스 세상에서 QA가 진화하는 방식

테레사 니트(Thresa Neate)
슬라럼 빌드 오스트레일리아(Slalom Build Australia) QA 부서 리드

데브옵스가 실무에 적용되고 있지만, 여전히 QA(또는 테스터)는 '무엇인가를 확인하는' 쪽에 머물러 있고, 애플리케이션이나 인프라 코드 어디에도 명시적이고 주도적인 가치를 주지 못하는 것을 볼 수 있다. 스스로에게 물어보자. (QA인) 우리는 데브옵스가 의미하는 바와는 완전히 반대의 일을 하고 있는 것은 아닐까?

화물 숭배를 경계하자

대부분은 데브옵스가 어떻게 태어나게 되었는지에 대한 이야기를 알고 있을 것이다. 그리고 대부분이 지니 킴 등이 쓴 〈피닉스 프로젝트〉(에이콘 출판사, 2021)를 첫 데브옵스 책 중 하나로 읽어 보았을 것이라고 믿고 있다. 거기에서 데브옵스는 궁극적으로 프로덕션 시스템에서 동작하는 소프트웨어와 고객에게 가치 전달이라는 공통된 목표를 달성하기 위한 모든 부서 간 협업과 효율적인 파트너십을 의미한다고 배웠다.

데브옵스가 보안이나 QA와 같은 다른 팀원들을 제외한다면 우리는 잘못 짚은 것이다. 데브옵스는 개발 **팀**과 운영 **팀**이 함께 협업한다는 의미이지 개인이 개발과 운영 역할을 동시에 수행한다는 의미가 아니다. QA 역할은 개발 팀의 인원이 하는 것을 고려해야 한다. 따라서 QA는 본질적으로 데브옵스의 일원이 된다.

만약 QA가 단지 그들이 '개발자가 아니'라는 이유로 운영이나 지속적인 배포와 관련한 주제에 어떤 의견도 내지 않으면서 데브옵스를 하고 있다고 여긴다면, 우리는 **화물 숭배**cargo cult[1]를 하고 있는 것이다. 우리가 하는 일의 본질을 파악하지 못한 채 상상과 가정을 하고 있다는 의미다. 데브옵스를 하려면 **어떻게** 하는지가 아니라 **왜** 하는지 알아야 한다.

낭비

애자일 소프트웨어 개발과 데브옵스는 근본적으로 **낭비**waste를 줄이기 위한 활동이다. (나는 일반적으로 대문자 단어를 사용하는 것을 선호하지 않는다. 많이 쓸수록 그 의미가 과대 해석되므로 여기에서는 조심스럽게 사용한다.[2])

프로젝트 이탈, 갈등, 마찰, 느린 응답, 신뢰할 수 없고 불안정한 시스템, 불필요한 비용, 늘어진 인계 기간, 결함, 시간 지연, 실패 프로젝트, 수동 오버헤드, 이중 처리 등 많은 유사한 문제가 모두 낭비다.

기능이 매번 이중 처리double-handled된다면(버그가 사후에 발견되는 것과

---

1 **역주** 죽은 조상들이 배나 비행기에 특별한 화물을 실어서 올 것이라고 믿으며 기다리는 풍습이다(출처: 위키피디아).

2 **역주** 영어에서 대문자로 단어를 표기한다는 것은 강조 또는 고유 명사라는 의미다. 데브옵스나 애자일과 같이 고유 명사화된 용어가 다양한 곳에서 많이 언급될수록 그 본질적 의미와 철학은 희석될 수 있음을 경계하는 것이다.

같은 이탈) 우리는 낭비를 경험하고 있는 중이다. 피드백은 빠를수록 좋으며 문제를 최대한 빠르고 정확하게 해결해서 낭비를 방지해야 한다.

QA는 피드백이다

QA는 보장하지 않는다. QA는 분석하고 피드백을 제공한다. 모니터링 역시 시스템 동작에 따른 피드백의 한 형태다. 모니터링 피드백과 마찬가지로 QA는 테스트다. 수동 탐색적 테스트나 자동화된 테스트 모두 피드백이다.

테스트는 구성 요소와 관계에 대해 알려 주며, 모니터링은 시스템에 대해 알려 준다. 낭비를 최소화하고 줄이기 위해서는 이러한 피드백을 가능한 한 빨리 받아야 하며, 시스템 내에서 피드백이 의미 있는 수준과 깊이로 발생해야 한다.

이른 피드백

QA(테스트와 모니터링)는 일찍 그리고 지속적으로 수행되어야 한다. 빠르게 피드백을 받으면 해당 정보를 바탕으로 좀 더 일찍 개선하고 수정할 수 있다.

여러분의 QA는 개선과 수정에 관련된 대화에 참여할 수 있고, 그 대화에 참여해야 한다. 그럴 수 없다면 매니저 또는 동료인 당신에게 그들이 참여할 수 있도록 권한을 부여할 책임이 있다.

▲ 이미지 출처: Milly Rowett(https://twitter.com/millyrowboat)

QA가 애플리케이션 '배포가 가능한 상태'라는 것을 알려 주던 시대는 지나갔다(앞의 그림 참고). 조직 전체가 전달받은 지속적인 피드백을 기초로 이를 알고 있어야 한다.

린 QA

나는 시스템 전체를 (프로덕션에서) 빠르고 지속적으로 테스트하며 낭비를 제거하는 활동, 즉 정말로 중요한 것을 측정하고 점진적으로 개선하기 위해서 인간이 가진 지능을 모두 활용하는 행위를 **린 QA**라고 한다. 이 린 QA가 바로 데브옵스의 **정수**라고 생각한다.

67

소프트웨어 제공을 위한 소스 코드 관리

티파니 자자(Tiffany Jachja)
하네스(Harness) 테크 에반젤리스트

소스 코드 관리Source Code Management, SCM 또는 **버전 관리**version control로 알려진 제품은 엔지니어가 소프트웨어 코드를 관리할 수 있도록 한다. SCM은 개발자들이 코드베이스의 서로 다른 부분을 작업할 수 있어 서로 협업해서 새로운 소프트웨어 버전을 제공할 수 있는 이점이 있다. SCM을 제대로만 사용한다면 개발 팀은 애플리케이션을 만들면서 돌이킬 수 없거나 동작하지 않는 코드 변경을 피할 수 있다.

버전 관리 이해하기

SCM 도구는 소프트웨어 코드를 복구reverting, 추적tracking, 수정correcting하기 위한 버전 관리 기능을 제공한다. 버전 관리를 코드 수정의 타임라인이라고 생각하자. 브랜치branch가 타임라인을 표현한다. 가장 기본적인 버전 관리 작업 흐름에서는 메인 브랜치가 존재한다. 메인 브랜치는 종종 **트렁크**trunk라고도 한다.

코드 커밋commit으로 타임라인 내 변경이 진행된다. 코드 커밋은 타임라인 내의 한 지점을 나타낸다. 그리고 각 지점은 현 소스 코드의 사본을 포함한다. 코드 **푸시**push는 이러한 변경을 저장소에 업로드한다. 저장소 repository 또는 **레포**repo는 버전 관리된 코드를 프로젝트 형식으로 보관한다.

브랜치의 주요 개념은 메인 브랜치 내 특정 시점을 바탕으로 생성된다는 것이다. 기능 개발 작업의 브랜치[1]가 있는 것이 일반적이다.

예를 들어 한 개발자가 제품 버전 1.0의 기능을 개발하고 있다고 상상해 보자. 메인 브랜치에 영향을 미치지 않으면서 변경 사항을 개발하고 반영하고 싶어 한다. 또 다른 개발자는 메인 브랜치를 코드베이스의 안정된 사본으로 여긴다. 그래서 개발 담당 개발자는 자신의 변경 사항을 별도의 브랜치에 커밋하고 푸시하기로 했다. 이때 별도의 브랜치는 메인 브랜치의 코드 사본을 기반으로 한다. 기능 개발 과정이 완료되면 피처 브랜치를 다시 메인 브랜치로 머지merge할 수 있다.

▼ 브랜치

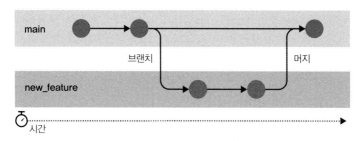

SCM 사용의 모범 사례로 트렁크를 여러분 코드가 확실하게 동작하는 버전으로 항상 유지해야 한다. 저장소의 기본 브랜치는 메인 브랜치여야 한

---

1   **역주** 피처 브랜치(feature branch)를 지칭한다.

다. 각자 개발 장비에서 애플리케이션을 구현하려고 저장소 코드를 **클론**clone 했다면 해당 저장소의 다른 브랜치는 체크아웃하지 말아야 한다.

메인 브랜치에서 코드 버전에 태그tag를 붙이는 것 역시도 일반적인 사례다. 태그는 안정된 1.0 릴리스나 베타 릴리스처럼 코드의 특정한 릴리스를 나타낸다. 여러분 저장소에 접근하는 사람 누구나가 태그와 연관된 코드베이스 버전을 알 수 있어야 한다.

SCM을 통해 코드베이스 내에서 누가, 언제, 어디를 수정했는지 추적하며 엔지니어들이 커밋과 브랜치 간 변경 사항의 차이를 비교할 수 있다.

깃이란 무엇인가?

깃git은 아주 유명한 SCM 도구다. 깃 플로git-flow[2]처럼 깃 사용 전략은 버전 관리 전략으로 사용되고, 소프트웨어 관행으로 정립되었다. 하지만 깃 전략이 항상 모든 경우에 옳은 것은 아니다.

특정한 형태와 업무 방식에는 깃 플로를 적용하고 유지하기가 어려울 수있다. 예를 들어 깃 플로는 코드를 굉장히 빠르게 자주 출시해야 하는 조직에는 맞지 않을 수 있다. **풀 리퀘스트** 모델은 메인 브랜치에 코드를 합치기 위한 '승인'이라는 추가적인 단계를 강제하고 있어 소프트웨어 버전 릴리스에 추가적인 단계가 하나 더 생기게 된다. 많은 오픈 소스에서 그러하듯이 깃 플로는 많은 기여자가 참여하는 대규모 프로젝트를 관리하는 브랜치 전략으로는 탁월하다.

하지만 단순히 브랜치에 국한된 문제가 아니다. SCM이 소프트웨어 개발

---

2 역주 https://nvie.com/posts/a-successful-git-branching-model/

을 위한 '모범 사례'임을 부정할 수는 없다. SCM을 사용할 때는 다음을 고려해야 한다.

업무 방식과 조직에 적합한 SCM 사용 방법을 결정하자

빠르게 반복하는 것이 얼마나 중요한가? 신규 개발인가? 높은 확률로 변경 반영이 실패하는가?

SCM 규칙을 만들자

팀 내에 커밋하는 방법과 시기에 대한 규정을 만들자. 커밋 메시지 예제를 보여 주자. 팀 내에서 커밋 메시지가 충분한 정보를 담고 일관적일 수 있도록 형식을 정하자.

저장소에 저장되어야 할 대상을 결정하자

작업 환경 설정 또는 코드형 인프라는 어디에 저장할 것인가? 여러분 환경에 적합한 업무 구조를 찾아라.

소프트웨어 제공 절차와 SCM 도구의 통합을 고려하자

코드 커밋이 소프트웨어 제공 절차나 CI/CD 파이프라인 시작을 촉발하는 좋은 방법이 될 수 있다. 코드 커밋 외에도 일관성을 위해서 릴리스 가능 버전을 태그해서 할 수 있다.

더 나은 것을 제공하는 가장 중요한 요소는 바로 같은 팀 내에서 다른 사람과 함께 일하는 것이다. SCM은 효과적인 코드 개정과 버저닝_{versioning}을 도와준다.

구장

클라우드 경제와
비용 측정

68

핀옵스, 클라우드 재무 관리가 여러분 클라우드 프로그램을 멸망에서 구하는 방법

디팍 람찬다니 벤시(Deepak Ramchandani Vensi)

콘티노(Contino) 트랜스포메이션 디렉터

기업들은 상당히 큰 클라우드 재무 문제를 종종 겪곤 한다.[1]

- 예상보다 클라우드에 비용이 많이 든다.
- 비용 면에서 데이터 센터를 클라우드로 완전히 이전했을 때 얻는 이점이 없다.
- 조직이 제어할 수 없는 서비스와 라이선스에 비용을 너무 많이 지출한다.

클라우드 그 자체는 문제가 아니다. **문제는 바로 클라우드 소비 모델**cloud consumption model**이다!** 기업이 클라우드를 소비하는 재무적 방법 자체가 본질적으로 문제가 있다.

클라우드는 근본적으로 기업에서 기술을 구매하는 방법을 바꾸었다. 하지만 기업들은 클라우드가 최우선인 세상을 운영하는 데 엔지니어링, 보안, 거버넌스, 운영 정책 등 친숙한 분야를 바꾸는 데만 시간과 노력을 많

---

1 본문은 콘티노 블로그(https://www.contino.io/insights/devops-and-cloud-trends-2020)에서 최초로 발행되었다.

이 쏟고, 재무와 조달 방법은 여전히 전통적인 온프레미스 IT에서 사용하던 방식에 머물러 있다.

이는 많은 문제의 원인이 된다. 다음과 같이 몇 가지 공통된 문제가 있다.

- 자본 지출(Capital Expenditure, CapEx)과 운영 지출(Operating Expenditure, OpEx)의 전환을 관리할 수 없다.
- 기술 비용의 예측이 어려워진다.
- 셀프 서비스 클라우드 소비 모델을 제어할 수 없다.

재무와 조달 부분에서 클라우드라는 새로운 세상을 어떻게 받아들일 수 있을까? 핀옵스_FinOps를 사용하자.

핀옵스란 무엇인가?

핀옵스는 엔지니어링, 재무, 조달 간에 존재하는 사일로_silo[2]를 제거해서 클라우드 비용을 관리하고 운영하는 방법이다. 핀옵스는 클라우드 재무 관리의 문화 변혁을 추진한다는 것을 의미하며, 데브옵스와 SRE가 엔지니어링 문화 변혁을 이끄는 것과 유사하다.

또한 클라우드를 사용할 때, 애초에 클라우드가 제공하고자 했던 소비자 경험 및 가치를 훼손하지 않으면서 올바른 결정을 내리고 적절히 절충할 수 있도록 계획, 조달, 소비, 관리, 관장과 관련된 모든 핵심 기능을 한데 모으는 것이 목표다.

핀옵스는 예상치 못한 클라우드 소비 패턴을 막고 클라우드 서비스를 최

---

2   **역주** 곡물과 같은 화물을 저장하는 긴 원통형 저장고다. 여기에서는 조직별로 자신들의 정보를 외부에 공유하지 않고 내부 이익만 추구하는 것을 의미한다.

적화한다. 궁극적으로는 급증하는 비용으로 곤경에 처했을 클라우드 프로그램을 구해 낼 수 있다.

다음은 핀옵스의 핵심 원칙이다.

- 재무 및 조달이 클라우드 비용을 단순 검수하도록 하지 말고, 엔지니어링 조직의 계획 수립 단계에서부터 재무 및 조달 영역을 만든다.
- 제품 조직과 연결되는 공유 재무 책임을 위한 보호 장치를 마련한다.
- 재무를 염두에 두고 설계와 아키텍처링을 한다.
- 클라우드 비용을 제품, 고객 지표와 일치시켜 재무 비용을 추적한다.
- 클라우드 비용을 지출하는 조직에 비용 지출 현황을 실시간으로 제공한다.

이러한 원칙들은 클라우드 비용을 최적화하고, 제품 조직에 권한을 부여하며, 명확한 지표를 기반으로 좋은 재무적 의사 결정을 할 수 있다.

핀옵스는 어떻게 시작해야 할까?

대부분의 조직이 하는 근본적인 실수는 클라우드 재무 관리와 거버넌스를 사후 관리나 비용 절약 활동의 일환으로 생각하는 것이다.

하지만 콘티노[3]에서는 엔지니어링 우선주의 및 데이터 기반 방법을 핀옵스에 적용한다. 성공적인 핀옵스 기능을 만들기 위해서는 다음 요소로 시작하길 권장한다.

3 　**역주** 저자가 다니는 회사다.

클라우드 비용 제어(cost-control) 또는 핀옵스 정책을 사용하라

비용 지출 조직에 기업 내에서 재무적으로 제어된 클라우드 자원 소비를 달성하도록 준수하는 제어 집합control set을 제공한다.

비용 제어 정책의 보호 장치를 제공하라

기반 클라우드 플랫폼 내에 주요 비용 정책 집합을 코드 기반의 보호 장치로 구현하라.

클라우드 이익 프레임워크를 세워라

여러분의 클라우드 프로그램으로 얻는 이익과 ROI를 명료하게 전달할 수 있도록 데이터 기반 프레임워크를 만들어라.

원가 동인과 지표를 식별하자

애플리케이션 또는 제품 팀의 주요 원가 동인cost driver [4]을 식별하고 나열해서 사업 이익과 매출에 어떻게 연결되는지 추적할 수 있다.

모두에게 가시성을 제공하자

비용 지출 팀의 클라우드 비용을 실시간으로 볼 수 있게 해서 클라우드 사용량에 대한 재무적인 의미 이해와 의사 결정을 보다 잘할 수 있도록 하자.

---

4 역주 https://en.wikipedia.org/wiki/Cost_driver

고객 경험과 연결된 재무적 추적을 만들자

엔지니어링 팀이 어떤 애플리케이션 실패를 프로파일링하고 모니터링하고 분석하고 정확히 찾아내기 위해서 애플리케이션 트레이싱application tracing을 사용하는 것처럼, 핀옵스 팀도 클라우드 비용에 대한 이익과 비용 동인을 추적해야만 한다.

요약

이 모두를 하나로 모아서 사용하면 여러분 비즈니스에서 클라우드 재무 데이터, 비즈니스 지표, 조직 및 고객 통찰력을 모두 고려한 데이터 기반 의사 결정을 할 수 있다. 그리고 재무와 조달 조직을 여러분과 함께 클라우드 세상으로 안내할 것이다!

69

클라우드에서 규모 경제가 동작하는 방식

존 무어(Jon Moore)
최고 소프트웨어 아키텍트(Chief Software Architect)

경제 이론에서 **경험 곡선**experience curve(**학습 곡선**learning curve)을 알고 있는가? 클라우드 컴퓨팅에서 이 이론은 퍼블릭 클라우드 업체로 새로운 데이터 센터를 아웃소싱하는 것이 좋은 생각인지 설명할 뿐만 아니라 데이터 센터 자체를 직접 운영할 필요가 없다는 것을 설명하기에도 적합하다.

경험 곡선은 보스턴 컨설팅 그룹Boston Consulting Group, BCG에서 최초로 공식으로 만들었으며, 이 곡선을 통해 생산 수량이 증가하면 제작 단가는 예측 가능한 수준으로 감소한다는 것을 설명했다. 다시 말해 더 많이 생산할수록 빠르고 저렴하게 좋은 제품을 생산할 수 있다는 의미다. 이것이 바로 **규모 경제**economy of scale의 핵심이다. 일반적으로 해당 곡선은 비용 비율로 나타낸다. 예를 들어 75%의 경험 곡선은 생산 수량이 2배가 될 때마다 가장 최근의 생산 수량의 한계 비용marginal cost[1]이 25% 감소한다는 의미다. 따라서 하나의 제품을 생산하기 위해서는 100달러가 필요하며, 그다음 원

---

1   역주 생산량을 한 단위 증가시키는 데 필요한 생산비의 증가분을 가리킨다(출처: 위키피디아).

가는 75달러, 네 번째는 56달러, 여덟 번째는 42달러까지 감소한다고 할 수 있다. 경험 곡선은 감소하는 수익률을 보여 준다.

클라우드 컴퓨팅이라면 서버를 배치하고 운영하는 데 들어가는 한계 비용을 알고 싶을 것이다. 실제 학습 비율은 알지 못하지만 일반적인 경험 곡선은 75~90% 내에 속한다. 그렇다면 데이터 센터 서버 배치의 경험 곡선이 해당 범위에 속한다고 가정해 보자.

여러분이 잘 사용하는 퍼블릭 클라우드 제공자에게 리눅스 가상 머신을 시간당 10센트로 빌렸다고 하자. 퍼블릭 클라우드 제공자도 이익을 추구하는 기업이므로 실제 원가는 여러분이 빌린 시간당 10센트보다 싸다고 가정할 수 있다. 사실 2018년 SEC[2]의 10-K 보고서10-K filing[3]에 따르면, 아마존의 AWS 사업부 전체 매출은 120억 달러, 영업 이익은 30억 달러, 영업 이익률은 약 25%라고 한다.

하지만 퍼블릭 클라우드 제공자의 규모는 어떨까? 최근에 AWS는 서버를 약 1,400만 대, 마이크로소프트는 100만 대, 구글은 약 250만 대 운영하고 있다고 예측한다. 이 정도 규모에서 퍼블릭 클라우드 회사는 장비 업체로부터 대량으로 구매하여 상당한 할인을 받으면서 훨씬 효율적으로 운영하기 위해 많은 부분을 자동화하고, 이에 맞는 정책을 만들려고 한다. 바로 이러한 부분이 경험 곡선의 **경험** 부분이다. 하지만 여전히 이윤을 내는 범위 내일 것이다. 여러분은 특정한 규모가 되면 실제로 퍼블릭 클라우드에서 빌려 쓰는 비용보다 훨씬 저렴한 비용을 지출할 수도 있다. 그렇다면 어떻게 이러한 손익 분기점break-even point을 찾아낼 수 있을까? 서버 규모에서 90% 경험 곡선을 살펴보자.

---

2   역주 미국증권거래소다.

3   역주 공시 보고서 형태 중 하나로 연간 보고서를 의미한다.

▼ 경험 곡선

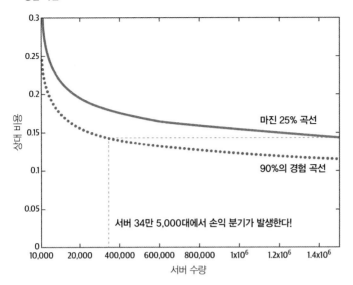

기본 비용 커브(클라우드 업체들의 소매가를 나타냄)에 마진 25%를 나타내는 더 높은 곡선을 추가했다. 그리고 Y축의 끝을 서버 1,500만 대로 정했다. 가장 왼쪽(서버 1대의 소매가)부터 서버 150만 대 소매가로 선을 그린다면 결과적으로 최저 가격 곡선이 그려진다. 이곳이 바로 손익 분기점이며, 앞의 예제 그래프에서는 34만 5,000여 대일 때 발생한다. 다시 말해 서버를 아주 많이 구매하지 않는 이상 퍼블릭 클라우드를 이용하는 편이 비용이 훨씬 저렴하다!

하지만 이것은 굉장히 보수적인 예측이다. 다음 사항 중 어느 하나라도 참일 경우 손익 분기점은 **더욱 높아진다.**

- 학습 곡선이 90%보다 빠르다(낮다).
- 퍼블릭 클라우드에서 서버를 1,500만 대 이상 대규모로 운영한다.
- 유효 마진(effective margin)이 25%보다 낮다(클라우드 자원을 대량 구매하여 추가로 할

인받았거나 클라우드 제공자 간 경쟁이 치열해서 시간이 지날수록 마진율이 떨어졌을 때).

마지막으로 퍼블릭 클라우드 제공자들은 지속적으로 성장한다. 최근에는 매년 25% 성장하는 것으로 예측되었다. 이는 퍼블릭 클라우드는 스스로 할 때보다, 심지어 여러분의 사업 성장 속도보다 훨씬 더 빠르게 경험 곡선을 낮출 것이라는 의미다.

물론 퍼블릭 클라우드를 사용하기로 결정할 때 비용이 고려해야 할 유일한 요소는 아니지만, 중요한 요소임에는 틀림없다. 그리고 지금 경험 곡선과 규모의 경제를 분명하게 이해한다면 아주 강력한 휴리스틱heuristic을 의사 결정에 사용할 수 있을 것이다.

70

클라우드에서 네트워크 전송 비용 관리하기

켄 콜레스(Ken Corless)
DXC 테크놀로지(DXC technology) 기술,
제품 및 파트너 담당 수석 부사장

클라우드 비용을 예측하기가 훨씬 복잡해지고 있다.[1] 많은 개발 팀이 컴퓨팅과 스토리지의 수요는 잘 이해하지만 네트워크 수요는 잘 예측하지 못한다. 클라우드 비용을 줄이려면 네트워크가 시작점이 되어야 한다(여기에서는 대체로 AWS 용어로 설명하지만, 다른 주요 클라우드 서비스 제공 업체에도 대체로 적용할 수 있다).

가장 먼저 비용을 추적하고 측정할 수 있어야 한다. AWS 빌링billing과 비용 관리 대시보드cost management dashboard 또는 비용 탐색기dost explorer를 사용하자. 클라우다빌리티Cloudability나 티비티Teevity 등 서드 파티 비용을 관리하는 도구도 고려해 보자. 트랜스퍼라이즈Transferize는 클라우드 전송 및 네트워크 비용 최적화에 특화된 제품이다. 이 모든 제품에서 비용 모델링 기능을 제공하므로 이를 활용하자.

---

1 본문은 링크드인(https://www.linkedin.com/pulse/managing-network-transit-costs-cloud-ken-corless)에 최초로 게시되었다.

빌링 알람을 설정하자(클라우드 제공자의 콘솔 또는 서드 파티 도구 모두에서 하자). 특별히 새로운 제품을 만들기 시작하거나 새로운 형식의 워크로드를 배포한 경우에는 더 신경 쓰자.

사설 IP를 사용할 수 있다면 퍼블릭 또는 엘라스틱elastic IP 주소를 사용하지 마라. 흔히 하는 실수이며 비용 낭비다.

아마존 클라우드 프런트Amazon CloudFront와 같은 CDN 또는 아카마이Akamai와 같은 회사의 서드 파티 CDN을 활용하자. 여러분이 사용 중인 VPC에서 CDN으로 콘텐츠를 옮기는 비용은 발생하겠지만, 평소 웹 페이지와 같은 대량 트래픽이 발생할 때 CDN을 사용한다면 비용을 빠르게 절약할 수 있다.

가용성 향상을 목적으로 하지 않는다면 단일 가용 영역availability zone 또는 리전에서만 자원을 생성하자. 불필요한 리전 간 네트워크 비용이 상당하다.

데이터 압축을 활용하자. 웹 페이지 또는 비디오 파일을 보관할 때 바이트 단위로 비용을 지불하므로 압축이 굉장히 유의미하다.

인터페이스 토폴로지를 점검하자. 하이브리드 및 멀티 클라우드 전략이 대두되면서 클라우드에서 실행되는 솔루션과 온프레미스(또는 다른 클라우드)에서 실행되는 솔루션을 연결할 필요가 있는데, 인터페이스를 매핑하는 것이 굉장히 도움된다. 네트워크 토폴로지는 특히 실시간 인터페이스에서는 그 자체가 성능에 영향을 미친다.

데이터를 복제하는 경우에는 새로운 데이터를 오롯이 다 복사하기보다는 가능하다면 데이터 내 변경 사항만 전송하자.

클라우드와 직접 연결을 사용하는 경우에는 대체로 비용을 낮출 수 있다. 일반적인 연결과 다른 비용 모델을 적용하기 때문이다. 예를 들어 낮은 대역폭 요금을 내며, 활성 포트에 한해서만 청구된다.

로컬 프로세싱을 제거하자. 데이터를 내려받아 여러분의 워크스테이션에서 작업해야 할 때, 자신의 워크스테이션처럼 쓸 수 있는 아마존 워크스페이스Amazon WorkSpace를 사용하라. 데이터를 클라우드 내에 둔 채로 작업할 수 있다.

리전 간 네트워크 전송 비용이 부과되는 자동 다중 리전 복제(다이나모DB[2]와 같은) 기능을 확인하자. 어떤 데이터가 정말로 다중 리전에 저장되어야 할까? 특히 불필요하게 복제되어 방치된 테스트 및 개발 환경을 없애야 한다.

효과적인 태깅 전략을 만들자. 인스턴스 태깅과 비용 할당 태그를 사용하면 네트워크 비용은 연결된 인스턴스에 부과되며, 궁극적으로 적합한 애플리케이션 및 솔루션 팀에 부과된다.

마지막으로 애플리케이션 및 솔루션 팀에 네트워크 비용에 대한 책임과 예산을 부여하자(사실 네트워크 외에 단독으로 사용한 **모든** 인프라 비용에서 동일해야 한다). 사람들은 그 비용이 '그들의 돈'이 되면 행동이 달라진다.

2 　역주 https://aws.amazon.com/ko/dynamodb

71

클라우드 마이그레이션 비용 급증 관리

만지트 다달라(Manjeet Dadyala)
구글 클라우드 플랫폼 인증 트레이너

모든 기술 현대화 노력에는 비용이 따른다. 그리고 여러분과 조직이 클라우드를 검토하거나 마이그레이션하는 중이라면 이를 과소평가할 수 없을 것이다.

거의 모든 경우에 클라우드 업체, 컨설턴트 또는 클라우드 생태계에 있는 누군가가 내세우는 가치 제안value proposition 중 하나가 바로 클라우드를 사용하면 현재 온프레미스 환경과 워크로드로 지출되는 비용을 상대적으로 절약할 수 있다는 것이다. 대부분은 사실이지만, 여전히 온프레미스 인프라와 워크로드를 유지하면서 클라우드 도입을 검토하고 사용하고 이전하는 조직의 경우에는 그렇지 않다.

기업은 클라우드 마이그레이션 비용이 급증하는 것을 예측하고 관리하지 못했을 때 그 비용에 놀란다. 이러한 비용 급증은 클라우드 경제와 총 소유비용Total Cost of Ownership, TCO의 핵심적인 특징이다. 그렇다면 TCO란 무엇인가? TCO는 가치 제안이며, 여러 가지 가정하에 클라우드를 사용할 때 있을 수 있는 만약what-if의 시나리오다.

모든 마이그레이션 비용을 고려하지 못하고 적절하게 계산하지 못했다면 예상을 초과하는 비용 급증을 초래할 뿐만 아니라 마이그레이션 이후에 사용하는 워크로드에도 비용을 많이 지출하게 된다.

일반적으로 다음과 같은 비용이 있다.

- 발견 및 계획(discovery and planning)
- 평가(assessment)
- 외부 컨설팅(external consulting)
- 네트워크 및 인프라 연결
- 개념 증명(proof of concept)
- 애플리케이션 준비, 리팩터링, 준비성 평가
- 마이그레이션을 위한 도구, 소프트웨어, 라이선스
- 배포 및 마이그레이션 수행
- 직원 교육 및 숙련도 향상
- 기존 데이터 센터 또는 코로케이션(colocation) 시설 철수
- 기존 소프트웨어 라이선스 계약 또는 부동산 계약 파기로 인한 손해

클라우드 마이그레이션 비용을 확실하게 이해하고 성공적으로 관리하기 위해서 클라우드 엔지니어는 기업 내 다른 팀과 협력하여 비용, 일정, 마이그레이션이 미치는 영향을 면밀히 분석해야 한다. 이러한 활동은 기존 기술은 그대로 투자하면서 클라우드 마이그레이션과 현대화에 비용을 쏟아 비용을 이중으로 지출하는 조직에서는 반드시 해야 한다. 클라우드 마이그레이션은 모 아니면 도와 같은 일이 아니다. 대부분의 기업에서는 단번의 노력으로 모든 기술 영역을 클라우드로 이관하지 않고, 할 수도 없다.

마이그레이션은 범위를 정해서 제한하여 수행되어야 하며 노력, 비용, 위험성, 속도 수준을 최적화해야 한다. 균형 잡힌 인프라, 애플리케이션, 마이그레이션, 사람 및 수행 비용을 결정하는 것은 과학이자 동시에 예술의 영역이다. 관점, 지식, 경험, 숙련도는 클라우드 엔지니어가 마이그레이션 비용 급증을 예상할 수 있도록 할 뿐만 아니라 그들의 조직에 적합한 방법을 계획하고 관리할 수 있게 한다.

72

빌어먹을 짐! 난 클라우드 엔지니어지 회계사가 아니라고!

마이클 윈슬로(Michael Winslow)
기술 리더

평소와 다름없는 금요일이었다. 일정 대부분은 미팅을 거절하도록 설정해서 주말이 시작되기 전에 진행 중인 아이템을 살펴볼 시간을 확보하고 싶었다. 그런 중에 내 관심을 사로잡는 이메일 제목이 하나가 눈에 띄었다.

해당 이메일은 우리가 사용 중인 클라우드 업체에서 자동으로 발송하는 클라우드 비용에 대한 기본 보고서였다. 이메일을 읽던 중 호기심에 '더 절약할 수 있습니다'고 연결된 제목을 살펴보기로 했다. 내가 본 흥미로운 내용은 대략 다음과 같다.

- 크기: 8xlarge
- 인스턴스 수: 12
- 리전: us-east
- 평균 사용량: **0.27%**

잠깐! 어떻게 이럴 수 있지? 정말로 사용량이 0.27%라고? 그럼 얼마나 쓰고 있는 것이지?

엔지니어들을 찾아다니면서 "당신이 사용했습니까?"라고 탐문하고 다닌 끝에 우리가 샌드박스 환경에 수십만 달러를 호화롭게 쓰고 있다는 사실을 알아냈다. 이 모든 것은 클라우드가 재정 부문에 영향을 끼치는 것에 대해 전혀 인지하지 못했기 때문이다.

나는 클라우드에서 실제로 지출하고 있는 비용을 추적하는 것이 아주 중요하다는 것을 깨닫고 나서 그것에 굉장히 집착하게 되었다. 클라우드 예산이 어떤 부분에서 지출되고 있는지 아는 것뿐만 아니라 우리 팀 전체가 클라우드 서비스를 가장 효율적으로 활용하는 방법을 이해하고 있는지 알고 싶어졌다.

깨달음의 금요일 오후 이후부터 클라우드 업체가 보내 주는 자동 이메일 보고서를 절대로 무시하지 않게 되었다. 우리가 그 과정에서 배운 몇 가지 내용을 알려 주고자 한다.

컴퓨트와 스토리지는 예약된 자원 또는 인스턴스를 활용하라

먼저 인정할 것은 우리의 초기 클라우드 도입은 단순히 '베어 메탈 옮기기'였다는 것이다. 이 방법은 클라우드 환경에 대한 이해를 높이기에는 훌륭한 방법이다. 하지만 이렇게 몇 년 동안 VM을 사용한다면 클라우드 업체가 할인을 제안할지도 모른다. 더욱 쉽게 하려면 예약된 가격을 내면 된다.[1]

마이크로서비스를 도입하려고 하는가? 네트워크, 스토리지, 모니터링 비용을 생각하자

마이크로서비스를 도입할 때 모든 훌륭한 장점 외에 비용은 종종 간과된

---

1 **역주** AWS와 같은 퍼블릭 클라우드 업체에서는 수량 또는 사용량을 미리 계획해서 자원 할당을 예약할 수 있게 한다. 이때 가격이 주문형 가격보다는 할인된 가격일 확률이 높다.

다. 각각의 새로운 마이크로서비스는 서로 간에 통신이 빈번하게 일어나므로 네트워크 트래픽을 증가시킨다. 또한 추가적인 트레이싱 정보를 저장해야 하기 때문에 로그 크기도 증가한다.

우리는 일부 서드 파티 모니터링 솔루션이 마이크로서비스의 요구 사항에 맞는 가격 책정 모델을 만들어 내는 것이 느림을 알게 되었다. 이러한 솔루션들은 전통적으로 '인스턴스' 또는 '노드' 단위로 비용을 부과하는데, 모놀리식 아키텍처는 아주 급격하게 커지는 경우가 거의 없기 때문이다. 하지만 우리 마이크로서비스는 수십 개로 커졌고, 이러한 요금 정책 때문에 비용 지출이 과해졌다.

항상 /pricing 페이지를 살펴보자

클라우드 서비스는 서비스 종류에 따라 서로 다른 가격 책정 모델을 사용한다. 어떤 서비스는 인스턴스 크기로 비용을 매기는 반면, 다른 서비스는 트래픽으로 한다. 이러한 부분을 이해하는 것이 중요하다. 경우에 따라 여러분은 저렴한 솔루션을 활용하기 위해서 소프트웨어 설계 방식을 변경하기로 결정할 수도 있다.

클라우드 엔지니어라면 우리가 내린 결정이 미치는 재무적 영향을 더 이상 무시하면 안 된다. 모든 API 호출, 로그, 연산 시간이 실제 비용으로 돌아온다. 이러한 부분은 여러분 회사와 고객에게 측정 가능한 가치를 제공할 좋은 기회이자 시니어 엔지니어로 두각을 나타낼 좋은 기회다.

73

클라우드 서비스의 효과적인 모니터링은 계획이 필요하다

스콧 판탈(Scott Pantall)
인피니셉트(infinicept) 소프트웨어 엔지니어

"빠름, 저렴, 좋음? 두 개를 골라 봐."

이는 프로젝트 관리의 **철 삼각형 격언**iron triangle maxim으로 알려져 있지만, 많은 클라우드 제공 업체는 그들이 판매하는 서비스를 사용하면 이 세 가지를 모두 만족할 수 있다고 말한다. 완전히 틀린 말이기도 하고 완전히 틀리지 않은 말이기도 하다. 성능, 알람, 비용을 계속해서 추적할 수 있다면 여러분은 경험에 입각한 결정을 할 수 있다. 그 결정으로 애플리케이션이 충분히 빠르고 저렴하게 동작할 수 있고, 모든 이해 관계자가 충분히 만족할 수 있다.

영업 팀과 사용자들은 무엇이든지 빠르고 가용성 있고 신뢰할 수 있길 원한다. 클라우드 기반 서비스의 성능은 이러한 이해 관계자 만족도의 전부다. 따라서 서비스가 느리거나 사용 불가능한 상태가 되는 지표를 지속적으로 추적하는 것이 굉장히 중요하다. 클라우드 제공자에서 사용할 수 있는 지표에 대한 다양한 방법을 자세히 살펴보기 전에, 여러 다른 상황에서 어떤 일이 발생하면 좋을지 계획을 세우는 것이 우선 중요하다. 이러한 부분에서 클라우드 제공자가 빛날 수 있는 부분이다. 메모리 사용량, 디스크 공간, 네트워크 트래픽이 예상보다 높다면, 어떤 일이 발생하길 원하는가? 특정한 인원이 알람을 받기 원하는가? 시스템을 재시작하기 원하는가? 클라우드 제공자를 통해 이러한 상황에 대한 어떤 조합도 할 수 있다. 하지만 이러한 상황에 대해 미리 계획하고 도구를 적절하게 사용할 때만 최대한 이점을 얻을 수 있다.

기업에서는 직접 호스팅hosting하는 것보다 클라우드를 사용하는 것이 더 저렴하다고 생각하기 때문에 클라우드가 매력적으로 보일 수도 있다. 클라우드 제공자를 사용한다고 해서 여러분 팀이 애플리케이션을 지원하기 위해서 서버 및 네트워크 인프라를 구매하고 관리할 IT 전문가를 고용할 필요가 없는 것은 아니다. 클라우드 제공자가 주는 이점을 최대한 활용할 수 있는 방법을 알고 있는 누군가가 필요할 뿐이다. 불행히도 클라우드 제공자를 사용할 때 얻는 장점 이면에는 잠재적으로 숨겨진 비용이 예기치 않게 발생할 수 있다는 단점이 있다. 오토스케일 자원이 고객에게는 좋지만, 제대로 관리하고 모니터링하지 않는다면 예상치 못한 비용을 발생시킨다. 사용 중인 서비스와 오토스케일 옵션을 과도하게 사용해서 많은 비용이 발생하는 일이 없도록 비용을 정확히 파악하고 신중하게 행동해야 한다.

개발 팀은 사용자가 칭찬하고 비즈니스에 이익이 되며 (개발 팀에게는 가장 중요한) 유지 보수 및 구축이 용이한 작업을 하는 것에 자부심을 가질 수 있다. 팀원들은 클라우드 서비스의 복잡성을 인지하고, 문제에 바로 대응할 수 있도록 쉽게 읽고 이해할 수 있는 성능 지표를 만들어야 한다. 또한 그 성능 지표로 단순히 클라우드 제공자의 솔루션만으로 해결할 수 없는 사용자 문제를 예방하고 대응할 수 있어야 한다. 개발 팀이 주도적으로 성능과 비용을 모니터하는 계획을 세운다면 계속 저렴하고 신속하게 동작할 수 있을 것이다.

클라우드 서비스의 모니터링과 알람 도구는 도구일 뿐이다. 모든 이해 관계자를 만족시키기 위해서는 이러한 도구를 최대한 활용할 수 있는 계획을 세우는 것이 중요하다. 계획 없이는 도구를 의미 있게 사용한다고 해서 이해 관계자가 원하는 빠르고 우수하고 효율적인 소프트웨어 요구 사항에 대한 균형을 잡을 수 없다.

8장

자동화

74

효율적인 코드형 인프라의 원칙, 패턴, 실행법

아다르시 샤(Adarsh Shah)
독립 컨설턴트

코드형 인프라 IaC는 소프트웨어 시스템에서 사용되는 증명된 코딩 기술을 인프라로 확장하는 접근 방식이다.[1] IaC는 핵심 데브옵스 실행법 중 하나로, IaC를 사용하면 특히 클라우드에서 규모가 큰 인프라 제공과 소프트웨어 구동을 빠르고 안정적으로 실행할 수 있다.

핵심 원칙

IaC 핵심 원칙 두 가지는 멱등성과 불변 인프라immutable infrastructure다.

- **멱등성**은 IaC를 몇 번 수행하든지 최초 상태와 최종 상태는 항상 동일하다는 의미다. 인프라 프로비저닝을 단순화하고 불일치 결과 발생 확률을 줄인다. 멱등성은 테라폼 (Terraform)[2]과 같은 선언적 언어(declarative language)와 상태 저장 도구를 사용해서

---

1 본문은 아다르시 샤의 웹 사이트(https://shahadarsh.com/2020/07/12/principles-patterns-and-practices-for-effective-infrastructure-as-code/)에 최초로 게시되었다.

2 역주 https://www.terraform.io/

달성할 수 있다. 테라폼을 사용하여 원하는 최종 상태를 정의하면 테라폼의 잡이 달성해야 할 최종 상태가 된다. 최종 상태가 되지 않는다면 실패한다.

- **불변 인프라**는 기존 인프라를 변경하기보다는 새로운 인프라로 대체한다는 의미다. 새로운 인프라를 매번 프로비저닝해서 구성을 재현할 수 있고, 시간에 따른 드리프트를 피할 수 있다.

원칙과 실행법

다음은 중요한 IaC 원칙과 실행법이다.

소스 제어

가끔씩 실행하는 스크립트를 포함한 모든 것은 소스 제어 시스템에 저장되어야 한다. 그리고 시스템에 접근을 허용해서 기업 내 모두가 소스를 볼 수 있고 어떤 일이 진행되는지 이해할 수 있도록 해야 한다.

모듈화 및 버전 관리

IaC로 여러 팀 사이의 유지 보수, 가독성, 소유권을 관리할 수 있다. 그리고 변경 범위를 좁게 유지해서 독립적으로 배포할 수 있다. 네트워크나 보안처럼 별도의 팀이 있는 기업에서는 인프라를 다양한 계층으로 구분하는 것이 바람직하며, 계층별로 적절한 팀에 소유권을 부여해서 더 나은 제어를 할 수 있다.

문서화

IaC를 사용하면 과도한 문서가 필요 없지만 여전히 문서화가 필요한 부분이 있다. 품질이 훌륭하고 쉽게 찾을 수 있는 최신 문서는 IaC를 유지 보수하는 팀뿐만 아니라 고객에게도 도움이 된다.

자동화된 테스트

IaC에 자동화된 테스트를 추가하면 개발 주기 내에서 문제를 빠르고 쉽게 찾을 수 있다.

- 린터(linter)[3]나 다른 **정적 분석**(static analysis)을 IaC에 적용해서 코드가 팀과 업계 표준을 지킬 수 있도록 한다.
- IaC 도구는 선언적이므로 일반적으로 **단위 테스트**는 필요 없다. 그럼에도 일부 경우에 도움이 되는데, 코드 내 조건문 또는 루프가 있을 때다.
- **통합 테스트**(integration test)는 테스트 환경에 자원을 프로비저닝하고 그 상태가 요구 사항을 충족하는지 검증해야 한다. 특히 선언적 코드를 사용 중이라면 도구가 해야 하는 일을 검증하는 테스트를 작성하지 않도록 명심하자.
- 더미 애플리케이션으로 **스모크 테스트**(smoke test)를 수행하면 인프라에서 실행될 여러 종류의 애플리케이션 배포를 검증할 수 있다. 실제 애플리케이션이 겪을 수 있는 테스트 시나리오를 위해서 프로덕션에서 배포되지 않은 더미 애플리케이션을 사용하자.

보안과 컴플라이언스

여러분이 프로비저닝하는 인프라는 안전하고 법규 준수를 보장하는 것이 중요하다. 견고한 IAM에 IaC를 사용하면 문제를 해결하는 데 도움이 된다. RBAC 기술은 원하는 작업만 수행하는 데 적합한 권한을 부여함으로써 전체적으로 공격 가능성을 줄여 준다. IaC에서 사용하는 모든 시크릿을 관리하는 신뢰할 수 있는 시크릿 관리자[4]를 사용하자. 프로덕션 이전 환경[5]에서

---

3 (역주) 정적 분석 도구로 프로그래밍 언어에 있는 오류나 버그를 찾아 주며, 주로 형식 오류 검출에 많이 쓰인다.
4 (역주) 볼트(vault)와 같은 제품이 그 예다. 참고: https://www.vaultproject.io/
5 (역주) 개발, 스테이지 환경 등이다.

인프라 프로비저닝 또는 변경 후 보안 점검을 수행하면 프로덕션에서 발생할 수 있는 보안 문제를 예방할 수 있으며, 보안 모범 사례 적용을 보장하는 데 도움이 된다. 의료 보험의 양도 및 책임에 관한 법률Health Insurance Portability and Accountability Act, HIPPA [6] 및 개인정보보호규정General Data Protection Regulation, GDPR [7] 등 컴플라이언스를 지켜야 하는 기업에서는 **코드형 컴플라이언스**compliance as code를 사용하여 컴플라이언스 검증을 자동화해야 한다.

공유 환경에서 실행 자동화하기

인프라를 자신 있게 프로비저닝하려면 앞서 설명한 모든 단계를 통합하여 특정한 순서로 적절하게 IaC 실행을 검사해야 한다. 여기에는 두 가지 옵션이 있다.

- **IaC 파이프라인**은 서클 CI(Circle CI)[8]와 같은 파이프라인 도구를 사용하여 프로비전의 모든 단계를 파이프라인에 포함시켜 인프라에 의존하는 모든 사용자에게 가시성을 제공하고 프로비저닝 실패 알림을 울리게 한다.
- **깃옵스**(GitOps)는 변경 사항을 적용하는 작업 흐름(풀 리퀘스트 절차)을 추가해서 IaC를 확장한다. 인프라의 실제 상태가 원하는 상태와 동일한지 주기적으로 점검하는 제어 루프가 있을 수도 있다.

---

6 역주 https://world.moleg.go.kr/web/wli/lgsllnfoReadPage.do?1=1&AST_SEQ=313&CTS_SEQ=43464&ETC=0

7 역주 https://world.moleg.go.kr/web/wli/lgsllnfoReadPage.do?1=1&AST_SEQ=93&CTS_SEQ=40684

8 역주 https://circleci.com/

75

인프라의 레드, 그린, 리팩터링

애니 헤지페스(Annie Hedgpeth)
텐스 매그니튜드(10th Magnitude) 시니어 클라우드 자동화 엔지니어

기업이 클라우드로 옮겨 가기로 결정했다면 내가 생각하는 주요한 동기는 바로 속도다! 여러분 역시 그렇다고 확신한다. 새로운 프로젝트를 계획하고 구현하기 시작했을 것이다. 새로운 기능을 하나씩 만들어 가는 일이 실제로 일어나서 너무 신났을 것이다. 하지만 얼마 안 가 기능 요청은 계속 쌓이고 일정에 뒤처지기 시작한다. 무엇이 바뀌었는가? 프로젝트 복잡도가 커져서 실제로 변경 사항을 구현하는 시간보다 그 변경 사항을 테스트하는 것에 시간을 더 쓰게 된다. 이해 관계자들의 기대를 충족하기 위해서 마지못해 기술 부채를 쌓아 가고 여유가 될 때 통합 테스트를 최대한 빨리 시작할 것이라고 약속한다. 하지만 여전히 진척되지 않은 업무에 두려워지고 팀은 번아웃에 빠진다. 그 여유 시간은 절대 오지 않는다.

불행히도 이 이야기는 클라우드 인프라 개발의 너무 일반적인 시나리오다. 하지만 적게 스트레스를 받고 즐겁게 인프라를 개발할 수 있는 방법이 있다고 자신 있게 말할 수 있다. 이 방법은 **테스트 주도 개발**Test-Driven

Development, TDD 또는 레드, 그린, 리팩터링red, green, refactor(나는 이 용어를 더 선호하는데, 녹색(그린)이 주는 테스트 통과 확신 때문)이다. TDD는 테스트 작성 없이는 코드 한 줄도 작성할 수 없다는 의미다. 이러한 작업 흐름은 테스트를 작성하고 수행하고 실패하는 것을 보고(레드), 테스트를 통과하도록 수정하고(그린), 그리고 반복(리팩터링)한다.

예를 들어 애저의 우분투 가상 머신을 생성하는 코드를 작성할 필요가 있다고 하자. 머신을 생성하는 코드를 작성하기 전에 가장 먼저 작성하는 코드는 애저에 해당 머신이 있는지 확인(테스트)하는 코드다. 이를 위한 도구가 너무나도 많은데, 파워셸PowerShell[1], 애저 CLI, 인스펙—애저InSpec-Azure[2] 등이 있다. 우분투 머신이 존재하지 않으므로 존재 여부를 확인하는 코드를 실행하면 테스트는 실패하게 된다. 이제 머신을 생성하는 코드를 작성할 차례이며 테라폼, 애저 자원 관리자Azure Resource Manager, ARM 등 선호하는 도구를 사용하자. 머신을 생성하는 코드를 실행하면 테스트가 실행된다. 머신이 정상적으로 생성되었다면 테스트도 통과할 것이다. 이제 여러분 환경이 완성되기까지 계속 반복하면 된다.

왜 이러한 모든 어려움을 헤쳐 나가야 하는지 묻고 싶을 것이다. 글쎄, 우리는 함께 일하는 동료를 충분히 신뢰하고 그렇다고 믿지만 그들이 작성한 코드를 테스트하는지 어떻게 알 수 있을까? 개발 과정에 테스트 구축을 포함시키지 않는 한은 알 수 없다. 프로젝트가 진행되면서 복잡도가 증가하면 수동 테스트는 굉장히 성가시며 테스트를 제대로 하지 못한 그 틈에서 버그가 튀어나온다. 제대로 동작하게 만드는 데 시간은 점점 더 걸리고 사람들은 번아웃에 빠지게 된다. 하지만 TDD 실행법으로 IaC를 구현하는 것

역주 https://docs.microsoft.com/en-us/powershell/

2 역주 https://github.com/inspec/inspec-azure

과 동시에 테스트를 작성한다면, 단지 테스트 케이스만 존재하는 것이 아니라 개발 과정을 훨씬 즐길 수 있을 것이다. 한 가지 엄청난 동작을 보장하기 위해서 굉장히 많은 시간을 소비하는 대신, 늘 작은 단위의 테스트들이 통과하는 것을 즐길 수 있다. 비로소 기술 부채 더미에 묻어 둔 통합 테스트 구성 프로젝트를 시작할 수 있게 되었다. IaC로 테스트 환경을 구성하는 간단한 CI 파이프라인을 만들어 통합 테스트를 포함시킬 수 있다. 그리고 이 간단한 CI의 모든 테스트를 통과하기 전에는 소스 제어 시스템에 코드를 반영하지 못하게 하는 관문 역할을 하게 된다. 이제는 실행되지도 않고 누가 작성했는지도 모를 이 나쁜 코드가 여러분의 발목을 잡을 일이 없어진다. 여러분은 이제 팀이 올바른 일을 쉽게 할 수 있도록 바꾸었으며, 모두 개발 과정을 더욱 즐겁게 만들었다.

빠르게 움직이는 것은 흥미롭다. 자신의 계획이 실현되는 것을 보면 짜릿하다. 코드를 작성하고 클라우드에서 코드가 인프라를 구축하고 설정하는 것을 보면 매우 만족스럽다. 하지만 통합 테스트를 사용하고 있지 않다면(그렇다, 심지어 클라우드 인프라 프로비저닝에서도 통합 테스트가 필요하다), 굉장히 힘들게 산을 오르는 것과 다름없다. 데브옵스 연구 및 평가 DevOps Research and Assessment, DORA 연구 결과가 말해 주듯이 TDD는 우리 일의 속도, 성공, 즐거움의 핵심이다. 이를 절대 과소평가하거나 미루지 말자. 엔지니어라면 적용하자. 리더라면 대의를 지지하자. 반드시 보상으로 돌아온다.

76

자동화
또는 비자동화?

주디 존슨(Judy Johnson)
오닉스 포인트(Onyx Point) 소프트웨어 엔지니어

여러 엔지니어에게 데브옵스를 하는 방법을 물으면 대다수는 '모든 것을 자동화하면 됩니다!'고 말할 것이다. 훌륭한 답변이며 실제로 데브옵스 실행법의 상당 부분을 다루는 답변이다. 하지만 데브옵스는 자동화가 전부가 아니다. 여기에서는 왜 자동화가 중요하며 어떻게 데브옵스와 연관이 있는지, 자동화가 어떤 작업에 적합한지 설명한다.

한 발짝 물러서서 자동화에 집중해 보자. **왜 자동화하는가?** 여러 가지 이유가 있다. 그중에는 시간 절약, 일관성 보장, 인적 오류 확률 제거, 작업을 인력으로 수행하는 비용 절약이 있다. 또는 아주 큰 자동화된 프로세스(CI/CD 같은)의 일부 절차로 적용하기 위함 등과 같은 이유가 있다. **무엇을 자동화하는가?** 자주 반복되는 작업이나 오류에 취약한 작업을 자동화하며, 테스트와 배포처럼 진행 중인 프로세스에서 필요한 지표나 상태 수집을 자동화한다. 어떻게 자동화하는가? 자동화하기 위해서 스크립트나 프로그래밍 언어를 사용하고 퍼펫, 쉐프, 솔트, 앤서블과 같은 설정 관리 도구를 사용한

다. 또 깃랩 CI/CD, 젠킨스, 트레비스와 같은 CI 프레임워크를 사용하며 크론잡, API 그리고 다양한 도구를 사용한다.

그럼 이제는 데브옵스 단계에 대해 이야기해 보자. 데브옵스에는 계획, 코드, 빌드, 테스트, 릴리스, 배포, 운영, 모니터링의 단계가 있다. 많은 사람은 상당 부분 이미 자동화를 했을 것이다. 개인적인 의견으로 데브옵스의 훌륭한 점은 어느 단계든 자동화를 완료했다면 이미 여러분 작업을 단순화시켰다는 것이다.

따라서 자동화해야 하는 프로세스가 있다. 무엇을 해야 할까? 계획 단계는 논란의 여지가 많지만 아주 중요한 단계이며 자동화를 거의 할 수 없는 단계다. 뭔가 수동으로 작업하는 것이 있다면 어떤 작업을 했는지 문서화하자. 그랬다면 여러분은 이러한 문서로 이미 삶을 단순화했다! 다음은 프로세스를 코드나 스크립트화해서 단계를 강화하고 제품을 만드는 것이다. 테스트(그리고 동료 리뷰) 단계는 여러분과 다른 사람에게 무슨 일이 일어나는지를 약간 다른 시각으로 이해시킨다. 릴리스와 배포 단계의 자동화는 시간을 절약한다. 그리고 제품이 지속적으로 개선할 수 있도록 재사용할 수 있다. 프로덕션에서는 지속적인 피드백이 중요하므로 계속해서 운영하고 모니터링한다.

때로는 자동화가 어떤 작업에는 적합한 도구가 아닐 수 있다. 예를 들어 코드 리뷰가 그런 경우다. 물론 일관성과 테스트 범위를 확인하고 오류를 제거하기 위해서 자동화된 테스트를 추가할 수 있다. 하지만 대부분은 사람의 눈이 여전히 중요하다. 여러분 프로세스는 중간 결과를 확인하거나 패스워드를 입력하는 것과 같은 수동 단계가 필요할 수 있다. 가장 중요한 것은 우리가 가진 창의성이다. 여러분은 전체 프로세스를 자동화할 수 있지만 항상 구현해야 할 개선점과 버그 픽스, 새로운 요구 사항이 존재한다.

자동화를 가로막는 또 다른 방해 요소는 바로 반대주의자다. 그들은 자동화를 너무 많이 하면 직업을 잃는다고 생각하거나 단지 도구가 익숙하지 않아서 반대한다. 이러한 사람들에게 자동화는 직업을 빼앗지 않고 오히려 도전적이고 의미 있는 일에 쏟을 수 있는 시간이 늘어날 수 있다고 말해 준다.

데브옵스의 가장 마음에 드는 점은 공동체의 느낌이다. 여러분 제품이 완전히 자동화된 단계에 도달한다면 여러분의 창의성을 다른 방향으로 발휘할 수 있지만, 완전히 자동화된 단계에 이르는 모든 과정에 상호 작용, 의사소통, 지식 공유, 문서화가 반드시 함께해야 하는 것이 중요하다. 그리고 피드백을 통해 다음 창의적인 노력에 적용할 수 있는 교훈을 얻어야 한다. 데브옵스 말고 두 번째로 내가 좋아하는 베이킹에 비교하고 싶다. 아무리 완벽한 레시피라도 사람의 개입이 아주 조금은 필요한데, 매번 만들 때마다 살짝 수정하는 정도다. 따라서 자동화하지만 업무 프로세스에 사람의 개입이 과정의 일부로 남았는지 확인하자.

77

포털을 넘어서: CLI로 클라우드 관리하기

마르셀로 말로코스(Marcello Marrocos)
데브옵스 및 클라우드 애드보킷

처음부터 서버를 구성하기까지 얼마나 시간이 걸리는가? 하드웨어를 구매하고 조립하고 OS를 설치하면 끝이다. 이렇게 지금까지 해 왔다.

클라우드를 사용하면 친절하고 직관적인 GUI를 갖춘 관리자 포털에 단지 로그인만 하고, 몇 번의 마우스 클릭과 설정을 선택하면 서버가 준비된다. 5분 내로 서버가 준비되고 새롭게 만든 서버에 원격으로 접속할 수 있다.

여기까지는 좋다. 하지만 새로운 VM을 열 개 또는 50개, 100개를 만든다고 상상해 보자. GUI를 사용하는 것은 비현실적이다. 서버 한 개를 만드는 데 5분이 걸리는 작업으로 새로운 VM 100개를 수동으로 만들려면 8시간 넘게 일해야 한다. 5분이라는 시간의 중요한 부분은 그 시간은 단지 한 VM이 만들어지는 시간이며, 그동안 아무것도 하지 않고 성공 메시지가 출력되기까지 마음 졸이면서 기다려야 한다. 더욱이 VM 이름을 잘못 입력하거나 이미지를 잘못 선택할 위험도 있다.

하지만 걱정하지 마라. 명령행 인터페이스CLI를 사용하는 것이 현실적인 해결책이다. 모든 주요 클라우드 솔루션은 다양한 플랫폼을 위한 CLI를 제공한다. 명령어 구성은 업체마다 다를 수 있지만, 대체로 그 순서는 업체의 이니셜, 자원(주어) 그리고 동작(동사)으로 구성되며 거기에 해당 명령어에 필요한 추가적인 매개변수가 붙는다.

예를 들어 다음과 같은 명령어로 가상 머신을 만들 수 있다.

마이크로소프트 애저

```
az vm create
```

아마존 AWS

```
aws ec2 run-instance
```

구글 클라우드

```
gcloud compute instances create
```

이 명령어는 단순히 예제라는 사실을 기억하자. 자원 이름, 크기, 이미지 유형과 같은 추가적인 매개변수가 동작을 성공적으로 완료하기 위해서 필요하다.

클라우드 업체가 제공하는 훌륭한 문서는 차치하더라도 매개변수 help를 사용하면 추가적인 팁을 얻을 수 있다. 특정한 자원과 동작에서 사용되는 플래그를 보여 주어서 필요한 설정과 다른 선택지를 쉽게 확인할 수 있게 한다.

CLI를 사용하는 것만으로는 VM 100개 만들기의 모든 문제를 해결할 수 없다. 몇 가지 매개변수를 사용해서 일관성은 유지할 수 있지만, 새로운 VM 이름을 잘못 입력할 수도 있는 문제와 다음 VM을 생성하기 전까지 명령어가 완료되는 5분을 기다려야 하는 문제는 여전히 남아 있다.

따라서 그다음 단계로 CLI 명령어를 스크립트에 통합하는 것이다. 여기가 바로 자동화가 시작되는 지점이다. 스크립트를 사용하면 한계는 거의 존재하지 않는다. 여기에서 숫자 변수가 하나씩 증가하는 루프를 만들어서 이 변수를 VM 이름으로 정의하는 것을 상상해 보자. 더 이상 잘못 입력하는 위험성은 없다. 게다가 VM을 만드는 명령어는 하나씩 순차적으로 실행되므로, 다음 VM을 수동으로 만들기 위해서 현재 실행 중인 명령어가 완료되는 것을 기다리지 않아도 된다. 여러분은 단지 스크립트를 실행시켜 놓고 8시간 이후에 돌아와서 모든 자원이 생성된 것을 확인하면 된다.

여기까지는 굉장히 단순한 예제고 더 복잡한 시나리오를 살펴보자. 예를 들어 로그 결과를 조건으로 하는 조건문을 만들어서 다른 명령어가 이전 명령어의 실행 결과에 따라 실행되도록 할 수 있다.

포털을 두 번 다시 이용하지 않아야 한다고 말하는 것이 아니다. 특정한 작업의 경우 나에게 포털이 첫 번째 인터페이스다. 예를 들어 애저에서 웹 애플리케이션의 새로운 배포 슬롯을 만들어야 할 필요가 있었다. 배포 슬롯을 만들고 나면 크리덴셜을 획득한 후 배포 파이프라인에 적용하기 위해서 게시 프로필publishing profile을 내려받아야 했다. 이 작업을 포털에서 하는 편이 정확하고 빠르고 간편했다.

며칠이 지난 후 동일한 작업을 다른 시스템에서 해야 했다. 하지만 이 시스템에는 웹 애플리케이션이 54개나 있었다. 수동으로 54번을 반복할 수는 없었다! 10분을 투자해서 웹 애플리케이션별로 순회하는 스크립트를 만들어 각각의 새로운 배포 슬롯을 만들었다. 그리고 게시 템플릿 파일을 로컬 폴더에 저장했다. 이 작업을 실행하는 데 2분이 채 안 걸렸다.

이러한 특별한 경우 외에도 CLI 스크립트를 사용하여 자동화된 CI/CD

파이프라인의 특정 동작을 수행할 수 있다. 예를 들어 방금 빌드한 코드를 실행할 수 있는 웹 애플리케이션 인스턴스 만들기와 같은 동작이다. 이러한 스크립트를 소스 제어 시스템에 두어 변경 사항이 있을 때마다 스크립트를 사용하는 파이프라인을 구축하자. 또 코드형 인프라도 적용하자. 하지만 여기에서 코드형 인프라를 다루는 것은 본문의 주제를 벗어난다.

어쨌든 CLI를 사용하자. 명령어 구조, 실행법을 이해하고 익숙해지자. 절대 후회하지 않을 것이다.

78

인프라를 소프트웨어처럼 취급하자

재커리 니켄스
울퍼트 사이트 신뢰성 엔지니어

인프라는 중요하다. 인프라와 애플리케이션 코드는 클라우드 엔지니어로 성공하기 위해서 똑같이 중요하다. 대부분의 엔지니어는 런타임 환경을 수정하거나 애플리케이션에 적합한 환경을 찾을 때까지 런타임 환경을 반복한다. 어떤 인프라를 사용하든지 프로비저닝하고 배포하고 복구하는 것은 적절한 런타임 환경을 선택하는 데 중요하다. 클라우드 엔지니어 대부분은 애플리케이션을 설계하고 아키텍처링하고 개발하고 배포하는 것을 좋아한다. 오류 보고, 디버깅, 로깅, 로그 조합, 알람은 주요 클라우드 플랫폼이나 공통 도구들을 사용하면 쉽게 만들 수 있다.

클라우드를 사용할 때 가장 큰 장점 중 하나는 바로 수많은 관리형 서비스와 도구가 이러한 요구를 만족시키기 위해서 준비되어 있다는 점이다. 클라우드는 굉장하다! 하지만 클라우드는 양날의 검과 같다. 관리형 서비스는 쉽게 켜질 수도 있지만 갑작스럽게 꺼질 수도 있다. 서비스형 데이터베이스나 서버리스 컴퓨팅에서 동작하는 함수가 부주의하게 드롭될 수도 있다. 자원 프로비저닝과 배포를 수동 또는 셸 스크립트로 하는 경우에는 다운타임 복구와 개선 전략을 위해서 불필요한 삽질이 수반될 수도 있다. 그리고 **그 누구도 삽질을 원하지 않는다.**

관리형 서비스는 훌륭한 전략이다. 관리형 서비스를 인프라로 취급하고 선언적이고 멱등성이 보장되는 도구로 정의하는 것이 훨씬 좋은 전략이다. 관리형 서비스를 코드형 인프라로 정의하고 선언해서 선택한 버전 제어 시스템에 코드를 체크아웃하자. 그리고 실제 운영 환경에 변경을 반영하기 전에 동료 리뷰를 수행하자. 이를 통해 가슴앓이와 두통, 다운타임을 막을 수 있다.

코드형 인프라 패턴과 도구에는 다양한 종류가 있다. 가장 기본적인 IaC 형태는 간단하게 셸 스크립트로 인프라를 구성하는 것이다. 이러한 방법은 최적화된 방법이 아니다. 인프라 프로비저닝을 스크립팅하는 것은 단순한 명령형이라 병렬 처리와 의존성 관리의 이점이 없다. 단지 스크립트된 수동 프로비저닝 및 배포일 뿐이다. 스크립트를 유지 보수하고 디버깅하는 것은 인프라에 불필요한 삽질을 야기한다. 이러한 잠재적인 모든 삽질을 피하기 위해서 **선언형과 멱등성**을 지원하는 IaC 도구 및 방법론을 사용할 수 있다.

주요 퍼블릭 클라우드는 각자의 IaC 도구가 있다. 아마존은 AWS 클라우드포메이션CloudFormation, 구글은 클라우드 배포 매니저Cloud Deployment Manager, 마이크로소프트는 애저 자원 관리자Azure Resource Manager다. 이러한 IaC 도구는 선언형과 멱등성을 제공하지만 각 도구는 자사의 퍼블릭 클라우드에서만 동작한다. 멀티 클라우드와 하이브리드 클라우드 방법론이 업계에서 일반적으로 사용되면서 (클라우드 업체에 종속된) 이러한 도구를 사용하는 것은 엔지니어나 SRE가 선택해야 할 방법은 아니다.

좋은 IaC는 멱등성을 이용하여 여러분 코드(원하는 상태)와 현재 상태를 비교하고 드리프트 여부를 식별한다. 테라폼과 같은 도구들은 원하는 상태와 현재 상태를 비교하는 기능을 제공하고, 즉시 사용할 수 있는 개선 계획을 제공하여 (인프라의) 현재 상태를 여러분이 원하는 상태와 조화를 이룰 수 있게 한다. 인프라 드리프트를 IaC 도구로 자동화하는 것은 클라우드 엔지니어에게 아주 핵심적인 능력이다. 효율적이고 효과적으로 설계하고 프로비저닝하고 배포하고 개선하는 클라우드 엔지니어는 신뢰할 수 있고 항상 소프트웨어를 제공할 수 있다는 평판을 얻을 수 있다.

9장

데이터

79

그래서! 오라클 데이터베이스를 AWS 클라우드로 마이그레이션하고 싶다고?

아샤 칼부르기(Asha Kalburgi)
데이터베이스 엔지니어 및 AWS 개발자/DBA

클라우드 데이터베이스는 IT 복잡도와 운영 비용을 줄이고 전문화된 IT 팀에 대한 의존성을 낮출 수 있어 점점 인기를 얻고 있다. 오라클 데이터베이스Oracle Database는 훌륭하지만 가장 비싸고 복잡한 옵션 중 하나이며, 사유proprietary 코드 요소[1]로 제공된다.

오라클 데이터베이스를 클라우드에 옮긴다고 할 때, AWS 클라우드에서 오라클 데이터베이스를 운영하는 방법은 다음 세 가지가 있다.

EC2

AWS 컴퓨트 서비스와 블록 스토리지block storage인 EBS를 사용하면 자체 관리하는 기존 오라클 데이터베이스를 AWS에서 사용할 수 있다. 이 방법은 IT 팀에 상당한 수준의 전문성이 필요하다.

---

1 역주 자유 소프트웨어와 반대되는 개념으로, 소스를 공개하지 않고 미리 빌드된 바이너리나 구성으로 고객에게 소프트웨어를 제공하고 판매하는 것을 의미한다.

RDS

관계형 데이터베이스 서비스인 오라클 지원 아마존 RDS_{Amazon RDS for Oracle}를 사용하자. 이 서비스 내부는 서비스형 데이터베이스_{DataBase-as-a-Service, DBaaS} 배포 모델을 사용한다. AWS가 설치, 하드웨어 설정, 구성, 스토리지 프로비저닝, 네트워크 설정을 다 책임진다. 또 서버 유지 보수, 소프트웨어 패치 관리, 버전 업그레이드, 백업까지 한다. 확장성과 유연성, 신뢰성, 고가용성을 손쉽게 달성할 수 있다.

오로라

오로라_{Aurora}는 AWS가 자사의 클라우드 인프라와 DBaaS 배포 모델로 설계하고 개발하고 최적화한 RDBMS다.

데이터베이스 마이그레이션

데이터베이스 마이그레이션은 클라우드 마이그레이션의 가장 까다로운 부분으로 종종 다운타임과 스키마 재작업이 필요하다. 따라서 반복적인 작업이 낫다. 대략적인 점검 목록은 다음과 같다.

1. 현재 환경과 데이터베이스를 평가하자. 전체 마이그레이션 절차에서 가장 중요한 단계다. 현재 오라클 시스템에서 사용하고 있는 기능을 정의하자. 예를 들어 파티셔닝, OS 수준 프로세스 제어, 데이터베이스 크기 같은 것을 조사하자. 클라우드에서 사용할 스토리지 용량을 결정하고 클라우드 호환성 맞추기에 도움이 된다. 각 데이터베이스의 스키마별로 수행되어야 한다. 이러한 평가 결과에 따라 마이그레이션 복잡도는 달라진다.

2. 배포 모델을 선택하자. 자체 관리 클라우드 데이터베이스 또는 DBaaS 중 하나를 선택하자. 쉽게 선택할 수 있는 것은 자체 관리 EC2 서버에 데이터베이스를 올리는 것인데, 이때 사용자가 여전히 하부 OS를 완전히 제어할 수 있다. 반면 RDS나 오로라로 전환하는 것은 오라클 데이터베이스를 대체하는 가장 복잡한 방법이다. 자체 관리 모델을 사용하면 EC2 사용자는 제어권을 가지고 맞춤형 설정을 할 수 있지만, 그 때문에 추가적인 관리와 부담이 DBA에 부여된다. DBaaS 모델을 선택하면 AWS에서 DB 유지 보수 작업을 처리하므로 필요하지만 다루기 어려운 자원에 일상적인 운영이 의존하는 것을 줄일 수 있다.

3. 목표 RDBMS[2] 기술을 선택하자. 목표 RDBMS가 오라클이 아니라면 마이그레이션은 두 단계로 진행된다. 첫 번째 단계는 데이터베이스 스키마를 AWS 스키마 변환 도구Schema Conversion Tool, SCT로 변환하기다. 그다음 AWS 데이터베이스 마이그레이션 서비스Database Migration Service, DMS로 데이터를 새로운 데이터 저장소에 복사한다. AWS는 여러 데이터 마이그레이션 플레이북을 제공한다. 이 플레이북은 구성 설정이 포함된 절차와 물 흐르듯 성공적인 이종heterogeneous 데이터베이스 마이그레이션을 위한 모범 사례를 담고 있다.

유용한 도구

앞서 점검 목록에서 언급한 두 가지 도구가 유용하다.

---

2 **역주** 관계형 데이터베이스 관리 시스템(Relational DataBase Management System)이다.

AWS 스키마 변환 도구

SCT는 스키마 변환의 문제, 제한, 필요한 작업을 알려 주는 변환 보고서를 생성한다. 해당 보고서는 RDBMS 변환의 복잡도를 평가하고 DBMS의 변환 여부를 판단하는 데 도움이 된다. 또한 SCT는 DMS를 실행하기 전에 적용할 목표 스키마 변환 스크립트도 생성한다. SCT는 프로시저procedure와 뷰view처럼 객체에 필요한 모든 코드 변환을 수행한다. 하지만 모든 객체가 다 변환 가능한 것은 아니며, SCT는 이를 명확하게 식별할 수 있도록 알려 준다.

데이터베이스 마이그레이션 서비스

스키마가 포스트그레Postgres RDS 또는 오로라 스키마로 변환 및 갱신되고 난 후, DMS는 목표 데이터베이스에 데이터를 적재하거나 복사할 수 있다. 원본 데이터베이스에 대한 최소한의 설정과 구성 변경으로 원본에서 목적지로 지속적인 복제를 준비할 수 있다. 검증과 클라우드와치CloudWatch[3]로 데이터 마이그레이션의 모든 문제를 디버깅할 수 있다. 마이그레이션과 검증 이후에 애플리케이션은 최소한의 다운타임으로 이전된 데이터베이스로 전환할 수 있다.

개인적으로 SCT와 DMS 도구가 데이터 마이그레이션 과정 중 지루한 과정 대부분을 간단하게 처리하지만, 절대 완벽한 솔루션은 아니라고 생각한다. 이종 마이그레이션은 상당한 개발 노력이 수반되고 신중한 검토 후에 구현되어야 한다.

---

3 역주 https://aws.amazon.com/ko/cloudwatch/

80

데이터옵스: 데이터 관리를 위한 데브옵스

반조 오바요미(Banjo Obayomi)
투 식스 랩(Two Six Lab) 시니어 소프트웨어 엔지니어

소프트웨어 프로젝트에서 데이터가 점점 더 보편화되면서 데브옵스 사고방식으로 데이터를 관리하려는 문화가 생겨나고 있다. **데이터옵스**DataOps는 데브옵스 원칙을 데이터 관리에 적용하여 가치를 만들어 내는 새로운 패러다임이다. 클라우드 엔지니어라면 데브옵스 원칙으로 데이터를 조직하여 소프트웨어 조직과 동일한 효율성으로 작업할 수 있게 해야 한다. 데이터옵스 관점에서 문제를 살펴보면, 데이터 조직이 최종 사용자에게 훨씬 나은 가치를 전달할 수 있게 도움을 준다. 데이터옵스 개념을 여러분 정책에서 사용하기 위해서 집중해야 할 세 가지를 살펴보자.

재생산 가능한 데이터

클라우드 엔지니어인 우리는 클릭 한 번으로 환경을 생성하기도 하고 없애기도 한다. 하지만 데이터 수집과 저장에서는 절차가 항상 명확하지 않다. '만약 데이터를 다시 수집할 수 없으면 어떡하지?'와 같은 질문 또는 이보다

더 나쁜 '어떻게 데이터를 수집해야 할지 모르겠다'와 같은 말은 어떤 엔지니어라도 공포에 빠뜨릴 수 있다. 데이터 파이프라인도 서버를 추적하고 배포하고 갱신하는 것과 동일한 원칙을 반드시 따라야 한다. 이 방법은 데이터를 재수집할 수 없는 두려움을 없애는 데 도움이 되며, 데이터를 공유하고 협업하는 데 걸림돌이 되는 병목 현상을 없애 준다.

코드형 분석

클라우드 엔지니어는 클라우드에 배포되는 모든 종류의 자산을 표현하는 많은 수의 YAML 파일을 만들어 낸다. 그리고 이 모든 조각이 어떻게 서로 들어맞는지 이해하고 있다. 데이터 분석에서는 도커 이미지 내에 완전히 격리된 대시보드 프로그램에 종종 의존한다. 만약 '코드형' 사고방식을 적용해서 유사한 방법으로 분석할 수 있다면 어떨까? 분석은 코드형과 설정으로 취급되어 사용자에게 통찰을 제공하기 위한 데이터 제어를 묘사한다. 견고하고 재사용할 수 있는 데이터 파이프라인이 있다면 코드형 분석analytics-as-code 프로세스를 사용할 수 있을 것이다.

플랫폼형 데이터

견고한 데이터 파이프라인과 상호 운용이 가능한 분석이 있다면 자연스럽게 그다음 단계는 데이터를 통해 얻은 통찰을 기반으로 솔루션을 만드는 것이다. 클라우드 엔지니어의 큰 목표 중 하나가 조직이 빠르고 안전하고 확장 가능한 방법으로 솔루션을 만들 수 있도록 하는 것이다. 데이터 조직에서는 이러한 원칙을 종종 망각해서 문제를 해결할 때 사용하는 솔루션이 확장 가능하지 않은 경우가 있다. 플랫폼형 데이터data as a platform를 사용하면 개발자가 각자 환경에서 빠르게 아이디어를 프로토타이핑prototype할 수 있는 것과 동일한 방법론을 적용하여 데이터 전문가들이 부가 가치를 내는 데 필요한 견고한 데이터 파이프라인과 분석을 제공할 수 있다.

클라우드 엔지니어는 모든 팀의 연결 고리다. 데브옵스와 클라우드가 동의어가 되어 가듯이 이제는 그다음 패러다임 전환을 생각할 때다. 머신러닝과 인공지능이 계속해서 적용되고 데이터가 많은 기업에서 점점 더 중요해지고 있다. 여러분 역할은 데이터 조직이 지속적으로 솔루션을 제공할 수 있도록 발전하는 것이며, 이를 위해서는 데이터옵스 중심적 관점이 필요하다.

81

데이터 중력: 클라우드에서 데이터 관리의 중요성

제프 휴즈(Geoff Hughes)
넷앱(NetApp) SRE 시니어 매니저

데이터에는 중력gravity이 있다. 데이터 중력은 블랙홀과 유사하다. 데이터는 끝도 없이 끌어당긴다. 클라우드 애플리케이션 설계와 데이터 관리를 함께 시작하면 비용을 최적화하고 확장 가능성을 얻는다. 데이터 중력을 이해하기 위해 데이터 관리의 데이터 가용성, 재해 복구disaster recovery, 데이터 유지retention 이 세 가지 원칙 영역을 알아보자.

데이터 가용성

데이터 불가용성은 최악의 사용자 경험이다. 영구 스토리지persistent storage 대신에 인스턴스 스토리지를 선택했을 때 인스턴스가 없어지면 무슨 일이 일어나는가? 애플리케이션이 이러한 상황을 고려해서 별도의 인스턴스에 복제본을 유지하는가? 데이터가 가용하지 않을 정도의 성능 문제가 발생하지 않도록 올바른 스토리지 성능 단계를 선택했는가?

리전 내 여러 가용 영역 및 잠재적으로는 리전 간에도 데이터 가용성이 보장되도록 설계되었는가? 쿠버네티스와 같은 플랫폼을 사용한다면 애플리케이션이 워커 노드에서 안전하게 적합한 데이터 가용성을 보장하도록 구현되었는가? 데이터 저장소가 단일 가용 영역에 있는 경우 해당 가용 영역이 유실되면 애플리케이션이 여전히 동작하는가? 설계 단계부터 데이터 가용성을 극대화하라.

재해 복구

재해 복구는 주 리전primary region에 장애가 발생하거나 사용 불가가 되었을 때도 애플리케이션을 동작 가능하게 하는 것이다. 처음부터 애플리케이션을 다중 리전에서 동작하도록 설계하자. 그러면 재해 복구는 본질적으로 플랫폼의 능력이 된다. 하지만 다중 리전 설계는 상당히 비싸고 복잡하다. 그 대신에 주 리전과 재해 복구 및 장애 극복 리전을 고려해 보자.

복구 시간 목표RTO와 복구 지점 목표RPO를 어떻게 정의할 것인가? 선택한 스토리지나 애플리케이션 기술이 원하는 RTO와 RPO 정의를 지원하는가? 얼마나 자주 재해 복구를 연습(월별, 분기별, 연간)하는가? 그리고 수동 또는 자동으로 되는가? 연습은 성공적인가?

재해 상황에서 데이터 중력의 역할을 절대로 과소평가하지 마라. 얼마나 자주 데이터가 갱신되고 변경되고 추가되는가? 리전 간 지연 시간은 얼마인가? 필요한 시간 내에 리전 간 데이터 복제를 할 수 있는가? 상대적으로 정적인 데이터는 아주 동적인 데이터에 비해 적은 중력을 갖는다.

문서화는 성공적인 재해 복구를 위해서 필수적이다. 재해 복구 흐름을 작

성할 때는 절대로 그 어떤 전문성 수준도 가정하지 마라.[1]

데이터 유지

데이터 중력은 데이터가 보관되는 양에 따라 증가한다. 애플리케이션 수행
속도는 처리할 데이터양에 크게 영향을 받는다. 애플리케이션에서 모든 데
이터를 영원히 저장해야 할 필요가 있는가? 데이터가 가장 유용한 시간대
를 정의할 수 있을까? 15번째 달 또는 5분기의 데이터[2]에 대해 살펴보길
제안한다. 종사하고 있는 업계에 따라(금융 기관이 떠오른다) 활성 데이터
유지는 길어질 수 있다.

주 스토리지 외에 백업과 아카이브archive 데이터 유지도 고려해야 한다.
백업과 저장은 서로 다른 사용 사례로 간주해야 한다. 백업 데이터 유지는
실수를 복구하는 기능이다. 얼마나 오래된 데이터를 롤백하고 싶은지 생각
해서 백업을 유지하는 시간 단위를 제한하자. 5시간 전 또는 하루 전 또는
한 달 전 상태로 롤백하고 싶은가? 8일에서 35일 사이의 기간을 선택하길
제안한다. 시간 단위를 결정할 때 데이터 백업 주기를 무시하지 마라. 하루
에 한 번만 백업한다면 RPO는 이미 하루로 정의되어 버린다. 보관 데이터
유지 정책은 장기 유지를 지향하며 감사(다시 한 번 금융 기관은 이미 잘 정
의된 장기 데이터 유지 정책이 있고 보통 7년에서 그 이상을 저장한다)와
같은 사업적 목적을 지원한다. 보관 데이터의 사용 사례를 잘 이해한다면
보관 데이터 유지 정책과 솔루션을 구현하기 위한 최적의 방법을 정의하는
데 도움이 된다.

---

1 역주 즉, 누구나 쉽게 보고 따라 할 수 있도록 하자.

2 역주 1년은 12개월이고 4분기로 되어 있다. 즉, 1년이 지난 데이터를 의미한다.

데이터 중력

데이터는 중력이 있다. 클라우드 애플리케이션을 개발할 때 세 가지 원칙인 데이터 가용성, 재해 복구, 데이터 유지를 고려하자. 데이터 중력이 애플리케이션을 무의식 상태에 빠트리지 않도록 설계 단계부터 데이터를 관리하자.

10장

네트워크

82

클라우드에서도 네트워크가 기초다

데이비드 머레이(David Murray)

AWS 수석 솔루션 아키텍처

모든 관심과 마케팅이 인공지능/머신 러닝과 서버리스에 집중되고 있지만, 여전히 클라우드 고객 대다수는 네트워킹에 어려움을 겪고 있다. 안타깝게도 수많은 네트워크 인력이 클라우드로 넘어갔는데, 그들은 역량을 빠르게 다양화하고 유행하는 최신 기술을 모두 습득해야 한다고 생각한다. 이 때문에 많은 엔지니어가 지금의 자리에 있게 한 핵심 기술을 버리고 만물박사가 되어야 할 것 같은 상황에 놓여 있다고 여긴다.

네트워크 엔지니어라면 현재 가진 역량은 클라우드 컴퓨팅으로(또는 클라우드 컴퓨팅에서 아주 필요해서) 굉장히 쉽게 변환할 수 있다. 여러분이 클라우드 네트워크 전문가가 된다면 기업 또는 고객과 클라우드 인프라를 설계하는 미팅에서 얼마나 많이 중심이 되는 순간을 맞닥뜨리는지 보라. 그들이 올인원 마이그레이션, 하이브리드 클라우드, 멀티 클라우드 솔루션 중 어떤 방법을 선택하든지 견고한 네트워크 아키텍처 없이는 어느 하나도 진행되지 않는다.

인프라에 대해 여러분이 가진 깊이 있는 이해를 바탕으로 클라우드에서 네트워크를 자동화하는 역량을 추가하자. 코드형 인프라를 학습하고 인프라를 빠르게 반복해서 배치할 수 있는 능력을 만들어라.

그러면 곧 네트워크 엔지니어로 즐겁게 일해 왔던 모든 일을 클라우드에서 여전히, 하지만 대규모에서 필요하다는 것을 알게 된다. 이제 전지구적으로 분산된 네트워크를 설계하고 구축하며 수분 내에 이를 배치할 수 있다. 여러분의 기업 또는 고객에게 그들의 기술 스택을 다른 지역에 얼마나 빠르게 확장할 수 있는지 보여 주고 결국 이 일이 가능한 사람은 여러분이라는 것을 알려 준다면, 그들이 새로운 수익 모델을 발견하는 데 도움을 줄 수 있다.

다양성을 원한다면 네트워크 역량을 장점으로 활용하자. 컨테이너, 서비스 메시, IoT, CDN, 에지 컴퓨팅edge computing 클라우드 기반 솔루션 모두 깊이 있는 네트워크 지식이 필요하다. 쿠버네티스를 예로 들어 살펴보자. 쿠버네티스가 영리하게 동작할 수 있는 그 중심에는 바로 네트워크가 있다. 수면 아래를 들여다보면 인그레스 컨트롤러ingress controller부터 컨테이너 네트워크 인터페이스와 서비스 디스커버리service discovery까지 있다는 것을 알게 되는데, 이 모든 기술은 이미 굉장히 익숙하게 알고 있는 분야다. 또한 쿠버네티스 클러스터를 운영하는 사람들은 전통적인 네트워크 인력이 아니므로 (네트워크 엔지니어인) 여러분의 전문성을 활용할 수 있다.

네트워크 기술의 최신 경향을 확인하고, 클라우드에서 이 기술이 고객에게 어떻게 적용되는지 이해하자. 예를 들어 5G는 다음 세대 애플리케이션 아키텍처나 증강 현실augmented reality과 같은 기술의 추진력이 될 수 있다. 이러한 경향을 잘 따라가면 동료와 나누는 대화에서 새로운 관점을 피력할 수 있고 기술의 변곡점을 찾아낼 수 있다. 이러한 역량으로 어떤 경력을 선택하든지 모두 전환할 수 있다.

요점은 네트워크 역량이 더 이상 클라우드에서 필요 없거나 전통적인 네트워크 분야에 계속 머물러야 할 것 같은 느낌을 전혀 가질 필요가 없다는 것이다. 여러분은 클라우드 커뮤니티에서 굉장한 환대를 받을 것이며, 이미 잘 알고 있는 지식을 바탕으로 빠르게 의견을 낼 수 있을 것이다. 인프라 전문가라는 사실을 받아들이자. 최신 유행 단어가 클라우드의 미래라고 생각하지 마라. 하지만 최신 기술에 호기심을 갖고 알아보며 새로운 기술이 주는 이점을 이해해 보자. 조금 더 깊이 들어가서 네트워크 계층에서는 어떻게 동작하는지 살펴보자. 그러면 전문가적 네트워크 관점으로 설계 논의에 참여할 수 있다. 클라우드 네트워킹의 능력자로 알려진다면 함께 일하는 기업에 엄청난 이익을 가져온다는 것을 알게 될 것이다. 인에이블러Enabler가 되자. 다음에 쿨 스웨그cool swag를 입은 누군가를 발견하면, Run BGP 티셔츠를 입은 사람이 바로 자신임을 자랑스러워 하자.[1]

---

1 역주 개발자나 엔지니어가 기술 이름이나 콘퍼런스 이름이 들어간 티셔츠를 입는 것을 바탕으로 한 비유다. 쿨 스웨그는 최신 기술을 추종하는 사람이 입은 티셔츠를 의미한다. BGP(Border Gateway Protocol(경계 게이트웨이 프로토콜))란 인터넷을 구성하는 핵심 네트워크 프로토콜로 오래된 기술이지만 클라우드에서도 여전히 널리 사용되고 있는 핵심적인 기술이다. 따라서 Run BGP 티셔츠란 오래된 기술을 추종하는 사람이지만, 여전히 클라우드 핵심은 네트워크니까 자랑스러워 해도 된다는 말이다.

83

네트워킹 우선

드렉 마틴

마이크로소프트 패턴 및 사례 그룹 수석 프로그램 매니저

클라우드의 모든 서버리스나 PaaS 동작은 여전히 네트워크 라우팅에 의존한다는 사실을 자주 잊는다. 그리고 클라우드 엔지니어인 여러분은 성공하려면 그 기본을 이해하고 있어야 한다. 클라우드에 배포하는 각 애플리케이션에는 여러 독립된 구동부가 있을 수 있으며, 각각은 네트워크를 통해 하나로 동작한다. 어떻게 보안할 것인가? 재해 상황에서 가용성과 탄력성을 어떻게 유지할 수 있을까? 마이크로소프트 애저의 네트워킹 기본은 아무리 굉장한 네트워크 관리자라고 해도 헷갈릴 수 있고, 계획을 신중하게 세우지 않으면 여러분과 네트워크 관리자는 예상치 못한 상황에 놀랄 수도 있다.

클라우드에서 VM을 사용한 전통적인 3-티어3-tier 애플리케이션 설계를 세 개의 독립된 네트워킹 존에 각 VM을 배치해서 할 수도 있다. 하지만 더 현대적인 방법을 적용한다면 독립된 네트워킹 존에 VM을 배치하는 오버헤드 없이 애플리케이션 스택을 안전하게 지킬 수 있다. 이러한 방법에는 서브넷subnet 기반 설계에 적용할 수 있는 **네트워크 보안 그룹**network security group

과 애플리케이션과 그 티어에 적용할 수 있는 **애플리케이션 보안 그룹**application security group이 있다. **애저 프라이빗 링크**Azure Private Link는 퍼블릭 PaaS 서비스가 격리된 공간에 접근할 수 있도록 한다. 하지만 이를 위해서 전송 라우팅transit routing, 피어링 제한, 트래픽 셰이핑traffic shaping이 필요해서 복잡할 수 있다. 전통적인 3-티어 애플리케이션 디자인을 클라우드에서 사용하고자 한다면 가장 중요한 특성을 염두에 두어야 한다. 즉, 모든 스택이 VM인 이상 강제 터널링은 아주 많은 문제를 야기할 것이며 애저 파이어월Azure Firewall, 보안 센터, 어드바이저와 같은 애플리케이션을 보호할 현대적인 방법이 있다는 것을 말이다.

PaaS나 애저 펑션Azure Function[1], 웹 앱Web App[2], 쿠버네티스 서비스[3], MySQL 지원 데이터베이스[4]를 포함한 서버리스 요소에 의존하는 하이브리드 스택은 전통적인 방법을 사용해서 운영할 수 있는데, 제약이 있다. 하지만 애플리케이션 티어 중 하나가 온프레미스에 존재한다면 예상치 못한 도전이 시작된다. 이러한 복잡성은 남은 티어를 클라우드로 옮기거나 애저 앱 서비스app service 또는 통합 서비스 환경integration service environment을 활용하면 종종 상쇄된다. 애저 쿠버네티스 서비스를 사용 중이라면 내부 컨트롤러, 시크릿 매니저의 복잡도를 이해해야만 한다. 그리고 컨테이너 인스턴스를 파드 스케일 아웃을 위해서 사용하고 있다면 서브넷 영역을 넘어서는 네트워킹도 고려해야 한다. 하지만 서브넷 영역을 넘어서는 네트워킹이 가능해도 티어를 연결하기 위해서 많은 수의 하이브리드 연결hybrid connection

---

1   역주 https://azure.microsoft.com/ko-kr/services/functions
2   역주 https://azure.microsoft.com/en-us/services/app-service/web/
3   역주 https://azure.microsoft.com/en-us/services/kubernetes-service/
4   역주 https://azure.microsoft.com/ko-kr/services/mysql

엔드포인트를 만들지 않아야 한다. 그 대신 프로덕션에서 온프레미스와 퍼블릭 클라우드 간에 엔터프라이즈 수준의 연결을 위해서 익스프레스라우트expressroute로 피어링하자. 마지막으로 DDoS 표준 보호 기능protection standard을 사용하지 않은 채로 **절대** VM의 포트를 퍼블릭 인터넷에 **노출하지 마라**.

온프레미스나 VM 기반이 필요 없는 클라우드 네이티브 애플리케이션조차도 네트워킹을 생각해야 한다. 보안 표준 관점에서 각 애저 SKU의 연결이 제한되고, 정확히 엔드포인트하고 연결되길 원할 것이다. 리전 내에서 애플리케이션의 퍼블릭 엔드포인트를 애플리케이션 게이트웨이application gateway[5]로 보호할 수도 있고, 프런트 도어Front Door[6]와 트래픽 관리자Traffic Manager로 다중 리전 탄력성을 유지할 수도 있다. 애플리케이션(또는 그 일부가) API라면 이제는 서버리스와 소비 기반 모드가 포함된 애저 API를 활용하자. 다른 고려 사항은 내부 로드밸런싱의 필요성이나 서버리스 모드의 제한(맞다! 제한이 있다), 스케일 업과 스케일 아웃을 적절하게 생각해야 한다.

재해 상황에서 가장 처음으로 갱신 또는 제어해야 할 필요가 있는 것이 바로 네트워크다. 다중 리전으로 부하를 옮길 수 있는 계획과 실행이 있어야 한다. 절대 단일 리전 의존성을 만들지 마라. 그리고 데이터 티어가 조직에 필요한 충분한 RTO/RPO 내에서 리전 간 데이터를 옮길 수 있도록 지원해야 한다. 애저 프런트 도어와 CDN을 활용해서 애플리케이션의 정적 자원을 사용자와 가능한 한 가장 가깝게 에지에 위치시켜야 한다. 리전 전체 장애를 피하는 것과 더불어 이러한 단계는 부하를 옮기고 애플리케이

---

5 역주 https://docs.microsoft.com/ko-kr/azure/application-gateway/overview

6 역주 https://docs.microsoft.com/en-us/azure/frontdoor/front-door-overview

션 성능을 지역적인 인터넷 혼잡 또는 장애 등의 상황에서도 적절하게 유지하면서 최종 사용자에게 가깝게 트래픽을 제공할 수 있다.

84

클라우드에서 네트워크 장애 대응하기

사욘 무케르지(Shayon Mukherjee)
룸(Loom) 인프라 엔지니어

클라우드 컴퓨팅 시대에도 네트워크 장애가 일시적으로 발생한다. 장애는 다양한 형태로 발생하며 서버, 라우터, 로드밸런서, 연결 풀, 소프트웨어 애플리케이션, 인적 오류는 물론 DNS가 이러한 장애의 원인이 된다. 클라우드 소프트웨어 애플리케이션을 분산 시스템 환경에서 작성한다면 추가적으로 신경 써야 할 부분과 탄력성 사고방식이 필요하다. 소프트웨어 개발 중 이러한 사고방식과 실행법을 같이 써야 한다. 그러면 애플리케이션이 고객 경험을 방해하지 않은 채 이러한 장애를 극복할 수 있다.

네트워크 장애에 대응하는 일반적인 방법에는 타임 아웃timeout, 재시도, 백오프backoff, 지터jitter를 사용한 재시도가 있다. 클라우드 엔지니어라면 이러한 방법을 자신의 DNA 일부로 삼아서 항상 잘못될 수 있는 네트워크 연결 또는 인터넷의 유사한 통신 프로토콜에 대비해야 한다.

타임 아웃은 간단하게 말해 연결이 대기 상태로 있을 수 있는 최대 시간이다. 타임 아웃 없이 다른 서비스와 연결성 문제가 생긴다면 종종 지연 시간이 증가하거나 자원이 고갈된다. 이러한 경우에는 절대로 끝나지 않는 요청을 클라이언트와 서버가 기다리게 되므로 고객 경험 결과가 좋지 않을 수 있다. 클라우드 엔지니어라면 모든 네트워크 호출에 타임 아웃을 적용하여 장애의 폭발 반경을 줄여야 한다.

많은 현대 애플리케이션과 클라이언트는 네트워크 호출에서 타임 아웃을 구현할 수 있다. 어려운 부분은 적절한 시간 제한을 찾는 것이다. DNS 변환에서는 적절한 타임 아웃이 데이터베이스 쿼리에서는 적절하지 않을 수 있다. 가장 손쉬운 방법은 서비스의 이전 요청 처리 시간(지연 시간)을 확인해서 최적의 고객 경험을 위한 적절한 기준선을 찾는 것이다. 타임 아웃으로 유지 가능한 숫자를 찾기까지 여러 번의 반복이 필요한 작업이다.

이전에도 언급했듯이 **재시도**는 일시적인 장애와 싸우기 위한 좋은 방법이다. 클라우드에서 요청 특성상 타임 아웃 이후에 잇따르는 요청은 종종 성공적으로 이루어진다. 클라이언트가 타임 아웃으로 인한 오류 응답을 받은 순간 재시도는 클라이언트의 책임이다. 재시도는 특성상 위험할 수 있다. 상한 없는 재시도는 자신의 시스템을 DDoS 공격하는 결과가 된다. 클라우드 엔지니어는 제한이 걸려 있지 않는 재시도가 있는지 본능적으로 감지할 수 있어야 한다. 덧붙여 모든 네트워크 호출에 대해 재시도하는 것은 현명한 방법이 아닐 수 있다.

백오프backoff는 백엔드 시스템에 과부하를 주거나 소모시키지 않고 재시도를 우아하게 수행하는 기술이다. 재시도를 수행하는 단순한 방법은 바로 호출 사이에 지연을 추가하는 것이다. 이러한 방법을 **선형 백오프**linear backoff 라고 한다. 구현하기 쉬운 방법임에도 일시적인 장애는 대부분 대응할 수 있다. 하지만 다운스트림 서비스가 장애로 장시간 영향을 받는 경우에는 도움이 되지 않는데, 고정된 비율로 재시도하는 방법은 서비스에 계속 부하를 준다.

지수 백오프exponential backoff는 백오프의 덜 공격적인 방법이다. 이름에서 알 수 있듯이 각 재시도 간의 지연을 요청이 성공하거나 재시도 수의 상한에 도달하기까지 지수적으로 증가시키는 방법이다. 자원 고갈의 결과가 되는 다운스트림 서버의 과부하를 막을 수 있으므로 보다 우아한 전략이다.

지터를 이용한 백오프backoff with jitter는 또 다른 유익한 기술이다. 지수 백오프가 선형 백오프 대비 재시도 비율을 더 과학적으로 펼쳐 놓지만, 여전히 백엔드 시스템이 모든 재시도마다 요청 폭탄[1]을 받도록 해서 잠재적으로 자원이 고갈될 수 있다. 이때 백오프 전략에 지터를 추가할 수 있다. 다시 말해 재시도 간격을 무작위로 만든다는 것이다. 고정된 간격(지수적)으로 재시도하기보다는 각 클라이언트가 서로 다른 간격으로 재시도하게 한다. 이는 아주 많은 수의 클라이언트가 분산되어 있고 중앙 백엔드 시스템의 특정 집합과 상호 작용할 때 더욱더 효과적이다.

마지막으로 어떤 전략을 사용하든지 프로덕션에서 여러분의 설정을 테스트해야 한다. :)

---

[1] 역주 네트워크 장애로 N개의 클라이언트가 재시도한다고 할 때, 각 클라이언트의 재시도 주기가 동일하므로 요청을 처리하는 백엔드는 매 재시도 시간마다 N개의 요청이 동시에 들어온다.

8장

조직 문화

85

사일로의 다른 이름

브리트니 우즈(Brittany Woods)
H&R 블록, 리드 클라우드 자동화 엔지니어

데브옵스 원칙은 우리에게 속도와 혁신을 향상시킬 필요가 있다고 가르친다. 이를 달성하기 위해서 우리는 '모든 것을 자동화'하고 가능한 한 최고의 도구를 사용하려고 한다. 오랫동안 업계에서 방해 요소였던 사일로를 없애고 싶다. 팀의 최종 목표는 혁신의 자율성과 비즈니스 결과를 이끌어 내는 것이다.

클라우드 플랫폼의 등장으로 이제 사내 물리 데이터 센터 내에만 존재하는 서버에 갇혀 있지 않아도 된다. 서버를 구축하는 능력을 시스템 엔지니어에게 오롯이 의존하지 않아도 되며, 요청을 제출해서 설치를 기다리는 시간 소모 절차에 기대지 않아도 된다.

엔지니어에게 클라우드 플랫폼은 우리 역량을 갈고 닦을 수 있는 간편한 방법을 제공한다. 이 방법으로 계속 늘어나는 새로운 기술을 배울 수 있으며, 기업에 다음 혁신 단계를 추진할 정보도 전달할 수 있다. 우리 대부분이 하고 있듯이 침실 옷장 속에 데이터 센터를 구축하는 것[1]을 더 이상 할 필요가 없다. 적어도 이와 관련한 진입 장벽은 낮아졌다.

그래서 이제 우리 모두는 클라우드 엔지니어다. 우리는 애플리케이션 개발과 시스템 엔지니어링의 교차로에 있다. 우리 직업은 자주 그래 왔듯이 다시 한 번 더 변화했다. 고급 네트워킹 원리, 보안, CI/CD, 애플리케이션 개발 등 계속해서 적을 수 있는 이러한 수많은 도구와 기술을 모두 이해하고 있어야만 한다.

최신 기술 목록을 쫓아 가고 계속해서 이러한 기술 적용을 종용하는 부담이 그 어느 때보다 높다. 경쟁자의 급변하는 개발 혁신이 여기에 더해진다면 그 압박은 수십 배나 증가한다. 클라우드 엔지니어는 새로운 만물박사가 되어야 한다. 하지만 호객꾼들을 조심하자. 손쉬운 사용과 쉽게 라이선스할 수 있는 모든 도구의 등장은 최신의 사일로 형성 방식인 '도구 바보'를 만든다. 모든 클라우드 엔지니어는 데브옵스 적용이 조직 내 사일로 재구축으로 빠르게 변질될 수 있는 고통스러운 문제를 경계해야 한다.

한 조직은 완전히 구현된 솔루션을 갖고 있고, 다른 조직은 동일한 문제를 완전히 다른 방식으로 해결한다고 가정하자. 이 두 조직은 지금 자신들만 이해하고 있는 업무 사일로를 형성했다. 책임감 있는 클라우드 엔지니어로서 우리 전문성은 이러한 사일로가 처음부터 형성되는 것을 막는 데 중요하다. 새롭게 등장한 도구에 놀랍게도 쉽게 매료될 수 있지만 지속적으로 이러한 도구를 사용하는 것이 타당한지 다음 질문으로 계속 평가해야 한다. 이 도구를 사용할 때 우리가 무엇을 얻을 수 있는가? 얻을 것이 있는가? 우리 사례를 유일하게 다룰 수 있는 도구인가? 우리가 이미 가진 도구 중에

---

1 역주 진짜 데이터 센터 규모의 장비가 침실에 있는 것이 아니라 아두이노(Arduino)나 라즈베리파이(RaspberryPi)와 같은 소형 개발 보드를 적층하여 데이터 센터처럼 분산 환경을 구축하는 것을 의미한다고 생각한다.

동일한 일을 하는 것이 있는가?

우리가 사용할 수 있는 도구를 단순히 이해하는 것에 그치지 않고 우리 조직 내에 있는 다른 도구의 기능과 가능성도 인지하고 있어야 한다. 이러한 절차가 도구 바보의 위험 신호를 감지하는 데 중요하다. '할 수 있다고 해서 해야만 하는 것은 아니다'는 격언이 여기에 딱 들어맞는다. 클라우드 엔지니어는 모든 도구에 전문가일 필요가 없다. 이는 수십 년간 이어 온 오래된 IT 업계의 관행이다. 하지만 구축과 개발 사이에 있는 친절한 우리 역할 덕분에 모든 이의 삶을 보다 쉽게 만들어 주는 지식을 보유해야 한다.

우리는 공동의 노력으로 조직이 올바르게 정렬되고 모든 사람이 성공할 수 있는 길을 가도록 만들 필요가 있다. 수많은 도구로 우리를 죽음에 임박한 실패로 끌어들이지 않고 말이다. 다시 한 번 말하지만, 우리는 이러한 질문에 답하고 결과적으로 올바른 것을 추천할 수 있는 최고로 준비된 사람들이다. 우리 역할과 전문성은 독특하다. 절대 잊지 말자.

86

비용이 아닌 여러분 조직에 집중하자

기욤 블래키에르(Guillaume Blaquiere)
베오리아 스크럼 마스터(Scrum Master) 및 리드 개발자

퍼블릭 클라우드에는 비용에 대한 진짜 지식이라는 새로운 기능이 있다. 내가 다니는 회사에서는 이 기능이 공포를 유발한다. "후, 너무 비싸다!"라고 말하지만, 아니다. 전혀 비싸지 않고 비용을 뚜렷하게 알 수 있다. 온프레미스 환경에서는 서비스에 들어가는 진짜 비용을 알기가 굉장히 어렵다. 특히 인건비나 상호 공유 자원(네트워크, 스토리지, 호스팅 등) 비용은 더 알기 힘들다.

기술적 솔루션을 선택할 때 프로젝트의 모든 요소를 고려하는 것이 중요하다. 무엇보다 먼저 가용한 인적 자원에 대해 판단해야 한다. 구글 클라우드 함수, AWS 람다, 다른 FaaS 솔루션이 여러분이 사용하는 상황에 아주 잘 맞는다면 더 저렴할 수 있다. 하지만 조직할 수 있는 언어와 제약 사항이 존재하는 환경에서 함수를 개발할 수 있는가?

이러한 서버리스 솔루션은 확장성과 단순함을 내세워 유명해졌고, 기업들이 이 서비스를 기반으로 새로운 스택을 만들고 있다. 일부 프로젝트에는

수천 개의 함수가 있는데, 신규 인력이 합류한 경우 각 함수의 영향과 역할을 모두 이해하기가 어렵다.

많은 조직이 클라우드로 마이그레이션하면서 그들의 모놀리스 애플리케이션을 마이크로서비스 단위로 분할하는 것은 설계, 문서화, 조직적 관점에서 진짜 도전적이다. 네 가지 HTTP 동사(GET, POST, PUT, DELETE)를 사용하는 단순한 마이크로서비스를 고려하고 있다면, FaaS 아키텍처는 네 부분으로 나뉜다. 함수는 단순하지만 통합하고 테스트하기 힘들고 함수 내에서 일관성을 유지하기가 어렵다. 코드 분해와 재사용 역시 문제될 수 있고 테스트는 종종 중복될 수 있다.

이에 더해 배포할 때 사설 라이브러리를 사용하거나 서드 파티 바이너리를 로드하기 어려운 현재의 제한 사항은 새롭게 FaaS 프로젝트를 시작할 때 실제로 문제가 될 수 있다. 때로는 기존 제약에 대처하기 위해서 바퀴를 다시 만들어야 할 수도 있다.

여러분이 선택한 FaaS의 진짜 비용을 알고 싶은가? 다음은 몇 가지 인적 고려 사항이다.

- 핵심 또는 시니어 인력이 새로운 스택에 불만족해서 퇴사하는 경우 어떤 영향이 있는가?
- 교육 시간 예산이 있는가?
- 교육 시간 동안 생산성이 떨어지는 것으로 인한 영향이 있는가?
- 새로운 스택 사용으로 인한 코드 품질, 신뢰성, 성능, 생산성 부족을 어떻게 관리할 것인가?

이러한 인적 비용은 대부분 시간이다. 인적 비용이 더해지면 클라우드 업체를 이용하는 비용보다 훨씬 비싸진다.

인적 자원 측면의 비용에 더해 또 다른 잠재적 비용이 있다. 이식성 확보를 위해서 코드를 리팩터링하는 경우는? 소프트웨어가 테스트하기 어렵거나 새 언어에 대한 경험 부족으로 인해 x% 더 버그가 발생하는 경우의 비용은 얼마인가?

온라인 비용 계산기로 비용을 계산하기 전에 여러분 동료의 역량, 소원, 기술을 알아야 한다. 컨테이너와 이식성에 대한 생각부터 시작하자. 비용 절약에 앞서 현명해지자.

87

클라우드 엔지니어링은 컨테이너가 아닌 문화다

홀리 커민스(Holly Cummins)
IBM 개러지(Garage) 개발 리드

좋은 클라우드 애플리케이션은 무엇인가? 12 팩터[1]가 좋은 출발점이지만, 클라우드에서 올바르게 동작하기 위한 일부 문제만 해결해 준다.

내가 속한 조직에서 한 은행의 오래된 코볼COBOL 애플리케이션을 클라우드 네이티브 마이크로서비스로 전환하는 데 도와 달라는 요청을 받은 이야기다. 나는 은행의 목표가 현대적이고 민첩하고 고객 만족을 달성하는 애플리케이션을 만드는 것이라고 상상했다. 하지만 해당 은행의 릴리스 위원회 요구 사항은 매 6개월 간격으로 애플리케이션을 배포하는 것이었다. 또 다른 경우는 68개의 마이크로서비스로 아키텍처를 구성했지만 각 마이크로서비스 간 상호 작용이 꽤 까다로웠다. 한 마이크로서비스의 변경이 다른 마이크로서비스에 부정적인 영향을 주지 않는다고 보장하기 위해서 해당 고객은 CI/CD 파이프라인에서 68개의 서비스를 단일 원자atomic 단계로 배포하도록 설계했다. 이렇게 하면 모든 릴리스 이전에 수행하는 사용자

---

1 https://12factor.net/

수용 테스트User Acceptance Testing, UAT에 상당한 시간이 소요된다.

많은 시간 동안 이러한 릴리스 방식은 **아무런 문제가 없었다.** 이러한 릴리스 주기는 우리 업계에서는 일상이었다. 만약 마이크로서비스가 68개로 분산되어 있으면서 (문제가 생기기 쉽게) 서로 결합되어 있다면(문제가 생기기 쉬운), 68개의 서비스를 한 단위로 릴리스하고 신중하게 테스트하는 것이 현명한 예방 조치였다. 하지만 이러한 형식은 클라우드가 주는 많은 이점을 무시한다.

자, 이제 다시 돌아가서 클라우드의 (고려해 볼 만한) 장점을 살펴보자. 클라우드는 애플리케이션을 온프레미스에서 호스팅하는 대신 사용하는 비용 효율적인 대안이다. 그리고 그 이유는 대부분 클라우드가 주는 유연성 때문이다. 배포 형상은 요청량에 따라 동적으로 스케일 업하거나 스케일 다운하고 실제로 사용한 자원에 대해서만 비용을 지불한다. 클라우드 컴퓨팅의 가장 흥미로운 특성은 바로 클라우드가 제공하는 속도다. 클라우드에 배포하는 것은 너무 쉬워서(기술적인 측면에서) 애플리케이션을 하루에도 수백 번 업데이트할 수 있다. 이는 비즈니스가 새로운 기회에 대한 응답을 빛의 속도로 할 수 있게 한다. 혁신적인 방안이 종이 위가 아닌 실제 현장에서 수행되며, 문제는 수분 내로 수정할 수 있다.

클라우드가 내는 속도의 원동력은 바로 지속적인 통합과 지속적인 배포 시스템이다. 일반적으로 CI/CD로 줄여서 부르는데 C가 **지속적인**Continuous의 약자라는 사실을 잊어버릴 때가 많다. '지속적인'은 돈을 주고 살 수는 없고 오로지 무엇인가를 **해야 한다.** 업무를 지속적으로 공유하는 것은 도전적이다. 조직에는 자동화된 테스트에 대한 견고한 문화가 필요하며, 이러한 철학은 개발 중인 제품의 가장 흥미롭고 잘 보이는 부분이 아니라 보이지 않는 부분부터 적용되어야 한다. 보이는 부분을 코딩하기 이전에 모든 의존성이 준비되어야 하므로 보이는 부분이 기능 플래그로 숨김 처리되어야 한다. 지속적이란 말이 얼마나 지속적이어야 하는가? 나에게는 매 10~20분마다 커밋을 하고, 매일 몇 커밋을 푸시하는 것부터가 좋은 목표라고 생각한다. 개발자의 산출물이 하루에 한 번 이하로 통합되고 있다고 하면, 해당 조직은 지속적인 통합을 실행하고 있지 않다고 생각할 수 있다. 얼마나 많은 화려한 파이프라인이 있다고 해도 말이다.

통합이 어렵다면, 지속적인 배포는 더욱 어렵다. 높은 릴리스 주기를 달성하기 위해서는 기술적인 역량과 친절한 문화가 있어야 한다. 만약 실패를 용납하지 않는다면 조직은 릴리스 이전에 많은 수의 테스트와 검증에 투자해야 할 것처럼 느낄 것이다. 그러면 릴리스를 자주 하는 것이 굉장히 어려운 일이 된다. 조직이 아무리 문화적인 안전망[2]이 되어 있다고 해도 주기적인 릴리스를 위해서는 거의 100% 가까운 자동화와 복잡한 롤백 또는 롤포워드roll-forward 메커니즘이 필요하다.

---

2 **역주** 실패를 비난하지 않는 문화를 의미한다.

88

시스템을
계속 동작하게 하는 것의 중요성

얀 우르반스키(Jan Urbanski)

뉴 렐릭(New Relic) 수석 소프트웨어 엔지니어

자동차광 사이에서 통용되는 오래된 구절이 있다. "이왕 손 댄 김에". 예를 들어 엔진을 바꾸고 싶다고 하자. 아주 많은 노력을 들여 모든 외장을 섀시 chassis로부터 떼 놓고 텅 빈 엔진 베이bay를 마주하게 되었다. 갑자기 '이왕 손 댄 김에, 라디에이터radiator도 교체하면 좋겠지? 그리고 터보 과급기turbo charger도 교체할까?' 결국 여러분의 프로젝트는 2배나 많은 시간을 잡아 먹고 기존 예산 대비 3배 이상의 비용을 지출했다. 그리고 카탈로그에서 보았던 멋진 라디에이터는 엉성하게 장착되고 냉각수마저 새는 꼴이 되어 버렸다.

클라우드 마이그레이션 프로젝트는 교차 작업이며, 몇 년 동안 아무 문제 없이 돌고 있는 수많은 구성 요소를 손대야 한다. 모든 것은 클라우드에서 다르게 동작한다. 제 아무리 업체들이 매끄럽게 동작한다는 환상[1]을 심어 주려고 노력해도 말이다. 마이그레이션은 여러분의 소프트웨어가 가정하고

---

1 **역주** 심리스(seamless)하다는 의미다.

있던 자원 가용성, 네트워크 지연 시간, 기본 하드웨어의 성능 및 특성 모두에 도전하는 것이다. 이미 아주 힘든 문제이며, 시스템에 새롭게 추가되는 그 어떤 변경도 모든 노력을 뒤흔드는 추가적인 위험 요소가 된다.

마이그레이션하고자 하는 코드는 작업하기 부담스러울 수 있다. 만약 지나치게 서로 결합되어 있다면 구성 역시 힘들 수 있다. 하지만 여기 한 가지 중요한 특성은 바로 동작한다는 것이다. 이 코드는 사업적 가치를 제공하고 있으며, 특정한 목적을 위해서 작성되고 유지되고 있다. 클라우드 마이그레이션에는 수많은 이유가 있다. 그 이유 중에는 총 지출 비용 절감, 더 유연한 운영, 일시적인 부하 감당, 성장을 위한 선행 투자 줄이기 등이 있다. 여러분의 이유가 어떠하든지 기존 시스템이 망가지지 않는 선에서 기대하는 품질을 유지하고 있다면 클라우드 마이그레이션할 때 해당 시스템을 만지작거리고 싶은 충동을 억제해야 한다.

물론 절대적인 것은 없다. 일부 시스템의 아키텍처는 마이그레이션 프로젝트의 목표를 충족할 수 없게 설계되어 있을 수 있다. 하지만 마이그레이션 성공률을 높이려면 새로운 변경 사항에 대해 긴 시간을 가지고 신중하게 검토해야 한다. 해당 변경 사항이 마이그레이션 목표 달성을 위해서 정말로 필요한 것인가? 아니면 그냥 마이그레이션을 '이왕 손 댄 김에' 변경하는 것인가?

20년 전에 조엘 스폴스키Joel Spolsky[2]가 오래된 블로그 포스트인 '절대 해서는 안 되는 일, 1부[3]'를 작성했다. 조엘은 소프트웨어를 처음부터 재작성하는 것이 개발자가 할 수 있는 하나의 아주 큰 실수라고 썼다. 나 역시도 새로운 서비스를 처음부터 작성하는 것에 동일한 원리가 적용된다고 믿는

---

2 역주 〈조엘 온 소프트웨어〉(에이콘 출판사, 2005)의 저자로 널리 알려진 그 조엘이다.

3 https://www.joelonsoftware.com/2000/04/06/things-you-should-never-do-part-i/

다. 대부분의 경우에는(하지만 '절대로'란 것은 없다는 걸 기억하자) 들어서
옮기기 마이그레이션 전략이 기존 코드를 리팩터링하거나 재작성해서 이전
의 이점을 취하는 것보다 나은 결과를 낼 때가 많다. 때로는 초기 마이그레
이션에서 여러분이 원하는 수준의 비용 및 운영적인 이점을 온전히 끌어내
지 못할 수도 있다. 그 대신에 클라우드 환경을 더욱 잘 활용할 수 있게 하
는 리아키텍처링의 첫걸음이 될 수 있다. 시스템이 클라우드에서 이미 활
성화되고 동작하는 경우라면 클라우드 환경을 십분 활용하기는 더 쉬울
수 있다.

여러분이 이미 너무나도 많은 부분을 바꾸었다면 모든 부분을 다시 만드
는 유혹의 목소리에 빠지기 쉽다. 하지만 클라우드 마이그레이션은 대규모
작업이다. 따라서 가능하다면 스스로 더 어렵게 만들지 않도록 하자. 동작
중인 시스템을 마이그레이션하는 가장 쉬운 방법은 **계속 동작하게 만들기**이지
동작하게 만들기가 아니다.

89

조직적 정치를 효과적으로 탐색하기

조슈아 짐머만(Joshua Zimmerman)
스포츠엔진 주식회사(Sportsengine Inc.) 시니어 플랫폼 운영 엔지니어

사람이 있는 곳에는 정치가 있다. 많은 엔지니어가 사내 정치에 대한 부정적인 시각을 가지고 있음에도 사내 정치는 우리 기업 내에서 중요한 역할을 한다. 단순하게 말하면 정치는 인간이 집단적 결정을 내리는 방식이다. 조직적 정치의 고통은 단절된 정책의 결과다. 클라우드에서 소프트웨어를 만들고 실행하는 복잡도가 지속적으로 증가하면서 이러한 정책을 이해하고 탐색하는 것이 우리의 사회-기술적 시스템을 구성하는 핵심 역량이 된다.

조직적인 정치에 참여하기 전에 먼저 조직의 정치적 구조를 명확히 할 필요가 있다. 의사 결정이 되는 것을 볼 때는 스스로 다음과 같은 질문을 하라. 누가 의사 결정에 참여하고 참여하지 않는가? 누가 의사 결정의 영향을 받는가? 해당 과정은 어땠는가? 의사 결정자들이 결정에 대한 권한이 있음을 지각하고 있는가? 의사 결정이 미치는 영향에 대응할 사람은 누구인가? 이와 같은 질문에 대한 답변에서 나타나는 패턴으로 정치적 구조의 지도 그리기를 시작할 수 있게 한다. 조직 내뿐만 아니라 조직 간에도 이러한 패턴을 찾을 수 있다. 예를 들어 수평적인 조직 구조에서는 권한에 대한 구조적인 정의가 없어 종종 보다 복잡한 정치 구조가 나타난다. 반면 더 수직적인 조직에서 구성원들은 외부 조직에 변경을 요구할 권한이 적다.

의사 결정이 일어나는 방법에 대해 한번 이해하고 나면 의사 결정 과정에 영향을 줄 수 있다. 모든 결정은 맥락적 결정이다. 이러한 결정은 특정한 지식과 주어진 기간 동안의 특별한 제약 사항을 가지고 인간이 한다. 건강한 집단 의사 결정은 가장 많은 맥락을 가진 사람과 결정으로 인해 가장 많은 영향을 받는 사람이 영향을 줄 수 있어야 한다. 우리가 할 수 있는 몇 가지 방법을 살펴보자.

위임

위임한 업무라는 말을 많이 들어 왔다. 하지만 우리는 **결정** 역시 위임할 수 있다. 클라우드 환경에서 한 팀이 다른 팀에 영향을 줄 수 있는 무엇인가를 구현하기 위해서 여러 선택지가 있는 경우 유용하다. 예를 들어 레거시 애플리케이션을 다루는 운영 엔지니어가 처음에는 사용할 라이브러리 결정을 개발 팀에 위임할 수 있다. 이 결정은 애플리케이션의 생명 주기 동안에 개발자들에게 영향을 끼치며, 운영 팀이 최초에 결정을 했어도 마찬가지다. 성공적인 위임을 위해서는 다음이 필요하다.

선택지

사람들이 편안하게 선택할 수 있는 선택지를 제공하자.

영향

위임한 결정에 대해 실제로 책임을 져야 한다.

맥락

맥락이 부족한 사람에게 결정을 하도록 위임하면 안 된다.

위원회

위원회committee는 지나치게 관료적이고 느릴 수 있으며 그들의 결정을 구현할 힘이 부족할 수도 있다. 하지만 우리는 위원회를 지속적으로 재구현해야 한다(위원회가 아니라 '길드'라고 부르기로 한다든지). 위원회는 조직 간 맥락이 필요한 의사 결정의 경우나 조직 간 동의가 필요한 의사 결정을 성공적으로 할 수 있는 유용한 수단이기 때문이다. 위원회가 성공하려면 다음이 필요하다.

권한

위임된 권한이 없는 위원회는 내려진 결정을 가지고 조직을 움직일 수 없다.

구조

위원회의 위원들은 의사 결정 방식에 대한 공유된 이해가 있어야 한다.

대표

결정으로 인해 영향을 받는 누구든지 의사 결정에 참여해야 한다. 동일한 방법으로 위원회 위원들은 위원회와 결정에 대해 원 소속 내에서 대표해야 한다.

부드러운 결정

작은 단위의 조직에서 우선 결정을 하고 더 큰 이해 관계자 집단에 피드백을 요청할 수 있다. 결정에 의해 영향을 받을 수 있는 사람들의 요구를 바탕으로 결정을 수정할 수 있게 한다. 의견 요청Request For Comments, RFC이 좋은 예다. 이 방법은 의사 결정 절차 동안에 최대한 많은 맥락을 전달해서 가능한 한 잠재적인 우려를 완화해야 한다. 피드백을 기꺼이 수용하자. 여러분이 더 이상 듣고 있지 않다고 느끼면 사람들은 피드백을 멈출 것이다.

집단적 의사 결정은 어렵다. 의사 결정이 올바르게 수행되면 조직의 요구와 모든 구성원의 요구 사이에서 균형을 유지해야 한다. 클라우드 엔지니어는 일상적인 결정에서 정치적 분열을 줄이기 위해서 의사 결정을 내릴 때 인간적인 측면을 이해해야 한다.

90

클라우드는
클라우드가 아니다

켄 콜레스
DXC 테크놀로지 기술, 제공 및 파트너 담당 수석 부사장

우리 고객이 클라우드를 원한다고 할 때는 그들이 진짜로 클라우드만 원한다고 생각하지 않는다.[1] 고객이 진짜로 원하는 것은 그들의 비즈니스를 강화시킬 기술과 IT를 제공하는 완전히 새로운 방법이다. 다시 말해 그들의 기술 조직은 API와 데브옵스와 애자일과 느슨하게 결합된 시스템을 원한다. 지속적인 배포와 자동화와 머신 러닝과 모바일을 원한다. 그들은 넷플릭스나 인스타그램, 우버가 되고 싶어 한다. 또 고객은 점심시간에 주니어 사원 둘이 아이디어를 이야기하다 생각난 것을 주말까지 매일 밤마다 일해서 다음 주 월요일에 새로운 기능으로 배포하여 매출을 5%나 끌어올려 주길 바란다.

이러한 기업의 CIO 대부분은 '모든 기업은 기술 기업이다'는 열망을 이루기 위해서 그들의 IT 기능을 운영하는 방식이 반드시 근본적 변화가 필요하다는 것을 이해하고 있다. 이것은 클라우드가 IT를 운영하는 오래된 방식

---

1   본문은 링크드인 블로그(https://www.linkedin.com/pulse/cloud-ken-corless/)에 최초로 게시되었다.

의 관성을 깨트리는 촉매가 될 수 있지만, 그 길은 온통 도전으로 가득 차 있다.

많은 포춘 500[2] 기업들이 10년 전부터 클라우드로 마이그레이션을 시작했다. 이를 **프라이빗 클라우드**라고 불렀는데 기업들은 보안, 규정, 비용, 개조 그리고 호스팅해야 할 다른 모든 것이 걱정되었기에 프라이빗 클라우드라는 유행에 편승했다. 가장 덜 성공적인 경우가 지금 하고 있는 방식 그대로에 단순히 프라이빗 클라우드라는 이름표를 붙인 것이다. 다른 이들은 고도로 집적된 인프라 위에 서버와 스토리지와 네트워크를 가상화한 새로운 데이터 센터를 만들기도 했다. 그렇지만 오늘날에는 일부만 그들의 프라이빗 클라우드 결과에 만족하고 있다. 숙련된 기업 중 상당수는 하드웨어 사용률과 비용에서 실질적인 이점을 얻었지만, 그렇지 못한 기업도 있었다.

그렇다면 왜 이러한 기업들은 그들의 열망을 달성하지 못했는가? 글쎄. 기술 변화의 이전 물결에서 그들이 충분히 변화하지 못해서다. 드물게 변화 목표를 달성하는 기업은 IT라고 하는 복잡한 장치의 한 부분만 옮겨서 그렇다. 메인프레임mainframe에서 벗어나는 효과가 없었다. 더 저렴한 글로벌 인력 풀을 활용하지 않았다. 오래된 '할 일 더미'를 가져와 변화의 레버 하나를 당기는 것은 단순히 새로운 일을 할 일 더미에 추가하는 꼴이다.

그렇다면 기업이 훨씬 나은 결과를 보고 행동하고 가장 중요한 결과 제공을 위해서 해야 할 일은 무엇인가? 이러한 기업은 완전한 IT 혁신 transformation을 수행해야 함을 깨달아야 한다.

기업들은 **IT 혁신**이라는 단어를 과거 수십 년 동안 써 왔는데, 심지어 그들의 오래된 할 일 더미를 단지 아웃소싱하거나 저렴한 노동력을 가진 국가

2 　역주　미국 경제전문지 〈포춘〉이 매년 발표하는 매출액 기준 미국 최대 기업 500개를 의미한다.

에 맡기기만 했을 때도 그 단어를 썼다. 완전한 IT 혁신을 이루려면, 기업은 두려움 없이 그들이 가진 IT 기능을 전체적으로 살펴보아야 한다.

데브옵스를 하는가? 인프라 지원 인력이 얼마나 작은가?

SaaS가 좋은가? 그렇다면 왜 여러분의 새로운 SaaS 팀은 레거시 앱을 지원하는 이전 팀과 규모가 동일한가?

모든 것을 API화했는가? 여러분의 API를 활용해서 매출에 기여하는 외부 조직이 있는가? 여러분의 프런트엔드 개발자가 애플리케이션 백엔드에 다른 조직이 사용할 것이라고 가정한 동일한 API를 통해 접근하는가?

그만! 이쯤에서 그만하자. 여러분의 조직과 비즈니스 인터락interlock[3]에 대해 다시 생각해 보자. 거기에 있는 동안 비즈니스와 IT를 별개의 두 개체로 이야기하지 말자. IT 비즈니스 프로세스(IT의 비즈니스)를 리엔지니어링하자. 여러분은 스마트한 기술 회사들이 하고 있는 놀랍고 사려 깊고 똑똑한 새로운 모든 것을 가져와서 함께해야 한다.

담대하게 용기를 내자. 실패를 감수하라. 스스로를 변화시켜라. 그리고 클라우드로 마이그레이션하라.

---

3 역주 현재 실행 중인 처리나 동작이 끝날 때까지 다음 동작을 대기시키는 것을 의미한다.

91

클라우드는 IT보다 훨씬 크다: 전사 교육 전략

마이크 케비스(Mike Kavis)
딜로이트 컨설팅 기술 및 클라우드 적용 부문 이사

사람들은 클라우드 컴퓨팅을 IT 프로젝트로만 생각하지만, 클라우드 컴퓨팅의 영향력과 조직적 영향은 IT 부서를 넘어서 기업 내 모든 부서까지 미친다.[1] 이러한 영향에 대해 인지하는 것이 중요하다. 그렇지 않으면 클라우드 도입에 큰 차질을 빚을 수 있는 장애물에 부딪힐 위험이 있다.

기업들은 대규모 클라우드 이니셔티브initiative[2]를 계획하고 예산을 세울 때 IT 내부와 외주의 직원에 대한 채용, 유지, 교육을 종종 간과한다. 클라우드 혁신을 추진하는 기업 리더는 인적 자원(인사) 조직과 긴밀히 협업하여 올바른 인재 전략을 설계하고 세워야 한다. 다음은 고려해야 할 사항이다.

가트너Gartner의 저널리스트인 메간 리몰Meghan Rimol은 '부족한 클라우드 IaaS 기술이 기업 IT 조직의 클라우드 마이그레이션을 2년 이상 지연시킬

---

1 **역주** 본문은 〈Accelerating Cloud Adoption: Optimizing the Enterprise for Speed and Agility〉 (O'Reilly, 2021)에서 발췌했다.

2 **역주** 정치적 관점에서는 선거권자들이 법률이나 조례를 발안하는 것을 의미한다. 프로젝트 관리 관점에서는 목표 달성을 위한 구체적인 실행 계획이나 방안을 의미한다.

수 있다'고 예측했다.[3] 그녀는 많은 클라우드 마이그레이션 전략이 현대화나 리팩터링과는 반대인 들어서 옮기기 전략에 집중되어 있는 것은 직원들의 클라우드 네이티브 기술 역량이 부족한 결과라고 언급했다.

클라우드 리더 팀에 인사 조직의 인력을 클라우드 마이그레이션 시작부터 함께 합류시키자. 인사 역시 클라우드 마이그레이션 여정의 일부가 되도록 하자. 그들은 인재 훈련, 유지, 채용 계획 등을 계속해서 구축하는 데 도움이 되며, 인재 전략이 전체적인 클라우드 혁신 과정과도 계속해서 동기화되도록 한다. 채용 요구가 증가하기 시작할 때 이미 채용 조직은 준비되어 있어야 하는 것이 중요하다.

인사 조직은 아주 훌륭한 채용 전략을 짤 수 있어야 하지만 여러분 도움이 필요하다. 첫째, 클라우드 컴퓨팅 교육을 통해 최소한 클라우드가 기업에서 차지하는 가치 비중과 기술 용어에 대해 알려 주어야 한다. 둘째, 클라우드에 필요한 모든 직무와 직무 기술서를 정의할 때 여러분이 도와야 한다. 셋째, 적절한 인재를 찾기 위한 여러분 아이디어가 필요하다. 그들이 참석해야 할 콘퍼런스나 지역 이벤트가 있는가? 여러분이 찾고 있는 특정한 종류의 하드 스킬hard skill과 소프트 스킬soft skill은 무엇인가? 얼마나 자주 원격 근무를 하고 얼마나 자주 온사이트 근무를 하는가?

기업이 클라우드 도입 계획을 성공적으로 이끄는 한 가지 공통된 방법은 IT 조직 내·외부의 인력을 위한 교육에 충분한 재정적 투자를 한다는 것이다. 클라우드 서비스 제공자들은 기술 직원들을 대상으로 클라우드에서 워크로드를 구성하고 실행하는 방법을 교육하는 프로그램을 제공하는데, **여러분 조직** 내에서 어떻게 클라우드를 써야 하는지에 대해서는 가르치지 않

---

3 https://www.gartner.com/smarterwithgartner/4-trends-impacting-cloud-adoption-in-2020

는다. 모든 조직은 각자의 프로세스와 정책과 제어가 있고 독자적인 클라우드 전략이 있어 이 모든 것이 클라우드 기술 결정에 중요한 역할을 한다.

아주 성공적인 기업들은 전사 내부 교육 프로그램 또는 **기술 대학**_{tech} colleges을 만들어서 운영한다. 공급 업체의 온라인 교육과 정규직의 강사와 콘텐츠 생성자가 만들어 내는 많은 사내 교육 콘텐츠를 통합해서 제공한다. 엔지니어링 부서뿐만 아니라 전사에 이러한 교육 프로그램을 운영한다.

내부 교육 프로그램에는 반드시 집중해야 할 두 가지 영역이 있다. 첫 번째는 직원들의 클라우드 역량을 강화하는 것이며, 두 번째는 기업의 클라우드 비전, 전략, 문화적 메시지를 지속적으로 의사소통하는 것이다. 정말로 중요하다. 조직 변화 구루guru인 존 코터John Kotter는 이를 WIFM, '나를 위한 것은 무엇인가What's In it For Me?'라고 부른다. 만약 사람들이 그들의 WIFM 을 알지 못하면, 비전과 필요한 조직 변화를 받아들이기 어려워진다.

클라우드 도입의 가장 큰 부분은 전체 비전을 의사소통하는 것이다. 왜 모든 직원이 클라우드 마이그레이션을 신경 써야 하는가? 비IT 인력이 클라우드화될수록 IT 담당자와 협력할 때 더욱 효과적으로 작업할 수 있다.

92

시스템 사고와 지원 호출기

테레사 니트
슬라럼 빌드 오스트레일리아 QA 부서 리드

나는 개발자와 API 서비스 제공 팀으로 내린 우리 결정의 결과를 두고 꽤나 '열정적으로' 토론한 적이 있다. API는 스펙에 맞추어서 개발되었고 아름답게 문서화되었다. 자못 험하게 테스트했고 결과가 자랑스러웠다. 외형적으로 우리 역할은 다했다. 하지만 우리는 여전히 API를 사용하는 고객이 어떻게 쓰고 있는지 알 수 없었다.

내가 개발자에게 문의하자, 그는 "우리가 신경 쓸 필요가 없어요."라고 대답했다. 그는 이 부분은 오롯이 고객에게 달려 있고 우리가 제공한 API를 제공한 그대로 적용해야 한다고 했다. 고객의 요구 사항을 명확하게 듣고 API를 제공했으며, 우리는 '올바른 일'을 했다고 보았다. 그리고 이어진 열정적인 '토론'은 이러한 부분까지 왜 **우리 일이어야 하는지**에 대해서였다. 우리는 서로 의견이 다르다는 사실에 동의했다.

항상 결과가 있다

우리가 하는 모든 일은 좋든 나쁘든 결과가 있다. 모든 것이 때로 독립적으로 나타난다고 해도 항상 **상호 의존적**interdependent이다. 상호 의존성은 시스템의 기본이다. 모든 것은 시스템이다. 우리 삶 역시도 시스템이다. 모든 것은 거대한 시스템의 구성 요소 중 하나다.

이전 상황에서 결국 모바일 애플리케이션 팀의 요구 사항 중 하나를 인지하지 못해서 해당 팀의 애플리케이션 전체가 우리 API를 사용하지 못했다. 그 결과 몇 주 동안 API를 재작성하고 테스트해야 했다. (이는 물론 **낭비**다. 성공적인 데브옵스를 위한 결정적인 린이라는 에세이의 주제이지만, 다음에 다루어 보겠다.)

소프트웨어를 엉성하게 설계하고 개발하고 제공한 결과는 운영 조직, 고객, 이해 관계자 그리고 다른 누구에게든 항상 영향을 미친다. 심지어 같은 층에 있을 수도 있는 다른 사람에게 미치는 영향을 고려하지 않은 채 팀으로 일한 결과를 결국 그들도 느끼게 된다.

팀 내의 시스템 사고

팀은 절대 동떨어져서 일하지 않고 시스템 일부여야 한다. 오늘날 우리는 이러한 문화를 데브옵스나 애자일과 같은 용어로 묘사한다(여기에서 **문화**란 어떻게 일을 하느냐지, 얼마나 빈백beanbag이 많이 있는냐가 아니다).

이러한 목표 달성을 도구가 도와줄 수 있지만, 실제로는 시스템 사고와 문화가 거기까지 이끌어 준다. 팀을 시스템의 일부가 될 수 있도록 활성화하고 교육할 때 팀원은 시스템의 개별 구성 요소만 고려하는 것이 아니라 전체 시스템도 함께 고려해야 하며 행동의 결과도 마찬가지다.

애플리케이션 지원에서 시스템 사고

지원 호출기를 차고 있는 사람이 바로 시스템의 나쁜 동작과 지원성 supportability을 가장 잘 볼 수 있는 사람이다. 이 사람은 애플리케이션의 생명 주기 초기에 일어나는 모든 행동의 결과를 너무나도 잘 알고 있다.

전통적으로 이 사람은 바로 운영자였다. 하지만 데브옵스에서는 호출기를 가진 팀 내 다른 사람도 그렇다. 현재 다니는 회사에서도 모든 개발자와 QA 일부가 마찬가지로 이 역할을 하고 있다. 이렇게 하는 이유는 우리 팀이 하는 업무에 주인 의식(과 결과 고려)을 갖게 하기 위해서다.

나는 시스템 엔지니어가 아니라서 호출기 알람이 왔을 때 문제를 해결할 수는 없지만 해결해 줄 누군가를 찾는 것을 돕는다. 그 누군가는 일반적으로 문제를 해결하는 데 아주 열의가 높은데, 그들이 하는 일이 **직접적**으로 나머지 사람을 교육하는 것이기 때문이다.

모든 것은 더브테일이다

시스템 사고, 린, 애자일, 데브옵스의 더브테일dovetail[1]에 대해서는 말할 것도 많고 쓸 것도 많다. 하지만 여기에서는 이 글에 대한 요약을 남기고, 더 깊은 토론을 위한 문을 열어 놓고자 한다.

시스템을 지원하고 팀원에게 그들의 시스템을 지원하도록 권한을 주면 문제 원인을 이해하는 데 도움이 된다. 반복되는 문제의 규칙성에 대한 통찰력을 얻고, 공감과 주인 의식을 높이며, 모든 사람이 결과에 대해 올바르게 사고하게 되어 결국 시스템 사고를 할 수 있다.

---

1 역주 기계 가공 형상으로 서로 결합될 부위의 암놈과 수놈이 비둘기 꼬리 모양과 같은 형상을 하고 있어서 붙은 이름이다.

93

데브옵스 문화와 경험 전시하기

티파니 자자

하네스 테크 에반젤리스트

데브옵스는 개발 팀과 운영 팀이 함께 일함으로써 소프트웨어를 통해 비즈니스 가치를 제공할 수 있다는 생각에서 시작되었다. 내가 이해한 바로 데브옵스는 사람, 정책, 기술의 조합이다.

당연하게도 이 세 분야가 서로 어떻게 작용하는지 알기까지 시간이 걸렸다. 그래서 데브옵스 실행과 문화를 도입하기 위해서 배웠던 세 가지 교훈을 개발자, 제품 책임자, 조직 내 이해 관계자와 공유하고자 한다.

목표 결과 정의하기

목표가 명확하게 정의되지 않고 우선순위가 정리되지 않는다면 그 어떤 노력도 굉장히 잘못될 수 있다는 것을 깨달았다. 산출물output과 아티팩트artifact는 명확해야 한다. 그리고 우리는 이것을 디자인 사고 세션, 기능 설계 및 발견 세션에서 만들어 낸다. 하지만 팀이 목표와 목적을 잘못 이해하고 있다면 그 산출물과 아티팩트는 빠르게 평가 절하될 수 있다.

여기에서 중요한 점은 결과와 산출물을 혼동해서는 안 된다는 것이다. 디자인 스프린트를 실행해서 개발자가 개발해야 할 백로그backlog를 만들어 내서는 안 되며, 백로그는 바로 **산출물**의 예시다. **결과**의 예는 개발자를 포함한 중요한 이해 관계자가 솔루션 개발을 시작하기 위한 문제 공간problem space을 이해하는 것이다. 세션이나 이벤트를 열어 아티팩트를 만들고 할 일 목록을 만들었다면, 훌륭하다. 이는 누군가가 그 시간을 채워야 할 역할과 책임이 있음을 보장한다. 이러한 책임은 역할이 다루는 별도 의제agenda여야 한다.

팀이 동일한 결과에 부합할 때 우리는 훨씬 좋은 가치와 결과를 얻게 된다. 니콜 포스그렌Nicole Forsgren 등이 쓴 〈Accelerate〉(IT 레볼루션, 2018)는 데브옵스를 도입하는 조직에서 결과 일치에 관해 쓴 좋은 책이다. 목표 결과[1]를 정의하면 기술 및 인력과 관련된 프로세스가 요구 사항에 맞게 조정된다.

안전한 환경

안전한 환경은 조직 건강을 유지하는 데 필수다. 직원들은 그들이 권한을 얻고 의욕이 생길 때만 최고의 성과를 보여 준다. 이때 중요한 점은 조직이 바라는 가치, 목표에 기여하는 모두에게 안전한 환경을 제공하는 것이다.

이미 건강한 조직을 유지하고 있다면 훌륭한 일이다. 여러분은 아마 목표 결과를 위한 회의를 하고, 조직 또는 그룹 전반에 걸친 가치를 창출하며, 교훈을 얻고 있을 것이다. 훌륭한 피드백은 종종 현재의 정책을 개선하거나

1　https://openpracticelibrary.com/practice/target-outcomes/

실험하고자 하는 욕구를 불러일으킨다.

하지만 여러분이 가치 창출과 목표 결과 회의에서 고전하고 있다면, 회고 retrospective[2]와 같은 몇 가지 사례를 통해 팀에서 학습할 수 있다. 브렌 브라운Brené Brown의 〈리더의 용기〉(갤리온, 2019)는 조직 내 충돌과 복잡성과 사투를 벌일 수 있게 도와주는 개인적으로 좋아하는 책이다.

그럼에도 우리는 혼란을 예측할 수 없다. 따라서 주기 내에서 종종 피벗 pivot[3]할 필요가 있다. 조직 전반에 걸쳐 현재의 결과와 정책을 변경하는 것은 특히 팀의 사기와 역학을 고려한다면 어려울 수 있다. 또한 만족스럽지 못한 결과물과 관련된 불만으로 인한 비난이 있을 수도 있다.

팀의 낮은 사기를 나타내는 일부 지표는 우려감을 포함한 동작하지 않는 제품, 부정적인 반응, 질문의 증가다. 스프린트 또는 실행 도중에 피벗으로 여러분 조직이 상처받는 상황을 겪고 있다면 다음 조언을 참고하라.

1. 변경 내용을 정의된 목표 결과에 일치시켜라.
2. 시간에 따라 변경을 제한하거나 전환하는 데 시간 제한이 있음을 확실히 하라(특히 실행 도중에 변경한다면).
3. 1과 2의 문맥에서 팀에 변경을 설명하라.

안전한 환경을 유지하는 것은 개인이 자율성을 얻고 가치를 확대할 수 있는 문화가 성장하는 것을 돕는다.

---

2   https://openpracticelibrary.com/practice/retrospectives/
3   [역주] 원래 유지해 오던 사업이나 방법을 상황에 맞추어서 급격하게 변화시키는 것이다.

기술 아키텍팅하기

조직은 시장에서의 경쟁력과 위치를 지키기 위해서 기술을 도입하고 혁신할 필요가 있다고 본다. 기술 도입과 출현의 등장(클라우드 네이티브 컴퓨팅 재단에는 1,200개의 프로젝트가 있다. 와우!)으로 조직 전반의 구성원이 현재 기업 내 기술 지형도를 이해하는 것이 중요하다.

문서가 최신화되어 있어야 하며 애플리케이션 아키텍처가 기술되어 있어야 한다. 그 어떤 아키텍처 다이어그램도 없다면 여러분 팀이 시간을 들여만들어야 한다. 최소한 전체 환경에 걸친 큰 그림의 다이어그램이 있어야한다. 이를 조직 내에 발표해서 모든 도구와 프레임워크가 어떻게 상호 작용하는지 구성원 모두가 이해할 수 있도록 해야 한다. 레퍼런스 다이어그램으로 개발자들은 소프트웨어 애플리케이션을 이해할 수 있으며, 현재 작업하고 있는 부분에서 누락된 부분이 있는지 찾을 수 있다.

앞으로 일어날 일을 미리 예상하고 행동한다면 어떤 정책과 기능이 필요한지, 기술 도입으로 인한 이점이 무엇인지 더 나은 결정을 할 수 있을 것이다. 도구와 기술이 소프트웨어 개발 주기에 어떤 이점을 주고 소프트웨어제공을 가속시키는지 이해해야 한다.

12장

개인과 전문성 개발

94

문서를 읽어라, 다시 읽어라

제닌 타운젠드(Jennine Townsend)
시스템 관리자

클라우드로 마이그레이션하면 여러분이 계속 관심을 가져야 할 인프라 공급 업체 수를 정말로 줄일 수 있다. 하지만 문서 읽기를 게을리할 수 없다. 여러분이 사용하는 클라우드 업체를 이해하는 것이 이를 사용하고 조합해서 만드는 것과 마찬가지로 중요하다. 그래서 기능을 모른다면 없는 것과 마찬가지다.

하지만 아무리 문서를 읽었다고 해도 또 다른 도전이 남아 있다. 클라우드 제공자는 그들이 제공하는 것을 끊임없이 개선한다. 대부분 개선 사항은 새로운 서비스나 기능으로 나타나며, 여러분은 일상적인 관심으로 이를 알게 된다. 업체의 모든 기술 블로그를 따라가자! 하지만 때로는 개선이 사용하지 않는 서비스이거나 공지를 놓쳤거나 공식적으로 안내되지 않았을 수도 있다. 알지도 못하는 기능을 어떻게 사용할 수 있을까? 여러분이 이미 사용 중인 인프라도 지금 이 순간에는 이미 변경되었을 수 있다. 지난달에 읽은 문서는 이미 오래되었을 수도 있다.

전략을 세우는 것이 도움된다. 다른 모든 것만큼 의식적인 계획이 필요하다.

데브옵스 실무자는 이미 인프라 비용과 다양한 기술과 프로젝트가 총 비용에 기여하는 부분에 대해 깊게 이해하고 있어야 한다. 매번 갱신되는 인프라 문서를 항상 따라잡기는 너무 낭비가 심하거나, 우선순위가 높은 프로젝트에서 병목 현상을 일으킨다. 최신 기술을 사용하지 않는 것도 좋은 기회이지만, 임의의 기대하지 않은 비용 절감도 꽤 보상이 된다.

또한 클라우드에 온디맨드라는 특성을 더해서 일정 계획에 중점을 둔다. 예를 들어 예약이나 라이선스는 일부 자원에 적용되므로 사전 계획을 통해 계약 만료의 장점을 취해서 저렴하고 더 나은 선택을 할 수 있다. 이러한 사전 계획은 최신 사업 요구 사항과 예약 자원을 구매하고 나서 공급과 가격 변동이 상관있는지 이해하고 있어야만 한다. 따라서 다가올 예약 자원 만료를 재검토하는 것이 문서에 집중하는 대신 선택할 수 있는 훌륭한 방법이다.

너무 많은 삽질과 문제 원인은 무엇인가? 클라우드의 가장 큰 장점은 나쁜 기술의 수명이 끝나기를 기다리지 않아도 된다는 것이다. 하지만 전체를 변경하는 것은 너무 거대하거나 완수하기 어려운 프로젝트가 될 수 있다. 스택 일부가 잘 동작하지 않는다면 간단한 수정이 도움된다. 특히 구체적인 불만이 없다면 문서를 실제로 다시 읽어야 할 때다. 아마도 이미 고쳐졌을지도 모르고 고통받고 있는 것을 발견할지도 모른다! 갑작스런 비용 감소, 사용성 및 신뢰성 개선, 성능 개선은 정말로 환영하는 바다. 특히 비용이 아예 없거나 적은 비용으로 가능하다면 말이다.

일부 인프라가 낡은 것처럼 느껴질 수 있다. 이때 반짝이는 새로운 것에 관심을 갖게 된다. 하지만 낡은 서비스나 기능을 설명한 문서를 다시 읽기 전까지는 관심을 갖지 말자. 최소한 대체하고자 하는 것에 대해 견고하고 최신화된 이해를 가져야 한다. 기술 스택이 가능한 모듈의 형태로 설계되었다면 대체는 보다 쉬워진다. 그렇다면 큰 불편 없이 큐 계층을 교체할 수도 있다.

클라우드는 인프라 개발과 운영에서 오는 신중한 균형 조정 작업에 근본적인 다른 트레이드 오프가 있다. 임시 인프라ephemeral infrastructure의 유연성은 프로젝트를 지원하는 플랫폼을 빠르게 개선할 수 있는 능력을 주지만 잘 알고 있는 것에 한해서만 유연성의 이점을 얻을 수 있다. 문서 읽기와 다시 읽기는 어디에 가장 많은 시간과 노력을 들이면 효과적인지 현명할 결정을 내리는 데 좋은데, 따라잡기 그 자체만으로도 큰 프로젝트다.

따라잡는 **방법**을 위한 전략을 세우자. 따라잡기는 하는 일을 관리 가능하고 유용하게 만든다.

문서를 읽어라. 그리고 또 읽어라!

95

계속해서 호기심을 가지자

라지즈 투라쿨로프(Laziz Turakulov)
BAT 디지털 비즈니스 분석가

클라우드 엔지니어는 많은 것을 알아야 한다. 많은 것을 배울수록 배움은 끝이 없다는 것을 깨달을 것이다. 새로운 기술, 플랫폼, 솔루션이 매일 같이 나오기 때문에 평생 배워야 한다.

그래서 학습 과정을 최대한 보람 있게 만드는 것이 중요하다. 뇌 속에 또 다른 시냅스를 만들어 내는 모든 정보의 조각을 즐길 수 있다. 그 비밀의 원료는 바로 **호기심**이다.

아기를 보아라. 자연스러운 호기심으로 가득 차 있고 손 닿을 수 있는 거의 모든 것을 만지고 맛보려고 한다. 불행히도 우리 어른은 가정과 업무의 다양한 우선순위로 바빠서 자연스러운 호기심의 불꽃을 잃어버렸다.

하지만 완전히 잃은 것은 아니다. 클라우드 엔지니어인 여러분은 다음 연습을 통해 새로운 것을 배우는 기쁨을 다시 발견하고 업계 경력도 향상시킬 수 있다!

편향(bias)을 버리자

아마도 특정 클라우드 플랫폼의 하드코어(그리고 하드코딩된) 팬일 것이다. 오픈 소스를 경멸 또는 사랑하고 정말로 좋아하는 언어가 모든 것보다 우월하다고 믿는다. 사실일 수도 있고, 사실이 아닐 수도 있다. 따라서 절대로 자신이 알고 있거나 선호하는 것에만 제한하지 말고 여러분의 바쁜 하루 일정 속에서 경쟁 제품을 들여다볼 시간을 마련하라. 다른 것을 전혀 좋아하지 않을 수도 있지만, 최소한 다음 미팅에서는 그 이유(감정을 배제하고)를 선택한 차이점과 여러분의 추천이 고객에게 어떤 이점이 있는지 설명할 수 있게 된다.

비즈니스 프로세스를 배우자

서버 룸에 여러분 자신을 가두어 놓는 시간은 끝났다. 클라우드 엔지니어로서 여러분은 전면에 나서서 '비즈니스' 언어로 말해야 한다. 마케팅이나 운영 부서의 사람들이 무엇을 하는지, 데이터 분석가가 꿈꾸는 바가 무엇인지, 보안 팀을 밤 늦게까지 깨어 있게 하는 것이 무엇인지 알아야 한다. 이러한 프로세스에서 보다 많은 것을 배워야 한다. 그래서 고객 요구 사항과 연관 있는 클라우드 기능을 보다 잘 연결할 수 있다.

기술은 모든 것이 아니다

새로운 취미를 찾아보자. 음악이든 미술이든 외국어든 운동이든 간에 말이다. 업무와 연결 고리가 정확하지는 않지만, 여러분의 도전 과제 중 일부를 다른 시각으로 바라보게 한다. 또한 동료와 가볍게 대화할 때 공통된 주제를 찾아서 새로운 관계를 형성할 수 있으며, 보통은 창의성을 향상시킨다.

불가능해 보이는 것을 시도하고 다시 집중하기 위해서 잠시 멈추고 수정해 보고 다시 시도하자

아기는 넘어진다. 하지만 다시 일어나기를 몇 번이고 반복하고, 결국에는 걷는 법을 익힌다. 여러분 일에서는 새로운 시도마다 조금씩은 다른 방법을 적용해 볼 수 있다. 아주 유명하고 현명한 사람이 언젠가 '같은 것을 몇 번이고 반복하지만 결과는 다른 것을 기대하자'고 말했는데, 이것이 다른 방법에 대한 정의다. 그는 아마도 결코 아기였던 적이 없었을 것이다!

다른 사람을 가르치자

익숙하지 않은 주제로 다른 사람에게 설명해야 할 필요가 있는 경우에 정보를 간단하고 이해하기 쉽도록 전달할 방법을 생각한다. 유행어 금지, 잘난 척 금지. 날 때부터 클라우드 엔지니어가 아니지 않는가! 다른 사람들이 이해할 수 있게 도우면서 해당 주제를 더 알게 될 것이다(아마도 그 과정에서 새로운 친구도 사귈 수 있을 것이다).

하지만 무엇보다도 즐겨라!

96

코드형 공감

니르말 메타(Nirmal Mehta)
부즈 앨런 해밀턴(Booz Allen Hamilton) 수석 기술자

클라우드 컴퓨팅과 데브옵스가 널리 쓰이는 수많은 이유 중 하나가 바로 대부분의 기업 IT 환경에서 볼 수 있는 개발 팀과 운영 팀 간의 비효율적인 긴장 형성에 대한 반응이다. 담 넘어 던지는throw-it-over-the-fence 방법의 기능 장애 패턴은 종종 어떤 변화에도 두려움과 저항을 마주할 수밖에 없는 환경을 만들었다.

나는 여러분이 이 책을 통해 알게 된 모든 기술과 도구, 아키텍처 패턴, 기술, 다른 것들의 어떤 문맥을 알려 주고 싶다. 또한 개발과 운영에서 코드형 인프라를 공통 기술로 사용하길 적극 권장한다.

코드형 공감

이 책의 많은 도구와 기술은 사용 중인 인프라의 다양한 특성을 정의하고 구현하는 코드를 작성하는 것을 중심으로 한다. 이는 **코드형 인프라**로 널리 알려져 있다. 테라폼 모듈, 도커 파일, 앤서블 플레이북, 쿠버네티스

YAML, 헬름Helm 차트 중 어느 것이든 클라우드 엔지니어가 작성한 코드 조각은 **결정**을 코드화해서 개발자의 애플리케이션이 실행될 인프라가 어떤 것인지 지시한다.

이러한 IaC 요소가 클라우드 엔지니어에게 주는 자동화, 반복성, 보안성의 이점과 더불어 운영 팀과 애플리케이션 개발자 간 간극을 메우는 데 사용될 수도 있다. IaC는 담 넘어 던지는 방법에서 벗어나 인프라 형태를 코드화하는 결정과 결합되어 공유 책임 프로세스로 옮겨 갈 수 있도록 한다.

IaC는 **코드형 공감**empathy as code의 한 형태가 되어 개발자, 보안 엔지니어, 클라우드 엔지니어 등 조직 사람들이 동일한 이해를 기반으로 보상과 목표를 이해하고, 새로운 설계를 테스트하고 모두 하나로 시스템에 대한 공유 책임을 지니게 한다. 나는 새로운 기술을 평가하고 설계하고 구현하는 클라우드 엔지니어에게서 한 발짝 물러서서 이러한 기술을 사용해서 조직 간 벽과 이해를 가르는 것을 무너뜨릴 수 있는 기회를 찾아보길 권유한다.

의사 결정 기술의 샘플

훌륭하다! 이제 여러분은 데브옵스, 코드형 인프라 및 공감, 공유 책임에 합류했다. 하지만 그룹으로 아키텍처와 기술 결정을 어떻게 할 수 있을까?

다음은 시작하는 데 도움이 될 의사 결정과 예측 기술의 샘플이다.

디자인 사고(design thinking)

노벨상 수상자인 허버트 사이먼Herbert Simon이 처음으로 설명한 사용자 중심 기법을 취한 유명한 혁신 절차다. 이해 관계자와 사용자를 공감하고 사용자 요구와 문제를 이해함으로써 요구 사항을 수집한다. 그리고 독자적인 통찰, 틀을 벗어난 사고, 솔루션 프로토타이핑, 사용자 대상으로 테스트 반복을 활용한다. 디자인 사고는 새로운 프로젝트를 시작할 때나 아주 큰 문제를 해결하기 위해서 모인 여러 그룹과 협업할 때 유용하다.

발산/수렴(divergence/convergence)

그룹 브레인스토밍brainstorming과 솔루션 중심의 '규범화norming'의 가벼운 프레임워크는 두 가지 단계로 나뉜다. **발산** 단계는 어떤 솔루션도 제안할 수 있으며 그룹은 모든 아이디어를 건설적으로 지원한다. 그리고 **수렴** 단계는 기술 리더십이 첫 단계의 아이디어로부터 하나의 솔루션 합의로 이끌어 낸다.

강한 주장, 느슨한 소유(strong opinions loosely held)

폴 사포Paul Saffo가 만든 프로세스에서는 여러분 직관으로 솔루션에 대한 **강한 의견**을 만들어 내는 것을 허용한다. 그리고 자가 인식을 사용해서 여러분 자신이 틀렸음을 증명하는(셀프 스틸매닝self-steelmaning[1]의 형태) 증거를 모아야 한다. 이러한 방식은 모든 사람이 훌륭한 신뢰 속에서 일할 때만 가용한 경향이 있다.

슈퍼예측(superforecasting)

〈슈퍼예측〉(알키, 2017)에서 필립 테틀록Philip Tetlock이 소개한 기술로 두 가지에 집중하고 있다. 바로 검증 가능한 방법으로 명확하게 미래에 대한 의견을 내고 자신의 의견이 옳을 확률을 수치화하는 것이다. 이 두 단계를 거쳐 서로 다른 조직 간에 열린 토론을 하고 합의에 이를 수 있다.

---

1 **역주** 다른 사람의 의견을 뒷받침해 주기 위해서 돕는 것을 의미한다.

97

1년 안에 제로에서 클라우드 엔지니어되기

레이첼 스위니(Rachel Sweeney)
퓨 리서치 센터(Pew Research Center) 데브옵스 엔지니어

이 글을 쓰기 1년 반 전에는 IT 경력이 전혀 없었으며, 중국 역사를 전공한 임원 비서였다. 그럼에도 내가 인터뷰를 본 다섯 군데 회사 중 네 군데에 합격했고, 출근을 즐겁게 만드는 도구와 기술을 다루는 데브옵스 엔지니어로 일하게 되었다.

그래서 비결은 무엇일까?

인터넷에서 누구나 손쉽게 활용할 수 있는 대부분의 자료로 내 꿈을 이룰 수 있었다. 여러 슬랙 채널과 디스코드Discord[1] 그룹에 합류해서 전문가들과 대화를 나누고 그들의 지식을 흡수했다. 책을 선택하고 유튜브와 리눅스 아카데미Linux Academy의 비디오를 보면서 필요한 기술들을 익힐 수 있었다. 그리고 대면 및 비대면 모임에 나가 네트워킹을 만들면서 엔지니어들의 매일 업무가 어떤지에 대해 배웠다.

이 길을 시작했을 때는 무엇을 해야 할지 전혀 몰랐다. 그래서 리눅스 슬

---

1 역주 음성 기반의 소셜 미디어다. https://discord.com/

랙 채널을 찾아서 글을 남겼다. '여러분 안녕하세요? 저는 리눅스 시스템 관리자가 되고 싶습니다. 어떻게 시작하면 좋을까요?' 놀라운 수의 답변을 받았다. 몇 번에 걸친 질문을 하면서 가야 할 길이 열리기 시작했다. 그리고 이 일을 하는 데 필요한 여러 기술을 알게 되었다. 몇 달 후 동일한 질문을 계속하고 있는 자신을 발견했다. 내 자신이 클라우드 엔지니어가 되길 원한다고 빠르게 깨달은 후에는 보조 데브옵스 엔지니어로 첫 번째 업무에 합류하게 되었다. 수많은 전문가가 슬랙과 디스코드를 통해 그들의 깊은 지식을 적극 공유하길 원하고 있다. 이를 활용하자! 그리고 질문하자!

내가 전문가 몇몇과 대화하면서 알게 된 점은 그다음으로 할 일은 아무것도 없이 시작했으므로 자격증을 획득해야 한다는 것이다. 비록 자격증이 정말로 다음 직업이나 승진에 도움이 되는지 여부에 대해 많은 갑론을박이 있지만, 자격증을 공부하면서 얻는 지식은 가치를 매길 수 없다. 스스로 아주 공격적인 시간표를 설정하고 세 달 동안 공부해서 시험을 치기로 했다. 이는 나를 다음 수준으로 끌어올리기 위해서 지속적으로 공부하고 밀어붙일 수 있는 아주 강한 동기 부여 요인이 되었다. 대부분의 인터뷰에서 특정한 문제 해결 방법을 물었을 때 나는 시험을 준비하면서 본 자료를 그대로 그려서 설명할 수 있었는데, 그렇게 배운 답변으로 합격도 할 수 있었다. 자격증 시험에서 특정한 점수를 얻는 것이 지식을 쌓는 것만큼 중요하지 않다. 자격증 취득을 원하지 않거나 할 수 없다면 그냥 시험 준비 자료를 보는 것만으로도 가치가 있다. 인증을 제공하는 클라우드 제공자나 업체는 사용자가 알아야 할 중요한 사항을 모두 쌓아 놓은 은쟁반을 준비하는 경우가 많다.

마지막으로 마지못해 추천하는 방법이기는 하지만 지역 또는 가상 모임에 참석하는 것이다. 클라우드 엔지니어링은 가진 도구로 특정한 문제를 해결할 수 있는 방법을 찾는 것이다. 모임은 대체로 문제 해결이 중심이며, 누군가가 도전 과제와 해결 방안을 공유하거나 도구를 설명하고 이 도구가 해결하고자 하는 도전 과제를 말해 준다. 이러한 모임은 취업을 준비하는 경우에는 특히 유용하다. 내 취업 인터뷰는 이러한 모임에서 대화로 만들어진 관계를 통해 다른 사람과 이야기하면서 잡혔다. 이러한 모임에서 내가 사람들에게 질문할 때 쓰는 좋은 아이스브레이킹 주제는 '좋아하는 데브옵스 도구와 이유는 무엇인가요?'다. 정답이 없는 추가 질문을 하는 것을 잊지 마라!

이 책에서 놀라운 기술, 아이디어, 도구를 설명했다. 그리고 이것들은 여러분이 처음부터 시작하거나 경력을 확장해 가는 여정에 도움이 된다. 배운 자원을 적용한다면 결국에는 여러분이 관심 있는 주제를 더욱 깊게 이해할 수 있을 것이라고 확신한다.

저자 소개

아다르시 샤

아다르시 샤는 엔지니어링 리더, 코치, 스피커, 핸즈온 아키텍트, 체인지 에이전트이자 데브옵스데이 NYC 콘퍼런스와 데브옵스 NYC 밋업의 조직 위원이다. 아다르시는 비즈니스 가치를 더해 주는 시스템을 구축하는 것에 깊은 관심이 있다. 독립 컨설턴트로 고객을 도와 아키텍처/개발, 리더십, 데브옵스 및 클라우드 요구를 기술 및 비기술적 측면으로 살펴볼 수 있게 한다. 최근에는 머신 러닝 및 클라우드 네이티브 기술을 활용하는 것에 흥미가 있다. 아다르시에 대한 보다 많은 내용은 https://shahadarsh.com 및 트위터 ID @shahadarsh(https://twitter.com/shahadarsh)를 참고하라.

효율적인 코드형 인프라의 원칙, 패턴, 실행법

알레산드로 디아페리아

알레산드로 디아페리아는 아일랜드 더블린 소재의 유머스트 소프트웨어 제품 기술자이자 시니어 소프트웨어 엔지니어 및 리드 엔지니어다. 새로운 기술을 어떻게 적용하면 팀에서 더욱 효과적으로 가치를 제공할 수 있을지 정확하게 알고 있다. 알레산드로는 메트릭에 투자하고 데이터 기반 의사 결정 방식을 선호한다. 그리고 팀이 스스로의 가정에 사로잡히지 않고 그들을 둘러싼 환경이 변화할 때 민첩한 전환에 준비되어 있길 선호한다. 클라우드 기술이 조직적인 실험과 고객을 위한 최고의 가치가 무엇인지 빠르게 이해하도록 돕는 핵심이라고 믿는다. 또한 클라우드 기술을 도입하면 높은 수준의 민첩성을 달성할 수 있다고 믿는다. 여가 시간에는 기술과 실행법과 관련된 글을 읽고 자신의 경험을 블로그로 남긴다. 이탈리아어 팟캐스트인 스파게티코드_{SpaghetiCode}의 공동 진행자이기도 하다. 트위터 ID는 @alediaferia(https://twitter.com/alediaferia)다.

여러분 개발 장비에서 동작하는 것은 클라우드와 상관없다

알렉스 나우다

알렉스 나우다는 Nobl9의 CTO이며 조직의 클라우드 네이티브 애플리케이션의 신뢰성과 성능을 향상할 수 있도록 돕는다. 자기 저장소와 백플레인 시대의 데이터 웨어하우징의 성능 관리로 경력을 시작했다. 웹 시대에는 미디어와 퍼블릭 클라우드의 제품을 개발하는 데 집중하고 있다. 보스턴에 거주하며 LED로 식물을 키우고 비영리 단체의 서커스 학교에서 저글링을 가르친다. 트위터 ID는 @alexnauda(https://twitter.com/Alexnauda)다.

서비스 수준 목표 기초

애니 헤지페스

애니 헤지페스는 텐스 매그니튜드의 시니어 클라우드 자동화 엔지니어다. 자동화와 데브옵스를 통해 애저 클라우드 도입에 박차를 가하는 것에 집중하고 있다. 설정 관리,

코드형 인프라를 이용한 프로비저닝, 통합 테스트, 인스펙을 사용한 컴플라이언스 자동화, CI/CD를 통해 올바르게 수행되어야 하는 일을 항상 쉽게 할 수 있도록 하는 것이 목표다. 단순화된 CI/CD와 심리스 프로세스 구현이 업무의 핵심이다. 블로그 주소와 트위터 ID는 각각 annie.hedgie.com(http://www.anniehedgie.com/), @anniehedgie(https://twitter.com/anniehedgie)다.

인프라의 레드, 그린, 리팩터링

아샤 칼부르기

아샤 칼부르기는 특별히 데이터베이스를 위한 데브옵스와 CI/CD에 관심이 있는 데이터베이스 아키텍트다. 데이터베이스 분야에서 16년이 넘는 경력을 쌓았으며 최근에는 클라우드의 매력에 사로잡혔다. AWS 솔루션 아키텍트 인증 보유자이기도 하다. 최근에는 온프레미스 오라클 데이터베이스를 AWS 클라우드 제품 중 오로라 포스트그레SQL RDBMS로 마이그레이션하는 일을 하고 있다. 데브옵스에 관심이 많아서 데이터베이스 코드를 위한 CI/CD 파이프라인을 구현했으며 젠킨스, 깃, 리퀴베이스Liquibase와 같은 CI/CD 도구를 사용한다. 오늘날의 기술 분야에서 '변화가 곧 유일한 불변'이라고 믿고 있다.

그래서! 오라클 데이터베이스를 AWS 클라우드로 마이그레이션하고 싶다고?

반조 오바요미

반조 오바요미는 투 식스 랩의 시니어 리서치 엔지니어로 다양한 연구 기반 프로젝트를 상품화하는 플랫폼 솔루션을 개발하고 있다. 반조는 데이터옵스라는 데이터 운영화와 데이터와 관련 팟캐스트 및 모임에 많은 관심이 있다. 2011년에 메릴랜드 대학교 칼리지파크에서 컴퓨터 과학 학사를 취득했으며, 2015년에 메릴랜드 소재 로욜라 대학교에서 컴퓨터 과학 석사 학위를 취득했다.

데이터옵스: 데이터 관리를 위한 데브옵스

브랜든 올리어리

브랜든 올리어리는 데브시큐옵스DevSecOps 수명 주기를 위한 최초의 단일 애플리케이션인 깃랩의 수석 개발자 에반젤리스트다. 소프트웨어 개발에 열정적이며 코드로 프로세스를 빠르게 반복적으로 활용하여 업무를 이어 나가는 것에 관심이 많다. 고객에게 가치를 전달하기 위해서 데브옵스와 매끄러운 CI/CD를 구현하는 데 열정을 불태운다. 국내 선두 헬스 케어 기관과 환경 서비스 기업부터 미 국방성까지 다양한 고객을 상대한다. 업무 외에는 네 아이와 함께 시간을 보내거나 개인 작업실에서 혼자서 뭔가 만들곤 한다. 트위터 ID는 @olearycrew(https://twitter.com/olearycrew)다.

멀티 클라우드 결정을 위한 중요한 세 가지

브라이언 싱어

브라이언 싱어는 제품 중심 창업자로 엔터프라이즈 소프트웨어, 클라우드 컴퓨팅, 신뢰성 엔지니어에 많은 관심이 있다. 배터리 벤처스Battery Ventures 소속으로, 플랫폼부터 소프트웨어 신뢰성 최적화를 제공하는 Nobl9 공동 창업자이자 최고 제품 책임자다. 이전에는 구글이 획득한 오비테라Orbitera에서 근무했으며, 여기에서 제품과 신뢰성을 위한 구글의 모범 사례를 SaaS 제품에 적용했었다. 오비테라 이전에는 BMC와 노벨Novell에서 근무했다. 브라운 대학교에서 컴퓨터 공학을 전공했으며 MIT에서 MBA 과정을 수료했다. 골프 스윙을 완벽하게 만들기에 적합한 보스턴 근교에 살고 있다.

서비스 수준 목표 기초

브리트니 우즈

 브리트니 우즈는 센트럴 미주리에서 살며, 모든 것을 자동화하는 사람이다. 금융과 자동차 분야에서 기술 경력을 쌓아 왔다. 데브옵스와 자동화를 활용해서 속도를 높이고 혁신을 강화하며 비즈니스 가치 전달을 중요하게 생각한다. 데브옵스와 자동화 분야 외에도 시스템 아키텍처와 클라우드 솔루션 및 도입에 걸쳐 업무 영역을 넓혀 나가길 즐겨 한다. 추가로 다른 사람을 교육하는 것에 열정이 있어서 콘퍼런스 발표를 통해 지식을 공유하고 팀을 이끈다. 트위터 ID는 @bnwoods2008(https://twitter.com/bnwoods2008)이며 개인 홈페이지는 https://www.brittanynwoods.com이다.

사일로의 다른 이름

크리스 힉맨

 크리스 힉맨은 창업자이자 기술 리더이자 뛰어난 개발자다. 벤처 캐피탈에서 2,400만 달러 가치를 인정받는 회사와 SBA 론SBA Loan에서 부트스트래핑한 회사 두 곳을 창업했다. 켈서스Kelsus에서 AWS, 도커를 비롯한 가장 최신의 생산적인 기술 스택을 이용하여 월드클래스 소프트웨어를 만드는 팀을 이끌고 있다. 크리스는 클라우드 네이티브 소프트웨어 만들기와 관련한 주제를 깊이 있게 다루는 주간 팟캐스트인 **모비캐스트**Mobycast(https://mobycast.fm/)의 공동 진행자이기도 하다. 분산 시스템 설계나 클라우드에 코드를 배포하지 않을 때는 가족과 함께 자전거를 타거나 반려견인 구스에게 끊임없이 테니스 볼을 던져 주면서 시간을 보낸다.

컨테이너의 미래: 그다음은 무엇인가?

크리스 프로토

크리스 프로토는 오랜 시간 애플리케이션 개발, 보안, 운영 분야에서 다양한 기술 역량을 쌓은 기술자다. 빌라노바 대학교에서 컴퓨터 공학을 전공하고 덴버로 옮겨 와서 성공한 소비자 미디어 스타트업인 크래프트시에 합류하기 전까지는 다양한 규모의 기업에서 개발자로 경력을 쌓았다. 크래프트시의 확장과 성장을 위해서 수년간 지원했으며 회사가 NBC유니버설에 인수된 이후에는 데브옵스 조직에서 물러나 자신의 열정을 따라 클라우드 엔지니어링 모범 사례를 전파하는 회사를 창업했다. 현재는 버지니아주의 샬러츠빌에서 아내와 함께 거주하면서 클라우드 네이티브 워크로드를 운영하는 기업에 전문적인 서비스를 제공하는 데브옵스 고릴라_{DevOps Gorilla}를 경영하고 있다. 크리스를 팔로우하고 싶다면 트위터 ID @cproto(https://twitter.com/cproto)를 방문하자.

KISS하라

크리스 쇼트

크리스 쇼트는 시스템, 보안, 네트워크, 데브옵스 엔지니어링의 다양한 IT 분야에서 20년이 넘게 공공·사설 분야에는 오픈 소스 솔루션을 사용하도록 적극적으로 권고하고 있다. 현재는 레드햇에서 근무 중이다. 미 공군 퇴역 군인이며 그레이터 메트로 디트로이트에서 아내와 아들과 함께 살고 있다. 데브옵스를 포함한 다양한 주제를 chrisshort.net(https://chrisshort.net/)에 쓰고 있으며 데브옵스, 클라우드 네이티브, 오픈 소스와 관련한 뉴스레터인 데브옵스이시 DevOps'ish를 발행하고 있다.

클라우드 네이티브 속도의 보안

댄 무어

댄 무어는 소프트웨어 구축 분야에서 20년 넘게 근무한 베테랑이다. 한때는 직원이었고 프리랜서였다. 현재는 AWS 코스 강사이자 작가이며 커뮤니티 멤버다. 또한 밋업 주최자이며 엔지니어링 매니저고 CTO다. 모든 앱에서 인증, 인가, 사용자 관리를 도와주는 소프트웨어를 만드는 퓨전어스에서 개발자 문화를 이끌고 있다. 키보드 앞에 앉아 있지 않을 때는 야생이나 정원에서 그를 만날 수 있다. 콜로라도주 볼더에서 살고 있으며 트위터 ID는 @mooreds(https://twitter.com/mooreds)다.

관리형 서비스를 사용하자, 제발

의심될 때는 테스트하라

데이브 스턴케

데이브 스턴케는 데브옵스 커뮤니티와 연결된 구글 클라우드 플랫폼의 디벨로퍼 애드보킷이다. 실무자들과 대화하는 것을 즐기며 이야기를 듣고 말하며 건강한 주장을 공유한다. 구글에 합류하기 전에는 예술 분야의 기술 스타트업인 오베이션틱스 OvationTix 및 시어터매니아TheaterMania에서 CTO를 맡았으며 주로 자바 서버를 다루었다. 뉴저지에 살기로 결정했고 베이킹, 인디 락 그리고 아버지로 사는 것을 즐긴다.

사람들이 클라우드에 올바른 기대를 갖도록 돕자

데이비드 머레이

자랑스런 아일랜드인으로 고객을 마주하는 기술 분야에서 20년 넘게 근무했다. 기술은 변하지만 고객은 절대로 변하지 않는다는 것을 알고 있다! 클라우드 솔루션과 관련해서 일을 할 때는 뼛속까지 네트워크 엔지니어다. 비즈니스나 기술 문제에서 대부분의 사람이 너무 커서 피하려고만 하는 것을 부딪혀 나가길 마다하지 않는다. 여유 시간에는…… 농담이다. 두 꼬마 남자아이를 키우는 관계로 여유 시간이 없다. 부업으로는 LA 코가스 갤릭LA Cougars Gaelic 풋볼 팀의 헤드 코치를 겸하고 있다.

클라우드에서도 네트워크가 기초다

돈 파지치

돈 파지치(@dparzych, https://twitter.com/dparzych)는 런치다클리LaunchDarkly의 디벨로퍼 애드보킷으로 그녀의 스토리텔링 역량을 바탕으로 기술과 심리학의 교차에 대한 내용을 글로 쓰고 말한다. 사람들이 일과 삶에서 더 성공적일 수 있도록 돕는 것을 즐긴다. 유행이나 업계 용어를 가능한 사용하지 않고 기술 정보를 전달할 수 있도록 만든다. 그녀가 작성한 글들은 다수의 기술서에 실렸다. 쓰고 말하고 코딩하기라는 시애틀 데브옵스 밋업의 주최자이며 데브옵스데이즈 시애틀의 주최 위원회에 소속되어 있다. 여가 시간에는 가족, 반려견과 함께 미서부 해안을 따라 탐험한다.

기능 플래그로 서비스 수준 유지하기

디팍 람찬다니 벤시

디팍 람찬다니 벤시는 콘티노의 트랜스포메이션 디렉터이며, 특히 규모가 큰 규제 기업의 디지털 전환과 멀티 클라우드 도입을 가속화하는 것을 돕는다. 시술 임원을 대상으로 디지털 우선 비즈니스와 운영 모델로 전환하기 위한 전략과 방법을 공유한다. SRE, 핀옵스, 깃옵스, 데브시큐옵시와 같은 현대적인 운영 및 엔지니어링 사례를 기업이 도입할 수 있도록 돕는다. 또한 클라우드 네이티브 제품 개발과 애저, AWS, GCP를 사용하는 사내 디지털 역량을 도입할 수 있도록 돕는다. 선두 기업과 기관이 규제 기관이 설정한 규범을 지켜 가면서 업무 방식을 현대화하고 끊임없이 개발자 경험을 강화하고 퍼블릭 클라우드 도입을 가로막는 내부 장벽을 극복하기 위해서 일한다. 은행 및 금융 서비스, 보험, 리테일, 비즈니스 프로세스 아웃소싱, 에너지 및 기반 시설 관련 기업 또는 기관과 협업하고 있다.

핀옵스, 클라우드 재무 관리가 여러분 클라우드 프로그램을 멸망에서 구하는 방법

델라리 지라사

델라리 지라사는 피어리스 창업자이자 CEO다. 피어리스는 메릴랜드 볼티모어 소재의 풀스택 디지털 서비스 기업으로 커뮤니티를 강화하고 차이를 만드는 소프트웨어 도구를 진심으로 개발하는 것이 목표인 기업이다. 높은 이상을 쫓기 위한 아이디어를 내고 특별한 제품을 만들겠다는 원칙에 더해 피어리스는 10년 이상을 바라보는 비전을 가지고 있다. 메릴랜드 대학교 볼티모어 카운티UMBC에서 컴퓨터 공학을 전공하고 15년 넘게 애자일 소프트웨어 팀과 프로그램을 이끈 경험이 있다. 기술과 자신을 둘러싼 지역 사회를 변화시키길 갈망하고 있다.

선을 위한 클라우드가 당신의 다음 프로젝트여야 한다

드렉 마틴

드렉 마틴은 뛰어난 마이크로소프트 시스템 개발자이자 시스템 통합 전문가이며, 애저 패턴 및 사례 그룹 수석 프로그램 매니저다. 15년 넘게 비즈니스 최전선에 있는 애플리케이션을 현대화된 기술로 통합하고 퍼블릭 및 프라이빗 클라우드를 개발하고 배치한 경험이 있다. 클라우드 기술 및 디지털 전환과 관련된 폭넓은 경험을 통해 고객들에게 클라우드로 가기 위한 여정을 안내한다. 거버넌스, 네트워킹, 보안, 컴퓨팅에서 일반화된 클라우드 모범 사례와 애저 자체를 개발하고 아키텍처링하는 것에 집중하고 있다.

현대 클라우드 거버넌스 정수
단일 리전 의존성은 절대 안 된다
네트워킹 우선

던컨 맥켄지

던컨 맥켄지는 https://docs.microsoft.com, https://azure.microsoft.com, https://channel9.msdn.com과 같은 여러 마이크로소프트 웹 사이트의 엔지니어링 매니저다. 여러 해 동안 마이크로소프트와 프로그래밍 주제로 글을 써 왔다. 현재는 개인 블로그(https://www.duncanmackenzie.net)에 글을 쓰고 있으며, 주로 웹 성능과 관련된 주제에 집중하고 있다. 기술 외에는 가족과 시간을 보내거나 자주 여행을 다니며, 집 근처의 미 서부 해안을 따라 탐험하는 것을 즐긴다.

확장성 이해하기

에밀리 프리먼

에밀리 프리먼은 엔지니어링 조직이 그들의 속도를 높일 수 있도록 돕는 기술가이자 스토리텔러다. 〈DevOps for dummies〉(Wiley, 2019) 저자이며, 개발자가 직면한 문제는 기술이 아닌 사람이라는 사실을 믿는다. 협업이 가능한 조직으로 번성하는 기업 문화를 만들어 기술 기업을 변화시키는 것이 인생의 목표다. 마이크로소프트의 수석 클라우드 애드보킷이며, 딸과 함께 콜로라도 덴버에 거주하고 있다.

임마뉴엘 아푸

1세대 감비아계 미국인인 임마뉴엘 아푸는 컬럼비아 특별구 샤이어에서 거주하고 근무한다. 여가 시간에는 〈왕좌의 게임〉의 마지막 시즌을 상상하면서 보낸다. 컨설팅 기업 메카닉코드닷아이오의 CTO이자 블랙 코드 콜렉티브의 공동 창업자이며, 컬럼비아 특별구의 Technical.ly RealLIST 엔지니어상의 수상자다. 데브옵스와 사이트 신뢰성의 모범 사례를 활용해서 고객을 위한 혁신적인 자동화 솔루션을 10년 넘게 개발했으며, AWS 인증 데브옵스 전문가다. 피드백 루프를 향상시키는 일과 자동화에 관심이 많다. 사설 기업과 공공 부문에 애

자일 모범 사례를 따르고 확장성 있는 클라우드 아키텍처와 CI/CD 표준을
따르는 현대화된 서비스를 제공한 적이 있다.

시크릿이 보관되는 장소와 그 방법 알기

에릭 소렌슨

에릭 소렌슨은 28.8K 모뎀이 최고급 사양일 때부터 시스
템 관리자로 일해 왔다. 캠퍼스 네트워크 운영과 대규모 프
로덕션 인터넷 서비스를 운영했었고 시스템 관리 팀에 있
었다. 2012년에 오리건주 포틀랜드로 옮겨 와 퍼펫에서 핵심 기술 플랫폼
의 기술 제품 매니저를 맡았다. 2018년부터는 클라우드 중심 데브옵스 엔
지니어를 위한 멋진 제품을 만드는 것에 집중하고 있다.

업스트림과 협업하기

페르난도 듀란

스페인 카디즈 출신인 페르난도 듀란은 물리학 학사와 컴
퓨터 과학 석사 학위를 보유하고 있다. 연구원, 시스템 관
리자, 소프트웨어 엔지니어, 정보 보안 전문가, 팀 리더 등
다양한 역할을 맡아 오면서 폭넓은 역량을 키워 왔다. 시계, 포커, 축구, 맥
주와 커피를 사랑하며 고대 문명에 관한 책을 즐겨 읽는다. 현재는 자동 계
약 검토 분야에서 세계적으로 선두 기업인 키라 시스템즈에서 데브옵스 팀
리더를 맡고 있으며, 캐나다 온타리오주 워털루에서 예술적으로 뛰어난 아
내와 길고양이 두 마리와 함께 살고 있다.

프로덕션에 SSH하지 말기

게임 데이로 인프라를 테스트하라

제프 휴즈

 제프 휴즈는 포춘 100대 기업인 시스코와 웰스 파고Wells Fargo와 기술, 금융, 소프트웨어 산업계에 걸쳐 성과를 낸 기술 리더다. 시스코의 글로벌 시스템 관리 팀을 최초로 만들었으며 시스코 IT 글로벌 운영에서 최초로 '최고 운영상'을 수상했다. 시스코의 첫 번째 MDS를 내놓은 시스코 IT 팀을 이끌어 브로케이드Broacade 와 맥데이터McData가 점유하고 있던 SAN 시장을 붕괴시켰다. 웰스 파고의 스토리지 운영 수장으로 일하면서는 글로벌 조직을 구성해서 운영 비용을 절감하고 스토리지 가용성을 높였다. SaaS 인프라 아키텍처 및 엔지니어링 이사로 CA 테크놀로지에서 근무하며 글로벌 조직을 이끌면서 단 세 개의 제품을 지원하던 인프라를 14개의 제품을 지원하도록 확장해서 연 매출을 1억 8,000만에서 5억 4,000만 달러로 성장시켰다. 현재는 AWS와 GCP 에서 넷앱 클라우드 볼륨 서비스의 사이트 신뢰성 엔지니어링을 담당하고 있다. 가족과 함께 보내는 시간을 소중하게 생각하고 축구를 좋아한다.

데이터 중력: 클라우드에서 데이터 관리의 중요성

기욤 블래키에르

 2019년부터 GCP의 구글 디벨로퍼 엑스퍼트Google Developers Expert가 되었으며 베오리아Veolia에서 리드 클라우드 아키텍 터로 근무하고 있다. 15년 이상을 자바 개발자로 일해 왔으 며, 다양한 분야를 다루었음에도 머신 러닝 또는 파이썬 및 Go를 사용하여 클라우드에서 새로운 솔루션을 개발하고 테스트하는 것에 열중한다.

비용이 아닌 여러분 조직에 집중하자

헤이시 베이

헤이시 베이는 클라우드와 에지에서 혁신적인 프로젝트를 수행하는 마이크로소프트의 수석 소프트웨어 아키텍트다. 30여 년 넘게 코딩을 해 왔고 23년 동안 소프트웨어 전문가로 일해 왔다. 지속적인 학습과 열린 지식 공유의 힘을 믿는다. 9권의 클라우드 컴퓨팅 책을 저술했으며 고등학교에 자원해서 4년 동안 프로그래밍 기술을 가르치고 있다. OAM과 Dapr 같은 오픈 소스 프로젝트의 공동 저자이기도 하다.

서비스를 생각하지 말고 기능을 생각하라

홀리 커민스

홀리 커민스는 IBM 클라우드 개러지에서 국제 개발 실무 리더를 맡고 있다. 은행권부터 리테일, NGO까지 다양한 산업의 고객에게 기술을 기반으로 한 혁신을 가져다 주었다. 물고기 수를 세고, 시각 장애인 선수가 홀로 사막에서 울트라 마라톤을 뛰도록 돕고, 노년층을 위한 향상된 헬스 케어를 제공하고, 도시에서 주차하는 방식을 변경하는 프로젝트를 이끌었다. 자바 챔피언이자 IBM Q 앰버서더이며 자바원 락 스타JavaOne Rock Star다. IBM 클라우드 개러지에 합류하기 전에는 웹스피어 리버티 프로파일WebSphere Liberty Profile(현재는 오픈 리버티)에서 딜리버리 조직을 구성했으며 〈Enterprise OSGi in Action〉(Manning, 2013)의 공동 저자다.

클라우드 엔지니어링은 컨테이너가 아닌 문화다

이수루 J. 라나와카

인디아나 대학교의 사이버인프라 통합 연구소CyberInfrastructure Integration Research Center, CIRC의 시니어 풀스택 클라우드 개발자다. 과학 게이트웨이를 위한 IAM 프로젝트에 참여하고 있으며 엔터프라이즈 서비스 버스enterprise service bus를 위한 전송 계층 개발 및 자바, Node.js, 리액트로 E2E 애플리케이션을 개발하고 있다. 소프트웨어 개발 분야에서 6년이 넘게 일했다. 클라우드 컴퓨팅, 마이크로서비스 기반 소프트웨어 개발, NoSQL 기반 데이터 관리, CRAN 기반 네트워크 아키텍처 및 통신 기술에 관심이 있다.

클라우드 컴퓨팅의 식별 및 접근 관리

이반 크루닉

이반 크루닉은 CROZ의 엔지니어링 부문 이사다. 조직이 앞으로 나아가기 위한 최고의 조건을 만드는 데 진심이다. 애자일 소프트웨어 개발부터 클라우드 네이티브 아키텍처, 복합 통합 및 데브옵스 문화까지 관심을 두고 있다. 개발 및 프로젝트 매니저로서는 지금껏 경험했던 것을 바탕으로 애자일과 데브옵스 코치가 되길 바란다. 특별히 리더십과 조직 변화에 관심이 많으며 비즈니스와 기술을 일치시키고 업무 효율성을 높여서 근본적으로 힘들지 않고 똑똑하게 작업할 수 있도록 돕는다. 애자일의 열렬한 지지자이자 커뮤니티의 활동 멤버로, 애자일과 데브옵스에 대한 다양한 강좌를 열고 가르친다. 그리고 지금껏 실패해서 희망이 없어진 스타트업에 희망을 주는 사람이기도 하다. 윈드 서핑과 러닝을 즐긴다. 트위터 ID는 @ikrnic(https://twitter.com/ikrnic)이다.

더 적게 일하도록 노력하자

이야나 게리

이야나 게리는 여러 현업 문제를 도와준 경험이 있는 컴프 TIA 시큐리티 플러스CompTIA Security+이며 CCNA 인증된 프리랜서 보안 전문가다. 꾸준히 스스로 학습하면서 클라우드 컴퓨팅, 코딩, 보안 분야의 역량을 강화하는 동시에 IT 전문가로 새로운 커리어를 시작하려는 사람들을 돕고 있다.

클라우드 환경이 온프레미스에 있는 것처럼 다루자

J. 폴 리드

J. 폴 리드는 빌드/릴리스 및 운영 엔지니어의 최전선에서 경력을 시작했다. 컨설팅 기업 창업의 성공 이후에 넷플릭스의 핵심 운영 및 신뢰성 엔지니어링Critical Operation & Reliability Engineering, CORE 팀의 시니어 응용 레질리언스 엔지니어로 근무하고 있다. 여기에서 사고 분석, 시스테믹 위험성 식별 및 해결, 응용 레질리언스 엔지니어링에 집중하고 있으며 스트리밍 분야를 이끄는 선두 업계의 다양한 사회 기술 시스템 내 인적 요인을 다룬다.

SRE의 모든 R을 다시 살펴보기

제이크 이차노베

제이크 이차노베는 2011년 초부터 클라우드와 유사한 환경에서 SAP를 배포하고 관리하기 시작했다. 레거시 애플리케이션을 위해서 클라우드가 제공하는 전환 기회들을 다루면서 수많은 고객의 아주 중요한 애플리케이션 클라우드로 이전을 도왔다. SAP 사파이어SAP Sapphire, 델 테크 월드Dell Tech World, VM월드VMWorld와 같은 행사에서 클라우드 마이그레이션과 같은 주제로 수많은 발표를 해 왔다. 그동안 배포, 운영, 프리 세일즈의 영역에서 다양하게 일해 왔다. 가장 최근에는 AWS 글로벌 파트너의 솔루션 아키텍처 부문 수석 부사장을 역임했다. 여행, 미식, 49er의 루트 그리고 가족과 함께하는 시간을 사랑한다. 트위터 ID는 @jakeechanove(https://twitter.com/jakeechanove)다.

여러분의 모놀리식도 클라우드화할 수 있다

얀 우르반스키

얀 우르반스키는 뉴 렐릭의 수석 소프트웨어 엔지니어이며 백엔드 데이터 파이프를 다루는 것에 집중하고 있다. 뉴 렐릭이 2014년에 인수한 대시보드 SaaS 회사인 덕스보드 Ducksboard의 공동 창업자였다. 그 이전에는 오디오 및 비디오 스트리밍 분야에서 일했다. 포스트그레SQL 컨트리뷰터이며 G스트리머GStreamer, 트위스티드Twisted, 아파치 카산드라Apache Cassandra 같은 다양한 오픈 소스 프로젝트에 코드를 기여한 바 있다. 데이터베이스 내부 구조, 분산 시스템, 리눅스와 관련된 문제를 해결하는 것에 흥미가 있다.

시스템을 계속 동작하게 하는 것의 중요성

제이슨 카처

클라우드를 위한 개발자 생산성 도구를 만들고 클라우드 네이티브 아키텍처와 클라우드 비용 절감을 컨설팅하는 클라우드프로.앱CloudPro.app의 창업자다. 그 이전에는 캐피탈 원(파리버스/위키바이)과 블링크헬스Blink Health에서 소프트웨어 엔지니어링 이사로 근무했다. 또한 연쇄 창업자이자 엔젤 투자자로 많은 새로운 벤처 기업을 탄생하는 것에 관여한 바 있다. 헬스 케어, 소비자 기술, 피트니스, 세일즈, 금융, 통신과 같은 다양한 산업군에서 일했으며, 시간과 비용을 절약할 수 있도록 돕는다. 하지만 가장 핵심적인 가치는 훌륭한 소프트웨어를 만드는 일에 관심이 있다. 열정적인 선생(메이크 스쿨Make School)이며 평생 배움을 멈추지 않았다. TV쇼, 팟캐스트, 오디오북에 빠져 있다.

시각화와 대시보드로 모니터링을 개선하라

제닌 타운젠드

제닌 타운젠드는 시스템 관리자와 문서화 지지자로 오랫동안 일해 왔다. 신입 시스템 관리자였을 때 VAX/VMS 운영체제 문서를 갱신하는 일을 담당했는데, 이때 주기적으로 갱신되는 많은 양의 페이지를 실제 문서 책자에 바꿔 끼우는 일을 했었다. 신입 직원을 교육시키기 위해 효과적인 방법이었고, 이를 통해 최신화된 문서를 가까이 해야 하는 가치를 아주 강하게 깨닫게 되었다. 그 후 직업을 바꾸고 새로운 직책을 얻게 되었고 프로그래밍 언어와 기업의 흥망성쇠를 목도해 왔다. 하지만 근본적으로 변하지 않는 것은 기술을 효과적으로 활용하여 사람들이 함께 일을 할 수 있도록 돕는 일임을 알고 있다.

문서를 읽어라, 다시 읽어라

존 무어

존 무어는 포춘 500이 선정한 기업의 최고 소프트웨어 아키텍트다. 여기에서 기업의 소프트웨어 기반 제품군을 지속적으로 개선하는 일을 이끌고 있다. '가능성의 예술'이라는 분야에 특화되어 있어서 복잡한 문제를 해결할 방법을 모색하고 이를 제

때 전달할 수 있다. 조직을 이끌고 관리하는 모든 측면에 익숙하며 제품 수준의 코드를 작성할 수 있다. 또한 소프트웨어 엔지니어링에 큰 관심이 있어 끊임없이 학습해서 동작하고 유지 보수 가능한 소프트웨어를 보다 높은 완성도와 짧은 시간 안에 제공하는 방법을 동료들에게 가르친다. 최근에는 분산 시스템, 실패 허용, 건강하고 주도적인 엔지니어링 문화 만들기와 텍사스 홀덤에 관심이 많다. 펜실베이니아 대학교에서 컴퓨터 및 정보 과학 박사 학위를 받았다. 태어난 곳도 아니고 어린 시절을 보낸 곳도 아닌 필라델피아 서부에 거주하고 있다.

클라우드에서 규모 경제가 동작하는 방식

조나단 벅

조나단 벅은 조지아 공과 대학교에서 학사 및 석사 학위를 받았으며, 이후 기술 분야의 경력을 쌓기 위해서 서부 해안으로 옮겨 왔다. 클라우드 컴퓨팅이 제공하는 다양한 가능성에 매료되었으며 지속적으로 학습하고 다른 이들과 모범 사례를 공유하곤 한다.

클라우드 용어집

조슈아 짐머만

조슈아 짐머만은 지난 10년 동안 기술 분야에서 다양한 직책과 역할을 맡아 왔다. 애플리케이션을 위한 지속 가능한 플랫폼을 만드는 일에 열정적이며, 최근에는 스포츠엔진 SportsEngine에서 이러한 일을 하고 있다. 그는 사람들이 도서관과 같은 공공 분야를 더욱 존중해야 한다고 외친다. 한가할 때는 트위터에 반려묘에 관한 글을 업로드하거나 위스콘신주 메디슨에서 데브옵스와 관련한 행사를 돕는다.

조직적 정치를 효과적으로 탐색하기

주디 존슨

주디 존슨은 오랫동안 소프트웨어 엔지니어로 일해 왔으며 오닉스 포인트에는 2015년에 입사했다. 시스템 엔지니어, 프로젝트 매니저, 스크럼 마스터 그리고 CD 판매점 점원으로도 일했었다. 일을 하지 않을 때는 가족과 친구, 동료를 위해 맛있는 간식을 만들거나 하키 게임이나 록 콘서트를 보러 가거나 좋은 책을 다 읽으려고 노력한다. 또 기술 분야에서 다양성을 다루는 특별한 행사가 있다면 자원하기도 한다. 그녀가 생각하는 가장 자랑스러운 성취는 멋진 두 딸이 모두 엔지니어라는 점이다!

자동화 또는 비자동화?

카순 인드라시리

카순 인드라시리는 〈gRPC Up & Running〉(O'Reilly, 2020)과 〈Microservice for the Enterprise〉(Apress, 2018)의 공동 저자이며 WSO2 프로젝트 매니저 겸 수석 이사다. 아파치 소프트웨어 재단의 커미터이자 PMC 멤버다. 베이 에리어 마이크로서비스, API 및 통합 밋업 그룹의 창시자이기도 하다.

마이크로서비스와 클라우드 네이티브 아키텍처의 통합

케이티 맥로플린

케이티 맥로플린(@glasnt, https://twitter.com/glasnt)은 지난 수년간 많은 역할을 맡아 왔다. 다양한 프로그래밍 언어를 사용하는 소프트웨어 개발자였고, 여러 운영 체제를 다루는 시스템 관리자였다. 다양한 주제로 강연했고 최근에는 구글 클라우드의 디벨로퍼 애드보킷으로 근무 중이며, 2017년 오라일리 오픈 소스 어워드에서 수상했다. 그녀가 세상을 바꾸고 있지 않을 때는 요리를 하고 태피스트리tapestry를 만들고 다양한 애플리케이션이 이모지를 얼마나 잘 다루는지 살펴보기도 한다.

컨테이너는 마법이 아니다

켄 브로렌

켄 브로렌은 코치, 강사, 컨설턴트다. 기술자가 더욱 인간적이고 효과적으로 업무를 할 수 있도록 돕는다. IT 분야에서 25년 일해 온 베테랑이며 군사, 금융, 출판, 설계, 엔지니어링, 건축계에서 다양한 엔지니어링과 관리 역할을 맡아 왔다. 덴버에서 약 1시간 정도 떨어진 콜로라도 산에서 거주하고 있다.

취약성의 힘

켄 콜레스

켄 콜레스는 DXC 테크놀로지의 기술, 제품 및 파트너 부분 수석 부사장이다. DXC 테크놀로지의 전략을 책임지며 회사의 핵심 상품의 혁신과 성장을 이끌고 있다. IT 업계에서 30년 이상 소비지향 제품을 만들어 온 경험이 있다. 딜로이트의 클라우드 부분 CTO를 역임했으며 지난 28년 넘게 액센츄어Accenture에서 기술 글로벌 관리 파트너, 엔터프라이즈 애플리케이션 수석 이사, 기술 및 아키텍처 부분 매니징 디렉터로 일해 왔다. 시카고가 고향이며 MIT에서 경영을 주 전공으로 수학을 부 전공으로 해서 학사 학위를 받았다.

클라우드에서 네트워크 전송 비용 관리하기

클라우드는 클라우드가 아니다

켄달 밀러

켄달 밀러는 페어윈즈(이전에는 리액티브옵스)의 창업자이며 지난 5년 동안 클라우드 네이티브 인프라를 적용할 수 있도록 도왔다. 현재는 쿠버네티스 활성화에 집중하고 있다. 흔들의자에 앉아서 반려견과 함께 시간을 보내며, 팀원들에게 반쯤 중요한 것들에 대해 크게 떠들곤 한다.

여러분의 CIO는 단 한 번의 플랫폼 재구축을 원한다

킴 슐레진저

킴 슐레진저는 사이트 신뢰성 엔지니어다. 이전에는 코드 스쿨에서 교육 디자이너로 근무했고 그 이전에는 초등학교 특수 교육 교사였다. 기술과 성인 교육의 교차 지점에서 일하는 것을 좋아한다. 자세한 내용은 https://kimschlesinger.com이나 트위터 ID @kimschles(https://twitter.com/kimschles)를 참고하자.

분산 시스템 시각화를 연습하라

키트 메커

키트 메커는 모던 클라우드 네이티브 개발자들의 서비스 신뢰성이 이른 단계에 성장할 수 있도록 돕는 Nobl9의 비즈니스 개발 부문장이다. 20년 넘게 대규모 소프트웨어 개발 프로젝트에서 코딩부터 엔지니어링 매니저, 홍보부터 제품 관리까지 다양한 역할을 수행해 본 경험이 있다. Nobl9에 합류하기 전에는 제이프로그JFrog를 10억 달러 규모의 회사로 성장시키는 데 도움을 주었으며 쿠버네티스와 구글 클라우드에서 컨테이너 이니셔티브와 관련한 제품을 관리했었다. 그 이전에는 마이크로소프트에 10년 동안 근무하면서 윈도, 애저, 오피스365, 빙과 같은 다양한 제품에서 일을 했었다. 트위터 ID는 @kitmerker(https://twitter.com/KitMerker)다.

서비스 수준 목표 기초

로라 산타마리아

로라 산타마리아는 무엇이든 즐겨 배우며 어떤 일이 어떻게 일어나는지 설명하는 것을 좋아한다. 로그DNA에서 디벨로퍼 애드보킷으로 일하면서 외부 개발자와 SRE 및 로그DNA 내부 엔지니어링 팀 간의 격차를 좁힌다. 또한 'A Minute on the Mic'와 'Logger to Logger' 뉴스레터 같은 교육 콘텐츠를 소개한다. 트위터 ID는 @nimbinatus(https://twitter.com/nimbinatus), 깃허브는 nimbinatus(https://github.com/nimbinatus), 웹 사이트는 nimbinatus.com(https://nimbinatus.com/)이다. 업무 외에 오스틴 데브옵스와 클라우드 오스틴을 주최했으며 코드 오스틴의 여성을 위해서 여러 해에 걸쳐 파이썬을 강의했다. 데브옵스데이 오스틴에서 자원 봉사자로도 참여했다. 오픈 하드웨어를 다루는 것을 즐기며, 특히 깜빡이는 불빛이 있는 프로젝트를 좋아한다. 여가 시간에는 반려견과 원반을 던지며 시간을 보내고 하늘에 떠 있는 구름을 바라본다.

오 이런! 로그가 없다

라지즈 투라쿨로프

라지즈 투라쿨로프는 BAT에서 디지털 비즈니스 분석가로 일하고 있다. 개발자, 시스템 관리자, 운영, 마케팅, R&D 를 다루는 솔루션 아키텍트로 20년 넘게 IT 분야에서 일 해 왔으며 최근에는 비즈니스 영역의 디지털 혁신을 담당하고 있다. 구글 (GCP 어소시에이트 클라우드 엔지니어), 마이크로소프트(애저 데브옵스 엔지니어 전문가, 애저 AI 엔지니어 어소시에이트, 애저 IoT 개발자 전문 가, MCSE, MCSD), SAP, 로터스 디벨롭먼트Lotus Development, 선마이크로 시스템즈Sun Microsystems의 다양한 자격증을 보유하고 있다. 정규 업무와 다 음 IT 자격증 시험을 준비하는 동안에는 블랜더 오픈 소스 플랫폼에서 3D 모델링의 예술을 학습하며, 중국어의 성조를 연습(HSK2 레벨을 준비)한 다. 또한 지역 거합도 도장에서 종종 일본 무사도를 익힌다.

계속해서 호기심을 가지자

리 애치슨

리 애치슨은 클라우드 컴퓨팅 분야에서 인정받는 업계 리 더이며 최근 2판이 나온 베스트셀러 〈Architecting for Scale〉(O'Reilly Media, 2021)의 저자다. IT 업계에서 33년을 일해 왔다. 뉴 렐릭에서 8년 동안 일하면서 견고한 서비스 기반 시스템 아키텍처를 개발하고, 스타트업부터 대용량 트래픽을 받는 공공 엔터 프라이즈까지 확장 가능한 프로세스를 구축했다. 또한 아마존에서 7년 동안 근무하면서 아마존의 첫 번째 소프트웨어 다운로드 스토어인 AWS 엘라스틱 빈스톡AWS Elastic Beanstalk을 구현했으며, 아마존의 리테일 플랫폼을 새로운 서비스 기반 아키텍처로 마이그레이션하는 데 도움을 주었다. 또한 선두 기업들이 그들의 애플리케이션 아키텍처를 현대화하고 조직을 대규모로 혁신할 수 있도록 컨설팅했다. 다양한 출판물에서 업계 전문가로 인용되고 있으며 전 세계의 다양한 행사에 연사로 초청된다.

클라우드 마이그레이션의 실패

리사 후인

리사 후인은 스토리블록스에서 리드 소프트웨어 엔지니어로서 더욱 유용한 데이터를 만들기 위해 노력한다. 버지니아주 페어폭스의 조지 맨슨 대학교에서 컴퓨터 과학 석사로 졸업했다. 8년 이상 일을 하면서 브라우저 문제를 다루는 것부터 마이크로서비스를 만드는 것까지 다양한 기술 스택을 경험했다. 코드에 빠져 있지 않을 때는 실크에 매달려 공중에 있거나 책에 파묻혀 있다. 트위터 ID는 @nomnomlisa(https://twitter.com/nomnomlisa)다.

확장할 요소를 알아야 한다

리스크 관리를 위해 체크리스트를 사용하라

루카스 뤼벨케

루카스 뤼벨케는 세계에서 최고의 직장인 브라이버그의 개발자 성장 부문 부사장이다. 개발자를 효율적이고 사람들이 원하는 것을 만들 수 있도록 멘토링과 훈련하는 일에 모든 시간을 쏟는다. 구글 개발자 전문가_{Google Developer Expert}, 작가, 콘퍼런스 연사, 행사 주최자이기도 하다.

모든 것은 0과 1이다

마나세 제주스 갈린도 벨로

마나세 제주스 갈린도 벨로는 고등학교 때부터 애플리케이션을 개발했으며 다양한 프로그래밍 언어, 기술 스택, 소프트웨어 개발 방법론을 체득했다. 분산 시스템과 클라우드 네이티브 애플리케이션을 설계하고 구현하고 있으며, 동시에 프로젝트를 진행하면서 구동 중인 소프트웨어를 은행, IT, IoT 분야에 있는 국제적 기업(HSBC, HP, IBM, 소프트웨어 AG 등)에 제공하고 있다. 다양한 글을 기고했으며 국제 콘퍼런스에 연사로 참여했고 후배 소프트웨어 엔지니어를 양성하고 있다. 업무 외에는 새로운 도시를 탐방하고 해변에서 사색에 잠기며 색소폰 연주를 즐긴다. 개인 홈페이지인 manasejesus.com(https://about.me/manasesjesus)에서 더 상세한 내용을 볼 수 있다.

서버리스의 나쁜 사례

만지트 다달라

만지트 다달라는 조직이 바라는 비즈니스 결과와 기술을 매핑하는 예리한 능력을 자신의 결정적 차별 요소로 하는 전략가다. 클라우드 플랫폼, 비즈니스 모델 혁신에 초점을 맞춘 컨설팅 전문 지식을 활용하여 조직 역량을 서비스 시장 기회로 전환할 수 있도록 도와주어 다양한 고객, 이해 관계자 및 조직에서 명성을 얻어 왔다. 단순히 조직을 이끄는 기술 리더만이 아닌, 미래에 확대될 고객 요구를 수용할 수 있는 제품을 정의하고 만들어 낸다. 운동을 즐겨 하며 건강한 음식을 먹고 투자하는 것을 좋아한다. 또한 가족과 친구들과 함께 보내는 시간을 사랑한다.

클라우드 마이그레이션 비용 급증 관리

마르셀로 말로코스

마르셀로 말로코스는 데브옵스에 진심인 클라우드 옹호자다. 애저 데브옵스 자격증을 보유하고 있으며 20년 넘게 솔루션을 설계하고 개발해 왔다. 프로젝트 관리와 애자일 방법론의 다양한 경험을 토대로 데브옵스 원칙을 몇 년 동안 적용해 왔다. 마르셀로는 아반데Avande와 액센츄어 같은 컨설팅 기업에서 근무했었다. 최근에는 워싱턴 소재의 미주 개발 은행Inter-American Development Bank에서 근무한다. 여기에서 라틴 아메리카 국가들의 삶을 개선하는 것에 큰 역할을 담당하고 있다고 믿는다.

포털을 넘어서: CLI로 클라우드 관리하기

마르코 슬루가

마르코 슬루가는 20년 넘게 IT 업계에 종사했으며, 클라우드 컴퓨팅 부상을 목격하는 행운을 얻었다. 기업 가상화부터 데브옵스 이전에 이르는 다양한 클라우드 관련 프로젝트, 똑똑하고 완전 자동화된 서버리스인 클라우드 네이티브 솔루션까지 만들고 있다. AWS 인증 강사이며, AWS와 관련된 책을 3권 집필한 바 있다.

AWS 람다 시작하기

마티아스 제니아

 마티아스 제니아는 소프트웨어 개발자이자 시스템 관리
자이며 뼛속까지 해커다. 현재 오 디어(https://ohdear.
app/) 모니터링 서비스를 만들고 있다. 트위터 ID는
@mattiasgeniar(https://twitter.com/mattiasgeniar)다.

쿠버네티스를 사용하지 않아도 괜찮다

마이클 프리드리히

 마이클 프리드리히는 15년 넘게 인프라를 관리하고 운영
해 온 디벨로퍼 에반젤리스트다. 오픈 소스 개발(C++,
C#, 고Go)에 열정적이며 CI/CD, 모니터링 및 관측성, 보안
에 대해 이벤트나 밋업에서 이야기하길 즐긴다. 현재는 깃랩에서 근무하고
있다. 소셜 미디어를 하지 않을 때는 레고LEGO를 만든다.

DNS가 모든 문제의 원인: 증명하고 개선할 방법

마이클 윈슬로

 마이클 윈슬로는 10살에 탠디-1000Tandy-1000에서 GW-
베이직GW-Basic 코드를 작성하면서 프로그래밍에 대한 사랑
을 싹 틔웠다. 복잡한 문제를 해결하는 단순한 해결책을 설
계하는 열정으로 아라마크Aramark, 오소-맥닐Ortho-McNeil, 오라클, 엑스피
니티 모바일Xfinity Mobile에서 중요한 역할을 담당했다. 국제적으로 저명한
대중 연설가로, 자신이 선 연단에서 엔지니어를 고무시키고 기술 분야에서
강력한 팀을 만들어 내고 있다. 데브옵스 애드보킷, 애자일 옹호론자, 헌신
적인 리더다.

빌어먹을 짐! 난 클라우드 엔지니어지, 회계사가 아니라고!

미셀 브리너

미셀 브리너는 기술 분야에서 엔지니어 지원부터 매니저까지 10년이 넘는 경력이 있는 시니어 엔지니어다. 인터뷰 형식의 기술 팟캐스트인 'From The Source'를 운영하면서 실제 기술 분야의 일이 어떠한지 알려 주고 있다. 필라델피아 출신이지만 이제는 LA를 집이라고 부르는 그녀는 예술 학교 졸업생이며 자기 학습 엔지니어다. 아티스트부터 창업가까지 다른 사람이 훌륭한 것을 더 쉽게 만들 수 있게 하는 것을 즐긴다. 콘퍼런스 발표와 조직, 멘토링, 이사회 회원 자격 그리고 모든 사람이 자신이 여기에 속한다는 사실을 확실히 함으로써 기술 분야의 다양성과 포괄성을 증진하기 위해 노력한다. 트위터 ID는 @michellelynneb(https://twitter.com/michellelynneb)다.

모든 엔지니어가 클라우드 엔지니어가 되어야 하는 이유

마이크 케비스

마이크 케비스는 CTO, 수석 아키텍트, 부사장과 같은 다양한 기술 역할을 수행했으며 소프트웨어 개발 및 설계 분야에서 30년 넘게 일했다. 클라우드 컴퓨팅에서 선구자로서 세계 최초로 아마존 퍼블릭 클라우드의 트랜잭션 네트워크를 만드는 팀을 이끌었고, 2010년 AWS 글로벌 스타트업 챌린지를 수상하고 100명의 클라우드 전문가와 인플루언서 중 1명으로 선정되었다. 〈Architecting the Cloud: Design Decision for Cloud Computing Service Models(IaaS, PaaS, SaaS)〉(Wiley, 2014)와 〈Accelerating Cloud Adoption: Optimizing the Enterprise for Speed and Agility〉(O'Reilly, 2021)의 저자다.

클라우드 최적화 프로세스: 패턴과 안티 패턴

클라우드는 IT보다 훨씬 크다: 전사 교육 전략

마이크 실버맨

마이크 실버맨은 금융 서비스 정보 공유 및 분석 센터 Financial Service Information Sharing and Analysis Center, FS-ISAC의 전략 부문 수장으로 기술 리더십과 많은 산업군에서 매니지먼트 컨설팅을 수행하여 비즈니스와 기술 배경이 섞여 있는 독특한 이력을 가지고 있다. 기업을 혁신하고 확장시키며, 생산성을 향상시키고 비용을 줄여 기업을 바꾸고 프로세스와 운영을 일치하게 만든다. 트위터 ID는 @mikebsilverman(https://twitter.com/mikebsilverman)이며 링크드인 주소는 https://www.linkedin.com/in/mikebsilverman이다.

들어서 옮기기 모델이 대체로 실패하는 이유

네이선 하비

네이선 하비는 구글의 클라우드 디벨로퍼 애드보킷으로, 클라우드에서 데브옵스와 SRE 사례를 이해하고 적용하도록 돕는다. 데브옵스 콘퍼런스 시리즈devops conference series의 국제 조직위에 소속되어 있으며 'Accelerate State of DevOps Report(https://cloud.google.com/devops/state-of-devops)'의 기술 자문 위원이었다. 이전에는 쉐프Chef 커뮤니티를 이끌었고 'Food Fight Show(http://foodfightshow.org/)'의 공동 호스트였다. 그리고 다양한 웹 애플리케이션의 운영과 인프라를 관리했다.

클라우드란 무엇인가?

왜 클라우드여야 하는가?

니힐 나니바데카르

니힐 나니바데카르는 오픈 소스 이클립스 컬렉션 프레임워크의 활발한 프로젝트 리드다. 2012년부터 금융 분야에서 자바 개발자로 일해 오고 있다. 푼 대학교에서 기계 공학 학사를 수여받았으며, 유타 대학교에서 로보틱스와 제어 분야로 기계 공학 석사를 수여받았다. 2018년에는 자바 챔피언으로 선정되었으며, 〈자바 개발자를 위한 97가지 제안〉(제이펍, 2020) 출간에 글을 기고했다. 오픈 소스 소프트웨어에 열정적이며 콘텐츠를 만들고 다른 사람과 공유하길 즐긴다. 로보틱스와 자료 구조와 관련한 워크숍이나 강의를 주관하기도 하며, 다양한 기술에 대한 자신의 열정을 공유하고자 강의를 해 왔다. 전 세계적으로 열리는 기술 콘퍼런스에 정기적으로 연사로 참여하고 있다. 아이들에게 교육 기회를 제공하고 활성화하기 위해서 헌신하고 있으며, 그 일환으로 JCrete4Kids, JavaOne4Kids, OracleCodeOne4Kids, Devoxx4Kids와 같은 워크숍을 콘퍼런스에서 주최하고 있다.

토폴로지 이해하기

시간이란 무엇인가?

니르말 메타

니르말 메타는 부즈 앨런 해밀턴_{Booz Allen Hamilton}의 전략 혁신 그룹의 수석 기술자이며 연구와 구현, 부즈 앨런의 고객 기반 제품에 새로운 기술을 통합하는 것에 전문가다. 당사의 디지털 연구 및 개발, 신기술 전략과 클라우드 기반 혁신을 이끌고 있다. 또한 컨테이너화와 관련한 주제에 전문가(도커 캡틴)이며 데브옵스 실천법을 옹호한다.

코드형 공감

노아 아브라함

노아 아브라함은 2007년경부터 클라우드 컴퓨팅 분야에서 일하면서 다양한 경험을 했다. IaaS 대 PaaS 대 SaaS의 논쟁부터 주문형 베어 메탈과 VM 시대 그리고 마이크로서비스, 컨테이너, 서버리스, FaaS에 이르는 모든 변화를 지켜보았다. 낮은 수준의 실제 개발부터 높은 수준의 기술 활성화, 교육, 영업, 컨설팅, 아키텍처를 오고 가면서 경력을 쌓아 왔다. 현재는 CNCF의 앰버서더ambassador로 활동하고 있다. 클라우드의 역사와 관련한 에코 시스템과 새롭게 생겨나는 패턴에 대해 이야기할 때 행복을 느낀다. 온라인이나 콘퍼런스에서 만난다면, 당신과 꼭 시간을 내어 대화할 사람이다. 트위터 ID는 @Noah_Abrahams(https://twitter.com/Noah_Abrahams)다.

시스템 기초가 여전히 당신을 괴롭힌다

오리 코헨

오리 코헨 박사는 머신 러닝 및 뇌-컴퓨터 인터페이스 주제로 컴퓨터 과학 박사 학위를 받았다. 스마트 시트를 구현하고자 하는 스타트업에서 데이터 과학 팀을 이끌고 있으며, 주로 자연어 처리와 머신 러닝, 딥러닝을 활용한 자연어 처리를 연구하고 있다. 현재는 AI옵스 분야의 뉴 렐릭 TLV의 리드 데이터 과학자다. 정기적으로 매니징과 프로세스, 데이터 과학과 관련된 모든 주제로 Medium.com(https://cohenori.medium.com)에 글을 쓰고 있다.

모델 의존성을 모니터링하라!

피터 맥쿨

피터 맥쿨은 어린 시절부터 양자 역학에 매료되었고, 컴퓨터를 사람의 귀찮은 일을 대신하는 도구로 여기며 성장했다. 1995년 데스크톱을 지원하면서 IT 분야에 발을 들였다. 유닉스 시스템 관리자였고 다양한 개발자, 테스터, 솔루션 아키텍처 및 다른 경험을 해 왔다. 앞서 언급한 모든 것과 마찬가지로 데브옵스를 시작했고 이에 매료되었다.

개발 환경이라는 것은 존재하지 않는다

레이첼 스위니

레이첼 스위니는 퓨 리서치 센터의 데브옵스 엔지니어다. AWS, 파이썬, 쿠버네티스와 더불어 함께 일하는 데이터 과학자들이 데이터를 더 쉽고 안정적으로 다룰 수 있는 훌륭한 도구로 문제를 해결할 수 있게 도우며, 거기서 보람을 느낀다. 일을 하지 않을 때는 보트에서 시간을 보내거나 조용한 정박지에서 배우자와 함께 주말을 보낸다.

1년 안에 제로에서 클라우드 엔지니어되기

레자 살라리

레자 살라리는 금융 서비스와 보험업에 종사하는 기술 임원이며, 클라우드가 비즈니스에 제공할 새로운 가능성에 흥미를 느낀다. 메릴랜드 대학교의 AWS 아카데미 공인 강사이며, 지난 5년간 학부 및 대학원생을 대상으로 사이버 보안 및 클라우드를 강의하고 있다. 지난 10년간 해외에서 국방 및 민간 기업 고객과 일을 하면서 교육과 인식, 인력 전략에 집중해 왔다.

상향 관리: 클라우드에서 경영진과 협력하기

리카르도 미란다

 리카르도 미란다는 기계 공학자이며 해양학 분야에서 고성능 컴퓨팅을 활용하면서 경력을 시작했다. 그로부터 큰 규모로 발생하는 문제에 대한 열망이 커져만 갔다. 현재 클라우드 환경에서 분산 시스템에 집중하고 있다. 컴퓨터 화면을 들여다보고 있지 않을 때는 축구를 즐겨 하거나 산악 자전거를 탄다.

반복에 대비하라

루스템 페이즈하노프

 루스템 페이즈하노프는 인스트루멘탈의 머신 러닝 엔지니어로, 제조 분야의 분석 모델을 만들고 AWS 머신 러닝 히어로다. 서버리스 인프라(와 서버리스에 AI 배치)에 열정적이다. 〈Serverless Deep Learning with TensorFlow and AWS Lambda〉(Packt, 2019)를 집필했고, 온라인 강좌인 'Practical Deep Learning on the Cloud'를 만들었다.

클라우드 프로세싱은 속도가 전부가 아니다

라이언 벨

 라이언 벨은 라스베이거스 소재의 작은 크리에이티브 에이전시의 창업자다. 항상 예술, 과학, 기술, 인문학 간의 교차점을 탐색하는 깊은 열정을 가지고 있다. 이 열정으로 겉보기와는 다르게 미적 디자인, 함수형 프로그래밍, 작곡, 머신 러닝, 기업가 정신, 생화학, 자선, 철학을 열심히 공부했다.

당신이 만들어 내는 최고의 제품은 애플리케이션이나 서비스가 아니다

라이언 프란츠

라이언 프란츠는 소프트웨어와 웹 운영 분야에서 엔지니어와 관리자 역할을 하면서 20년 넘게 일해 왔다. 스타트업부터 대기업을 모두 경험했으며 헬스 케어, 전자 상거래, 핀테크를 포함하는 다양한 산업군의 경험이 있다. 그는 장인이자 이야기꾼이다.

사고 분석과 카오스 엔지니어링: 보완 사례

사라 체커티

사라 체커티는 AWS 아이덴디티 수석 제품 관리자다. 또한 'ID프로'라 부르는 ID 실무자를 위한 전문가 조직의 공동 창업자이며, NIST 800-63-C '디지털 ID 가이드라인'의 공동 저자다. 인증 분야 100명의 전문가 중 1명으로 알려져 있다. RSA 콘퍼런스에서 정보 보안 주제로 발표도 하고 아이덴티버스Identiverse에서 키노트 연사로 발표했다. LA 타임즈, 포브스, 와이어드에서 업계 전문가로 인용되기도 했다.

신원을 올바르게 확인하지 않으면 정보 보안 권한을 획득할 수 없다

스콧 판탈

스콧 판탈은 아버지, 남편, 하키 팬, 테크 블로커, 코믹/아트 뉴비이자 콜로라도 덴버에 위치한 결제 테크 스타트업인 인피니셉트의 풀스택 소프트웨어 엔지니어다. 인피니셉트는 애저를 활용하여 모든 것을 클라우드에서 운영한다. 단 2년 만에 5명에서 40명이 되도록 팀을 성장시켰다. 팀에서 최대한 모두 참여하여 생산적이고 즐겁게 무엇인가를 만들어 내는 것을 즐긴다. 트위터 ID는 @scottpantall(https://twitter.com/scottpantall)이다.

클라우드 서비스의 효과적인 모니터링은 계획이 필요하다

사욘 무케르지

사욘 무케르지는 인프라 엔지니어로, 이전에는 제품 공학과 관련된 분야에서 근무했다. 인터콤Intercom 같은 기업이나 또는 비슷하게 급성장하는 스타트업에서 클라우드 네이티브한 확장성 있는 인프라 및 시스템을 구축하는 것을 즐긴다. 성능, 가용성, 운영에 관심이 있고, 역량을 높이는 데 온콜이 중요한 경험이 된다고 믿고 있다. 여가 시간에는 책을 읽거나 야외에서 시간을 보낸다. 트위터 ID는 @shayonj(https://twitter.com/shayonj)다.

클라우드에서 네트워크 장애 대응하기

사이먼 아론손

사이먼 아론손은 스웨덴 출신의 30대의 고퍼gopher, 개발자, 대중 연설가, 밋업 조직가다. 기술 분야에서 지난 10년 가까이 일하면서 풀스택 개발 및 시스템 아키텍트부터 스크럼 마스터와 운영 엔지니어까지 다양한 경험을 했다. 지난 몇 년 동안에는 데브옵스 실행, 클라우드 개발, 자동화, 자기 조직화된 팀을 만드는 일에 대부분의 시간을 쏟아 왔다. 여가 시간에는 야외에 있거나 롱보드, 알파인 스키를 즐긴다. 또한 창가에서 수경 재배 정원을 갖추어 칠리를 돌보거나 소프트웨어, 하드웨어를 만들거나 코모도어64Commodore 64를 가지고 논다.

거대한 재작성을 피하자

스티븐 쿠엔즐리

스티븐 쿠엔즐리는 소프트웨어 시스템이 안전하고 실용적이고 가용성이 높고 확장성이 있도록 구현하고 운영하는 것을 즐긴다. 클라우드 팀이 변경 사항을 빠르고 확실하게 제공할 수 있도록 데이터 보안과 위험 관리를 도와주는 K9 시큐리트를 설립했다. https://nodramadevops.com을 통해 데브옵스, 클라우드, 보안 관련 내용을 정기적으로 기고하고 있다. 또한 〈Docker in Action〉(Manning, 2019)의 공동 저자이기도 하다. 트위터 ID는 @skuenzli(https://twitter.com/skuenzli)이며 대부분의 기술 플랫폼에서 동일한 ID를 사용하고 있다.

좋은 AWS 보안 정책이 어려운 이유

내 AWS 계정을 어떻게 정리할까?

테레사 니트

테레사 니트는 수년의 리더십 경험이 있는 QA 부서 리드 및 디벨로퍼 애드보킷이며, 린과 애자일을 사랑하고 전체적인 시스템 품질과 시스템 사고를 옹호한다. 품질은 테스트하는 것과 동일하지 않으며, 시작부터 데브옵스, 운영, 인프라까지 시스템의 전체 생명 주기에 적용되어야 한다고 굳게 믿는다. 기술과 리더십 경험에 걸쳐서 20년 넘는 경력을 지니고 있다. 지난 10년 동안은 쏘트워크ThoughtWorks, 호주 우체국의 디지털 배송 센터Australia Post's Digital Delivery

Centre에서 근무했으며 REA 그룹REA Group에서는 5년 가까이 일했다. 현재는 기술 컨설팅 회사인 슬라럼 빌드 오스트레일리아Slalom Build Australia의 국책 사업 부분의 품질 엔지니어링 책임자다. 데브옵스 걸DevOps Girls의 공동 설립자 및 주최자 그리고 강사이기도 하다. 품질, 시스템 사고, 린, 애자일, 데브옵스와 관련한 주제에 대해 글을 쓰고 발표도 하고 있다. 그리고 평생 호기심이 많은 회의론자이자 학습자이기도 하다. 트위터 ID는 @theresaneate(https://twitter.com/theresaneate)다.

린 QA, 데브옵스 세상에서 QA가 진화하는 방식

시스템 사고와 지원 호출기

티자니 벨만수르

티자니 벨만수르는 코포모 캐나다cofomo.com에서 클라우드 솔루션 아키텍트로 근무하고 있으며, 마이크로소프트 애저 MVP이자 애저 퀘벡 사용자 그룹(https://www.meetup.com/azureqc/) 공동 창시자, 서평가, 블로거(https://dev.to/tidjani 및 https://espacenuagic.com), 콘퍼런스와 사용자 그룹의 연사다. 산업 공학 박사 학위를 소지하고 있다. 알고 있는 지식을 나누는 것을 좋아하며 공유해야 더 많이 배울 수 있다고 진심으로 믿고 있다. '공유는 배려'라고 하지만 '공유는 배움'이라고 말하길 선호한다. 트위터 ID는 @Tidjani_B(https://twitter.com/Tidjani_B)다.

탄력성과 확장성이 핵심이다

모니터링하게 될 것이다

티파니 자자

티파티 자자는 하네스의 테크 에반젤리스트다. 최근 기술에 대한 적용 가능한 사례, 이야기와 콘텐츠를 공유하여 더 나은 소프트웨어를 제공할 수 있게 독려한다. 하네스에 합류하기 전에는 레드햇에서 컨설턴트로 일했다. 거기에서 고객들이 클라우드에서 동작하는 소프트웨어 애플리케이션을 구축하는 것을 도왔다. 트위터 ID는 @tiffanyjachja(https://twitter.com/tiffanyjachja)다.

소프트웨어 제공을 위한 소스 코드 관리

데브옵스 문화와 경험 전시하기

비체 베네마

비체 베네마는 소프트웨어 엔지니어다. 확장성 있고 안정적인 소프트웨어를 만들도록 팀을 훈련하는 것이 아니라 더 나은 엔지니어가 될 수 있는 방법이 무엇인지 찾아보고 있다. 〈Building Serverless Applications with Google Cloud Run〉(O'Reilly, 2020)의 저자다. 포스트픽스Postfix가 만든 유명한 비체 베네마[1]와 동명이인이라는 사실을 자랑스러워 한다.

서버리스가 개발자 경험을 단순하게 하는 방법

윌 딘

윌 딘은 요즘음 사이버 보안이라고 알려진 부문에서 20년 넘게 일해 오면서 보안 운영, 보안 엔지니어링, 보안 테스트(침입 테스트), 기술 보안 아키텍처 등 다양한 역할을 담

---

1 http://www.porcupine.org/wietse/

당해 왔다. 케이블 앤 와이어리스 월드와이드Cable & Wireless Worldwide에서 근무했으며, 부티크 보안 컨설팅 회사인 리젠시 IT 컨설팅Regency IT Consulting에서 최고 기술 책임자를 역임했고 기술 보안 컨설팅 외에도 관리형 보안 서비스를 담당했다. 현재는 자신의 회사인 ASX 컨설팅 주식회사에서 독립 컨설턴트로 근무하면서 주로 공공 분야의 민감한 워크로드를 퍼블릭 클라우드로 안전하게 이동할 수 있도록 도와주고 있다. 또한 노련한 사이버 보안 강사로 영국 컴퓨터 학회British Computer Society, BCS와 영국 국립사이버보안센터National Cyber Security Centre에서 인증한 보안 아키텍처와 클라우드 보안 강좌에서 강의하면서 고객 맞춤 강의도 진행하고 있다.

클라우드 환경의 사이드 채널과 은닉 통신

잭 토마스

잭 토마스는 제네시스의 SRE 팀을 이끌고 있다. 복잡한 인간계와 복잡한 기술 시스템이 서로 영향을 주는 사실에 매료되었다. 20년 넘게 교육, 협업, 통신 분야에서 정보 통신 시스템을 웹으로 구현해 왔다. 이전 삶에서는 Okkrevil River라는 꽤 괜찮은 인디 락 밴드의 창단 멤버이기도 하다.

신뢰할 수 있는 시스템은 우연히 만들어지지 않는다

재커리 니켄스

재커리 니켄스는 울퍼트의 사이트 신뢰성 엔지니어로 일하고 있으며 쿠버네티스, 코드형 인프라, 사이트 신뢰성 엔지니어링, CI/CD, 리눅스 시스템 엔지니어링에 전문성을 지닌 구글 프로페셔널 클라우드 아키텍트Google Professional Cloud Architect다.

또한 공간 정보 활용 제품, 데이터 모델링, 분석과 예측을 위한 베이지안 통계에 대한 전문 지식을 보유하고 있다. 샌안토니오 합동 기지의 랙랜드 공군 기지Lackland AFB와 파나마의 틴달 공군 기지Tyndal AFB에서 미공군 토목 공학 센터Air Force Civil Engineer Center, AFCEC의 지리정보통합실Geospatial Integration Office 기획통합관Planning and Integration Directorate과 함께 근무했다. 또한 미 공군 지오베이스USAF GeoBase JBSA에서 데이터 파이프라인, 통계 모델링, 자동화 시스템을 다루는 수석 데이터 엔지니어로 일했다. 데브옵스의 인적 요인, 공간 정보 소프트웨어, 자폐 인식, 골프에 열정적이며, 정기적으로 @the_nickens(https://twitter.com/the_nickens)로 트윗을 한다.

삽질은 무엇이며 SRE가 집착하는 이유

인프라를 소프트웨어처럼 취급하자